"十二五"职业教育国家规划教材
经全国职业教育教材审定委员会审定

大学生心理素质教育与训练

（第三版）

主编 向群英 王丽 符丹

科学出版社

北京

内 容 简 介

本书依据近年来教育部的相关文件精神，围绕"立德树人"的根本目标，针对青年大学生在学习成长过程中面临的主要问题编写而成。全书共十一章，涉及大学生自我意识、学习、人际交往、情绪管理、挫折应对、婚恋情感、职业生涯规划、人格塑造、适应与发展等主要内容，在突出课程思政的同时，坚持以金课标准为导向，努力将知识传授、行为训练、能力培养融为一体。

本书理论浅显易懂、操作规范、实用性强，既可以作为高校心理素质教育必选（修）课的教材，也可以作为普通大众提升自身心理素质的自学手册。

图书在版编目（CIP）数据

大学生心理素质教育与训练 / 向群英，王丽，符丹主编. -- 3版 -- 北京：科学出版社，2024.8. --（"十二五"职业教育国家规划教材）. --ISBN 978-7-03-078982-2

Ⅰ．B844.2

中国国家版本馆CIP数据核字第2024BN4744号

责任编辑：方小丽　张春贺 / 责任校对：王晓茜
责任印制：张　伟 / 封面设计：有道设计

科学出版社 出版
北京东黄城根北街16号
邮政编码：100717
http://www.sciencep.com

三河市骏杰印刷有限公司印刷
科学出版社发行　各地新华书店经销
*

2010年7月第	一	版　开本：787×1092 1/16
2013年8月第	二	版　印张：17 1/4
2024年8月第	三	版　字数：409 000
2025年7月第二十二次印刷		

定价：48.00元
（如有印装质量问题，我社负责调换）

本书编委会

主　　　编　向群英　王　丽　符　丹
副 主 编　王可晖　胡皓月　高晓明
审 稿 人　张灵聪
编　　　委　（以姓氏笔画为序）
　　　　　　刘玉娟　李　华　李利洲
　　　　　　陈　越　魏成毓

前　言

党的二十大报告指出："我们要坚持教育优先发展、科技自立自强、人才引领驱动，加快建设教育强国、科技强国、人才强国，坚持为党育人、为国育才，全面提高人才自主培养质量，着力造就拔尖创新人才，聚天下英才而用之。"教育部《高等学校学生心理健康教育指导纲要》指出高校要"坚持育心与育德相统一，加强人文关怀和心理疏导，规范发展心理健康教育与咨询服务，更好地适应和满足学生心理健康教育服务需求"《高等学校课程思政建设指导纲要》则指出"全面推进课程思政建设，就是要寓价值观引导于知识传授和能力培养之中，帮助学生塑造正确的世界观、人生观、价值观"。

为落实教育部的文件精神，我们决定重新组织编写组，对原教材进行修订。本次修订继续保持了原教材的体系，每章共4节，第1~3节是知识讲解，第4节为心理测试与训练。

本次修订主要集中在以下几个方面：

第一，这次修订力求遵循学生身心发展规律和心理健康教育规律，尊重学生的主体地位，充分调动学生主动性、积极性，充分挖掘学生心理潜能；以加强心理健康知识的普及和传播，培养积极心理品质，培养学生自主自助维护心理健康的意识和能力，促进学生身心和谐发展为目标；引入课程思政理念，力图在潜移默化中坚定学生理想信念、厚植爱国主义情怀、加强品德修养、增长知识见识、培养奋斗精神，提升学生综合素质；同时还以"两性一度"（高阶性、创新性、挑战度）的金课标准为导向，将知识传授、行为训练、能力培养融为一体，内容和训练力求体现高阶性、创新性，并具有一定挑战度。

第二，对部分案例进行更新。把那些已经过时的、不具有典型性的案例替换为能反映时代特征、符合学生实际、更具典型性的案例，尤其是具有思政元素的案例。

第三，对书中内容进行修订。根据05后学生的心理特点和教师自身教学经验，对各章节的内容进行重新梳理，力求全面反映大学生在学习生活中涉及的各个方面的心理问题，使理论知识更通俗易懂、心理调适方法更有针对性，心理训练更具互动性和趣味性。同时，本书还引入积极心理学的理论方法和最新的研究成果。

第四，删减了第11章"大学生网络心理及其调适"，将"大学生良好个性的塑造"调整为"大学生的积极人格培养与塑造"，引导学生通过培养积极人格特质来获得幸福感。另外，重新编写了"大学生的适应与发展"的内容，增加了学生的社会适应和可持续性发展的内容，并提供了相应的心理测试与训练。

第五，进一步完善每章第四节的心理测试与训练，将与本章内容联系不紧密、操作烦琐、不规范的内容删除，增加一些针对性更强、操作更规范、训练效果更明确的内容，并进一步完善各训练活动的操作步骤。

第六，根据05后学生特点，在每章后面更新了推荐赏析的内容，推荐具有代表性的心理书籍或心理电影，供读者赏析。

通过再次修订，本书具有了更鲜明的特点：

第一，融合思政，立德树人。本书充分挖掘心理健康课程内容中所包含的思政元素，精心选择蕴含思政元素的案例和知识栏的内容，找准心理健康知识点与思政元素之间的内在契合点，进行无缝衔接，实现"知识模块"与"育人模块"的有机融合。通过隐形的方式，引导学生树立正确的人生观，培养学生的法治意识和道德素养，培育学生的积极心态，同时使学生认识到"小我融入大我，发扬爱国主义"的重要性，在事迹和故事中不断深化认知、内化认同、外化于行，增强学生的理想信念和责任担当意识。

第二，坚持"两性一度"的金课标准。首先，本书编写坚持知识、能力、素质的有机融合，以培养学生良好的心理素质和心理调适能力为目标。其次，内容引用的事例或知识内容具有前沿性和时代性，并通过心理训练满足学生对学习探究性和个性化的需求。最后，在"挑战度"上，从对知识的体验与运用的角度出发，为学生营造生活化的课堂提供了很好的理论支持与范例。

第三，体例通俗，版式精美。本书每章前三节内容讲述知识要点，第四节内容以心理训练为主，且每章均设有"名人名言""本章要点""案例""知识栏""思考与练习""推荐赏析"等板块，在激发学生学习兴趣的同时，丰富其阅读体验。

第四，使用方便、灵活。本书将知识性阐述与心理行为训练相对集中呈现，一是保证理论阐述完整、逻辑清晰，二是让训练内容系统化、结构化。任课教师可以根据学生实际情况选择合适的教学方法，本科生教学通常以课堂理论讲授为主、学生课后自行训练为辅，高职生通常选择课堂集中训练后的学生自主学习为主，或者兼而有之。因此本书既是一本通识性教材，也是一本心理训练的实操手册。

本次修订由向群英教授统一负责，闽南师范大学教育科学与技术学院前院长张灵聪教授审查了提纲，并提出了宝贵意见。成都农业科技职业学院刘玉娟，成都纺织高等专科学校李华，成都市龙泉驿区东竞高级中学陈越，四川铁道职业学院胡皓月，雅安职业技术学院高晓明、魏成毓、王可晖、王丽、李利洲，四川财经职业学院符丹参与了本书的修订。全书由向群英负责策划、定稿工作，王丽、符丹、王可晖、陈越负责统稿。

本次修订得到了科学出版社的大力支持，我们也参阅、借鉴了国内部分专家学者们已出版、发表的研究成果，更得到了各编委所在学校的大力支持，在此一并表示我们最衷心的感谢！

虽然我们很努力、很用心去做好，但由于时间、精力、水平有限，本书仍难免存在疏漏和不足之处，我们诚恳地希望使用本书的教师和学生批评指正，以便我们再版时予以完善。

编　者

2024 年 6 月

目 录

前言

第1章 导论 ·· 1
  1.1 心理与心理素质 ··· 2
    1.1.1 什么是心理 ·· 2
    1.1.2 心理健康的内涵结构 ··· 3
    1.1.3 心理素质的内涵结构 ··· 5
  1.2 大学生心理素质的标准及影响因素 ·· 7
    1.2.1 衡量大学生心理素质水平的标准 ·· 7
    1.2.2 大学生心理素质现状及问题 ·· 8
    1.2.3 影响大学生心理素质的因素 ·· 9
  1.3 改善和提高大学生心理素质的方法与途径 ······································· 11
    1.3.1 加强大学生心理素质教育与训练的重要意义 ··························· 11
    1.3.2 大学生心理素质教育与训练的基本内容 ································· 12
    1.3.3 提高大学生心理素质的途径与方法 ······································· 14
  1.4 心理测试与训练 ··· 16
    1.4.1 心理测试 ·· 16
    1.4.2 心理训练 ·· 18

第2章 认识自我与完善自我 ·· 21
  2.1 自我意识概述 ·· 21
    2.1.1 自我意识的内涵 ··· 21
    2.1.2 自我意识的层次 ··· 22
    2.1.3 自我意识的作用与结构 ·· 23
    2.1.4 自我意识的发生与发展 ·· 24
  2.2 大学生的自我意识 ·· 25
    2.2.1 大学生自我意识的特点 ·· 25
    2.2.2 大学生自我意识发展的规律 ·· 27
    2.2.3 大学生自我意识的偏差 ·· 30
  2.3 大学生健全自我意识的塑造 ·· 34
    2.3.1 健全的自我意识的标准 ·· 34
    2.3.2 塑造健全自我意识的途径 ··· 34
  2.4 心理测试与训练 ··· 38
    2.4.1 心理测试 ·· 38
    2.4.2 自我探索训练 ·· 41

第 3 章 大学生的爱情与成长 ………………………………… 46
3.1 爱情概述 …………………………………………………… 46
3.1.1 爱情的含义 …………………………………………… 46
3.1.2 爱情的发展阶段 ……………………………………… 48
3.1.3 爱情的理论 …………………………………………… 48
3.1.4 爱情的类型 …………………………………………… 50
3.2 大学生恋爱的特点及常见心理困扰 ……………………… 50
3.2.1 大学生恋爱的特点 …………………………………… 50
3.2.2 影响大学生恋爱的因素 ……………………………… 52
3.2.3 大学生恋爱中存在的心理困扰及应对方式 ………… 54
3.3 学会在爱情中成长 ………………………………………… 56
3.3.1 树立正确恋爱观 ……………………………………… 57
3.3.2 培养爱的能力 ………………………………………… 58
3.3.3 培养爱的责任意识，在实践中践行爱 ……………… 59
3.3.4 智慧地处理恋爱挫折 ………………………………… 60
3.4 心理测试与训练 …………………………………………… 61
3.4.1 "喜欢"与"爱情"态度测试 ……………………… 61
3.4.2 恋爱心理自测 ………………………………………… 62
3.4.3 恋爱行为训练 ………………………………………… 64

第 4 章 大学生的性心理与保健 ……………………………… 69
4.1 性的概述 …………………………………………………… 70
4.1.1 性的概念 ……………………………………………… 70
4.1.2 性心理健康 …………………………………………… 71
4.1.3 性心理的形成发展阶段 ……………………………… 71
4.2 大学生性心理的发展及其特征 …………………………… 72
4.2.1 大学生性心理发展的阶段 …………………………… 72
4.2.2 大学生性心理发展的特征 …………………………… 74
4.2.3 大学生性观念的变化和发展 ………………………… 75
4.3 坦然面对性 ………………………………………………… 75
4.3.1 大学生在性问题上的心理困扰 ……………………… 75
4.3.2 大学生性心理问题产生的原因 ……………………… 77
4.3.3 大学生性心理健康的维护 …………………………… 77
4.4 心理测试与训练 …………………………………………… 79
4.4.1 性态度测试 …………………………………………… 79
4.4.2 心理训练 ……………………………………………… 80

第 5 章 大学生的学习心理 …………………………………… 84
5.1 大学生学习概述 …………………………………………… 84
5.1.1 大学生学习的概念 …………………………………… 84

5.1.2 大学生学习的特点 85
5.2 大学生常见的学习心理问题及调适 87
　　5.2.1 学习动机问题 87
　　5.2.2 对所学专业不感兴趣 90
　　5.2.3 学习、考试焦虑及调适 90
　　5.2.4 学习疲劳及调适 93
5.3 探索大学生的学习途径与方法 93
　　5.3.1 培养良好的人格品质 93
　　5.3.2 养成科学的生活方式 94
　　5.3.3 加强自我心理调节 94
　　5.3.4 掌握科学的学习方法 95
　　5.3.5 求助心理老师或心理咨询机构 98
5.4 心理测试与训练 98
　　5.4.1 学习心理测试 98
　　5.4.2 学习心理训练活动 102

第6章 大学生的人际交往与沟通 107

6.1 人际交往概述 108
　　6.1.1 人际交往的含义 108
　　6.1.2 大学生人际交往的重要意义 108
　　6.1.3 大学生人际交往的常见类型与特点 110
6.2 大学生人际交往中的心理问题及其调适 111
　　6.2.1 自卑心理及调适 112
　　6.2.2 自负心理及调适 113
　　6.2.3 嫉妒心理及调适 114
　　6.2.4 孤僻心理及调适 114
　　6.2.5 自我中心心理及调适 115
6.3 大学生人际交往技能的培养 116
　　6.3.1 人际交往的原则 116
　　6.3.2 健康的人际交往模式 117
　　6.3.3 大学生人际交往的技巧 118
6.4 心理测试与训练 121
　　6.4.1 人际交往心理测试 121
　　6.4.2 人际交往行为训练 126

第7章 大学生情绪的自我调节与管理 132

7.1 情绪概述 132
　　7.1.1 情绪的含义 133
　　7.1.2 情绪的分类 133
　　7.1.3 情绪的影响因素 134

  7.1.4 情绪的功能 ………………………………………………………………… 135
 7.2 大学生情绪的特点和常见问题 …………………………………………………… 136
  7.2.1 大学生情绪的特点 …………………………………………………… 136
  7.2.2 大学生常见的情绪困扰 …………………………………………………… 137
  7.2.3 情绪对大学生的影响 …………………………………………………… 139
  7.2.4 大学生情绪健康的参考标准及表现 …………………………………… 140
 7.3 大学生情绪的自我管理与调节 …………………………………………………… 141
  7.3.1 有意识别情绪 …………………………………………………… 142
  7.3.2 有效表达情绪 …………………………………………………… 143
  7.3.3 积极调适情绪 …………………………………………………… 144
 7.4 心理测试与训练 …………………………………………………………………… 149
  7.4.1 情绪测试 …………………………………………………… 149
  7.4.2 情绪识别 …………………………………………………… 153
  7.4.3 情绪调适 …………………………………………………… 155
  7.4.4 积极情绪培养 …………………………………………………… 156

第8章 大学生的挫折与应对 … 159
 8.1 挫折概述 ………………………………………………………………………… 160
  8.1.1 认识挫折 …………………………………………………… 160
  8.1.2 挫折反应 …………………………………………………… 161
 8.2 大学生挫折心理的常见类型及成因 …………………………………………… 164
  8.2.1 大学生的挫折类型 …………………………………………………… 164
  8.2.2 大学生挫折心理的成因分析 …………………………………………… 165
 8.3 积极提升大学生的挫折承受能力 ……………………………………………… 167
  8.3.1 正确认识挫折，树立科学的挫折观 …………………………………… 167
  8.3.2 培养意志品质，做好挫折预防 ………………………………………… 170
  8.3.3 采用有效方法，提升应对能力 ………………………………………… 171
  8.3.4 和谐人际关系，建立社会支持系统 …………………………………… 172
  8.3.5 主动寻求帮助，有效战胜挫折 ………………………………………… 172
 8.4 心理测试与训练 …………………………………………………………………… 172
  8.4.1 心理测试 …………………………………………………… 173
  8.4.2 心理训练活动 …………………………………………………… 178

第9章 大学生的积极人格培养与塑造 … 182
 9.1 人格概述 ………………………………………………………………………… 182
  9.1.1 人格的结构及特点 …………………………………………………… 183
  9.1.2 气质 …………………………………………………… 185
  9.1.3 性格 …………………………………………………… 189
 9.2 大学生人格的特点及影响因素 …………………………………………………… 191
  9.2.1 大学生人格的特点 …………………………………………………… 191

  9.2.2 大学生人格形成和发展的影响因素 ··· 193
 9.3 大学生积极人格优化与培养 ··· 198
  9.3.1 大学生常见的人格异常表现 ·· 198
  9.3.2 大学生积极人格培养的必要性 ··· 200
  9.3.3 大学生积极人格培养策略 ··· 203
 9.4 心理测试与训练 ·· 204
  9.4.1 心理测试 ·· 204
  9.4.2 个性心理训练 ·· 209

第10章 大学生的职业生涯发展与规划 ·· 213
 10.1 职业与职业生涯规划 ··· 214
  10.1.1 职业 ·· 214
  10.1.2 生涯 ·· 214
  10.1.3 职业生涯规划 ·· 216
 10.2 大学生职业生涯规划的步骤 ·· 217
  10.2.1 职业生涯规划的基本原则和方法 ·· 217
  10.2.2 大学不同阶段职业生涯规划的内容 ··· 219
  10.2.3 大学生职业生涯规划的制定与实施 ··· 220
 10.3 大学四年职业生涯规划 ·· 222
  10.3.1 大学学习规划 ·· 222
  10.3.2 大学生素质拓展规划 ··· 225
  10.3.3 大学生休闲生活规划 ··· 226
 10.4 心理测试与训练 ··· 227
  10.4.1 职业生涯规划心理测试 ·· 228
  10.4.2 职业规划训练 ·· 236

第11章 大学生的适应与发展 ·· 241
 11.1 适应与发展概述 ··· 241
  11.1.1 适应与发展的含义 ·· 242
  11.1.2 适应与发展的相互关系 ·· 243
  11.1.3 心理适应与发展的标准 ·· 243
 11.2 主动适应，做自己的生活者 ··· 244
  11.2.1 大学生的校园适应 ·· 245
  11.2.2 大学生的社会适应 ·· 246
  11.2.3 大学生存在的适应性问题 ··· 247
 11.3 积极发展，做生命的创造者 ··· 248
  11.3.1 大学生心理发展的任务 ·· 249
  11.3.2 影响大学生发展的因素 ·· 249
  11.3.3 提高大学生适应与发展的途径和方法 ··· 250

11.4 心理测试与训练 ·· 254
　11.4.1 心理适应性测试·· 254
　11.4.2 心理训练——班集体建设团体辅导 ·· 256

第1章 导　　论

名人名言：

经得起各种诱惑和烦恼的考验，才算达到了最完美的心灵健康。

——培根

一个健全的心态，比一百种智慧都更有力量。

——狄更斯

本章要点：

1. 心理素质的含义和基本特征。
2. 衡量大学生心理素质的标准及影响大学生心理素质的因素。
3. 加强大学生心理素质教育与训练的重要意义。
4. 提高大学生心理素质的途径与方法。

【案例】

刘秀祥，男，汉族，1988年3月生，贵州望谟人，中共党员，贵州省黔西南州望谟县实验高中副校长。刘秀祥四岁失去父亲，和因为伤心过度患上间歇性精神疾病、失去了生活自理能力的母亲相依为命。2008年，他"千里背母上大学"的事迹，被《人民日报》及多家中央媒体报道后，在社会上引起了强烈反响。2012年，刘秀祥从临沂大学（原临沂师范学院）历史学专业毕业后，放弃优厚的待遇，回到贵州大山里当一名普普通通的教师，助力千名贫困学子圆了大学梦。在教学之余，他积极开展公益活动，开展全国巡回励志演讲1000多场，听众上百万人，牵线一对一资助贫困学子1700多人。

2020年4月28日，刘秀祥获第24届"中国青年五四奖章"。2020年9月10日，中宣部、教育部授予刘秀祥"全国最美教师"荣誉称号。2022年10月，担任中共二十大代表。

资料来源：二十大代表风采｜刘秀祥：激发山乡学子的奋斗动力. http://politics.people.com.cn/n1/2022/1007/c1001-32540241.html，2022-10-07；贵州刘秀祥上榜！第24届中国青年五四奖章评选结果揭晓.https://rmh.pdnews.cn/Pc/ArtInfoApi/ article?id=13039799，2020-04-28；中央媒体集中推出二十大代表贵州教师刘秀祥先进事迹. https://mzt.guizhou.gov.cn/xwzx/mzyw/202210/t20221008_76663830.html，2022-10-08，有改动

1.1 心理与心理素质

1.1.1 什么是心理

要了解人的心理素质,必然要先明白什么是人的心理。心理就是人脑的机能,是人们在社会实践和日常生活中对客观事物的能动反应。它通常表现为人们对客观事物的看法、态度、倾向等相关行为。人的心理活动是一个较为复杂、统一的整体,心理学界常常把人的心理活动划分为心理过程和个性心理两个方面。

1. 心理过程

心理过程是指在客观事物的作用下,心理活动在一定时间内发生、发展的过程,包括认识过程、情感过程和意志过程三个相互联系的方面,简称知、情、意。

(1)认识过程是人类最为基本的心理活动过程之一,它主要反映客观事物的性质和规律。其主要内容有感觉、知觉、思维、想象、记忆和注意力。

(2)情感过程是指人对客观现实所产生的态度体验,比如喜、怒、哀、乐、爱、憎等。人的情绪情感对人的各种活动既有积极的推动作用,也有消极的阻碍作用。

(3)意志过程是指人不仅能认识世界,对客观现实产生一定的态度体验,还可以在头脑中制订计划,并将头脑中的计划转化为具体的行动,从而能动地改变现实。这种自觉地确定目的、自觉地支配行动、自觉地克服困难,从而实现预定目的的过程被称为意志过程。

人的认识过程、情感过程和意志过程是人的心理过程的三个不同的方面,它们是相互联系、相互影响与相互制约的。其中,认识过程是引起人的情绪、情感和确定行动目标的基础;情感对人的认知活动和意志过程起着促进或阻碍的作用;意志品质反过来又对人的认识、情感等产生巨大的影响。

2. 个性心理

心理过程是人人共有的心理现象,但由于个人受遗传因素、生活环境、经验等的影响,因此每个人表现出不同的个性心理。个性是一个人经常的、稳定的、本质的心理特征。个性也称为人格,指一个人的整体精神面貌,即具有一定倾向性的心理特征的总和,具体表现为个性心理倾向性和个性心理特征两个方面。个性心理倾向性,包括需要、动机、兴趣、理想、信念、世界观等,它是人的行为的潜在动力,是人的积极性的无尽源泉;个性心理特征,包括气质、性格、能力,它比较稳定地反映了个体的特色风貌。

3. 心理过程与个性心理的关系

心理过程与个性心理是个体心理现象的两个方面,都是心理学研究的具体内容。心理过程从心理现象的组成部分来研究个体心理现象的共性,它是个性形成的基础。个性心理从个体心理现象的表现来分析个体心理的差异性。

心理过程与个性心理都是在社会实践中发展形成的。一方面，个性心理是在心理过程基础上形成的，没有对客观世界的认识，就不可能产生情感，没有积极的意志行动，也就不可能形成个体的性格、气质、能力、理想、信念、世界观等；另一方面，已经形成的个性心理又能调节心理过程，并在心理过程中表现出来。

1.1.2 心理健康的内涵结构

健康的本质是一种状态，它包括生理健康、心理健康、社会适应良好和道德健康等方面。作为健康的子概念和人的整体健康状态的必要组成部分，心理健康本质上也应是一种状态，即一种完全的心理状态。

1. 心理健康的内涵

对于心理健康的含义，学者们都倾向于认为心理健康是一种内外协调统一的良好心理状态。世界卫生组织（World Health Organization，WHO）认为，心理健康不仅是指个体没有心理疾病或者变态、社会生活适应良好，还指个体人格的完善和心理潜能的充分发挥，即在一定的客观条件下，个人心境达到最佳状态。

心理健康具体可表现为个体具有生命的活力、积极的内心体验、良好的社会适应能力，能够有效地发挥自己的身心潜能及作为社会一员的积极的社会功能。它是人类个体对其生存的社会环境的一种高度适应状态，体现了人类个体对社会环境所发挥的一种积极的调节功能。

2. 心理健康的标准

美国心理学家马斯洛（Maslow）和米特尔曼（Mittelman）提出了心理健康的10条标准：充分的安全感；充分了解自己，并对自己的能力作适当的估价；生活的目标切合实际；与现实的环境保持接触；能保持人格的完整与和谐；具有从经验中学习的能力；能保持良好的人际关系；适度的情绪表达与控制；在不违背社会规范的条件下，对个人的基本需要作恰当的满足；在集体要求的前提下，较好地发挥自己的个性。

世界卫生组织提出的心理健康标准包括以下几点：①具有健康心理，人格完整；自我感觉良好；情绪稳定，积极情绪多于消极情绪；有较好的自控力，能保持心理平衡；自尊、自爱、自信，且有自知之明。②在自己所处环境中，有充分的安全感，并能维持正常的人际关系，受别人的欢迎和信任。③对未来有明确的生活目标；脚踏实地，不断进取，有理想和有事业上的追求[①]。

在实践中，我们认为，大学生心理健康应从以下几个方面把握：

（1）智力正常。这是大学生学习、生活与工作的基本心理条件，也是其适应周围环境变化所必需的心理保证，因此衡量时，关键在于正常地、充分地发挥效能，即有强烈的求知欲，乐于学习，能够积极参与学习活动。

（2）情绪健康。其标志是情绪稳定和心情愉快，包括的内容有：愉快情绪多于负性情绪，乐观开朗，富有朝气，对生活充满希望；情绪较稳定，善于控制与调节自己的情

---

① 转引自李广智.焦虑障碍.北京：中国医药科技出版社，2009.

绪，既能克制又能合理宣泄；情绪反应与环境相适应。

（3）意志健全。意志是人在完成一种有目的的活动时，所进行的选择、决定与执行的心理过程。意志健全者在行动的自觉性、果断性、顽强性和自制力等方面都表现出较高的水平。意志健全的大学生在各种活动中都体现出自觉的目的性，能适时地作出决定并运用切实有准备的方式解决所遇到的问题，能适时地作出决定并运用切实有准备的方式解决所遇到的问题，在困难和挫折面前，能做出合理的反应，能在行动中控制情绪，并做到言而有信，而不是行动盲目、畏惧困难、顽固执拗。

（4）人格完整。人格是个体比较稳定的心理特征的总和。人格完善就是指有健全统一的人格，即个人的所想、所说、所做都是协调一致的。具体表现为：人格结构的各要素完整统一；具有正确的自我意识，不产生自我同一性混乱；以积极进取的人生观作为人格的核心，并以此为中心把自己的需要、目标和行动统一起来。

（5）自我评价正确。正确的自我评价乃是大学生心理健康的重要条件，大学生能够自我观察、自我认定、自我判断和自我评价，做到自知，恰如其分地认识自己，摆正自己的位置，既不以自己在某些方面高于别人而自傲，也不以某些方面低于别人而自惭，能够自我悦纳自我、喜欢自己、接受自己，自尊、自强、自制、自爱适度，并能够正视现实、积极进取。

（6）人际关系和谐。良好而深厚的人际关系，是事业成功与生活幸福的前提。其表现为：乐于与人交往，既有广泛而深厚的人际关系，又有知心朋友；在交往中保持独立而完整的人格，有自知之明，不卑不亢；能客观评价别人和自己，善取人之长、补己之短，宽以待人，乐于助人，积极的交往态度多于消极态度，交往动机端正。

（7）社会适应正常。个体与客观现实环境保持适配。通过客观观察能够形成正确认识，以有效的办法应对环境中的各种困难，不退缩，还要根据环境的特点和自我意识的情况努力进行协调，或改变环境以适应个体需要。

（8）心理行为符合大学生的年龄特征。大学生是处于特定年龄阶段的特殊群体，大学生应具有与年龄与角色相适应的心理行为特征。

心理健康的相对性

心理健康状况是一个相对的概念，即心理健康只有在与同龄人心理发展水平的比较中，才能体现其价值。而人与人之间的个体差异，地域与地域之间、民族与民族之间、国家与国家之间的社会文化背景差异，又决定了心理健康标准不能绝对化。

心理健康与不健康是相对而言的，从心理健康到心理不健康之间有着巨大的量的变化。人的心理健康水平可以分为不同的等级，是一个从健康到不健康的连续状态，一般来说，心理健康与不健康并无确定的界限，只是程度的差异而已。一个人偶尔出现一些不健康的心理和行为，并不意味着此人一定心理不健康，有的时候只要他能适应社会生活，其生命具有活力，能充分发挥自身潜能，就可以被视为心理健康。

1.1.3 心理素质的内涵结构

1. 素质的内涵

素质是指有机体在先天生理基础上，通过个体与环境教育的交互作用，在实践活动和精神活动中形成并内化为个体相对稳定的、基本的，并具有独特功能的品质，其本质是一种品质（特质）或特性。它由生理素质、心理素质和科学文化素质三个基本维度构成。其中，生理素质在素质结构中起基础作用，主要由人的先天遗传因素决定，表现为有机体生理上的特征；而心理素质在素质结构中起中介和核心作用，表现为有机体的心理特性（亦称心理品质），由先天遗传因素与后天环境因素交互作用决定，居于科学文化素质和生理素质之间，既反映这两种素质发展的水平，又制约这两种素质的发展；科学文化素质是素质结构的表现层次，主要由人的后天环境所决定，主要表现为人的文化、道德修养等方面，与个体的学习、工作、生活等行为密切相关。图 1-1 为素质的内涵结构图。

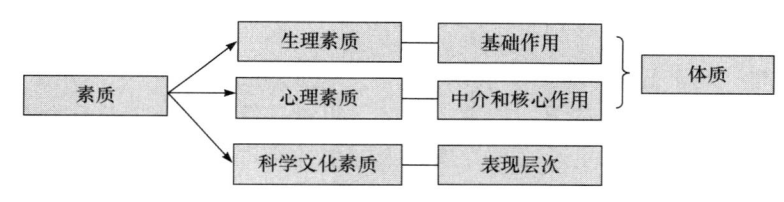

图 1-1 素质的内涵结构图

资料来源：张大均，王鑫强. 心理健康与心理素质的关系：内涵结构分析[J]. 西南大学学报（社会科学版），2012，38（3）：69-74，174

2. 心理素质概述

心理素质是以生理条件为基础，将外在获得的刺激内化成稳定的、基本的、内隐的个人特质，以及与人的适应、发展、创造性密切联系的心理品质。它由认知品质、个性品质和适应性三个维度构成（图 1-2）。

认知品质是心理素质结构中最基本的成分，主要指的是个体在面对客观事物时所表现出来的心理品质，表现在人对客观事物的反应活动中，直接参与对客观事物认知的具体操作，涉及感知觉等，具体涉及以知觉能力、类比能力为代表的一般认知能力和以计划性、监控性为代表的元认知能力。

个性品质则是心理素质结构的核心，它反映了个体的个性心理内容，表现在人对待客观事物时，虽不直接参与对客观事物认知的具体操作，但是对个体认知操作过程具有动力和调节功能，是心理素质的动力成分。个性品质主要涉及自制力、自信心等个性心理成分。

适应性主要体现心理素质的衍生功能，它反映了个体在与环境的互动过程中，不断地适应环境变化，使自身与环境相协调的能力，是个体在认知品质和个性品质的基础上，通过与社会生活环境的交互作用，对外在社会环境进行学习、应对和防御，对内在心理过程进行控制、理解和调适所表现出来的习惯性行为倾向，是心理素质结构中最具衍生功能的因素，具体包含学习适应、人际适应、情绪适应等内容。

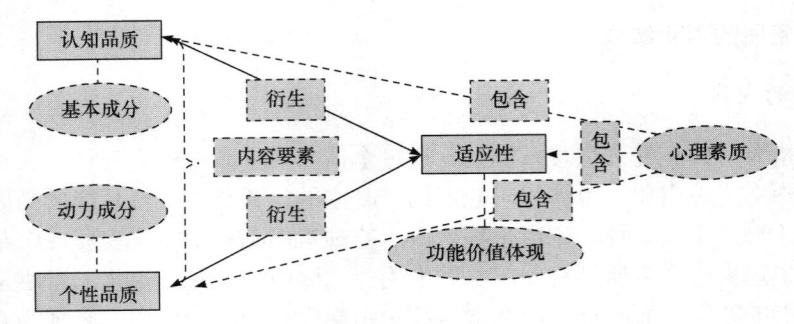

图 1-2　心理素质的结构

3. 心理素质的特征

综观国内学者对心理素质特征的阐述，可以总结为以下四种特征：

（1）相对稳定性与可发展性。心理素质是个人的心理特质，不是人的个别心理或行为表现，更不是一个人一时一地的心理与行为表现。但是，心理素质又始终处于发展之中，具有自我延伸的功能。

（2）综合性。对于心理素质，不应从简单的心理过程或心理特性的角度来加以研究，不能将心理素质简单地看成感觉、知觉、记忆、思维、情感、意志及其特性，对心理素质的研究应从个性层面上着手。心理素质是人的个性心理品质在学习、工作和生活实践中的综合表现。

（3）可评价性。心理素质对人的活动成效产生影响，因而具有社会评价意义，其品质具有优劣高低之分。人的某些个性心理品质，如内向与外向，一般不对人的行为成效产生影响，因此，不应将它纳入心理素质之列。

（4）基础性。心理素质不是大学生在特定领域中获得的某一专门知识和技能，而是那些对大学生学习生活、社会适应性和创造性等活动效果产生重要影响的心理品质的综合，具有基础性特征。

4. 心理素质与心理健康的关系

心理素质与心理健康既有联系，又有区别。

（1）心理素质是人稳定的、内在的心理品质，表现出一定的心理能力，心理健康是一种心理的状态，是心理素质的表现形态。心理问题是受心理素质支配的、消极的、负性的心理状态；心理素质水平与心理健康水平有直接关系，心理健康是心理素质健全的功能状态和标志之一。在一般情况下，心理素质水平高的人，很少产生心理问题，其心理经常处于健康状态；相反，心理素质水平低的人容易产生心理问题，其心理易处于不健康状态。健全心理素质的培育是从根本上解决大学生心理问题的重要途径。

知识框

心理健康有三个层次：预防心理障碍的出现，即不患心理疾病是心理健康的最低要求；能够有效地学习、生活、交往是心理健康的第二境界；能够发挥个人潜能，促进自我价值的实现，追求自身全面发展是心理健康的最高境界。大学生应努力追求心理健康的最高境界。

（2）心理素质是素质教育的组成部分，更具有教育的意义；心理健康是健康教育的组成部分，更具有心理卫生的意义。

1.2 大学生心理素质的标准及影响因素

1.2.1 衡量大学生心理素质水平的标准

大学生心理素质水平是否有衡量的标准？在这个问题上，人们的认识尚不一致。因为，心理素质水平不像测量身体素质（如测量血压、体重、身高等）那样，有具体的、客观的指标。事实上，大学生心理素质水平的衡量标准是客观存在的，问题在于我们如何去把握它，进行综合分析，进而从总体上把握大学生心理素质水平的衡量标准。具体地说，主要有以下几个方面。

1. 个体的心理发展是否符合其相应的心理年龄特征

大学生心理年龄特征是指在一定教育条件下，在青年中后期这一年龄阶段所形成的一般的、典型的、本质的心理特征。全日制普通高等学校学生的年龄一般属于青年中期（17~22岁），有的稍大些，属于青年晚期。有人认为，青年期始于青春发育，止于心理成熟。大学生是生理上的成人，心理上的准成人。他们总的心理特征是正在走向成熟而未完全成熟，在思想、观念、行动上具有较强的可塑性。当然，他们也有较为稳定的方面，如在思维、自我意识、社会化等方面，其认识、情感、言行应该符合他们的年龄特征，这才是心理素质稳定的表现。

2. 能否坚持正常的学习和生活

大学生的心理素质是在各种活动中形成和发展的，也只有通过具体的活动才能表现出来。章烨等[①]对近两年大学生心理现状进行调查后发现：存在障碍性心理问题的学生占比为2.13%，其余属于适应性问题。

3. 有无和谐的人际关系，能否与社会协调一致

一个大学生，如果长期不与人交往，以自我为中心，被排斥在友谊之外，那么，就应该考虑他的心理素质是否过于低下，心理是否健康。心理素质高的学生，应能和社会保持良好的接触，认识和了解社会，主动适应社会。新生一般都要面对适应的问题，但是，如果一年过去了，还不能适应大学生活，生活自理能力差，这与心理素质低就有较大的关系。

---

① 章烨,曹其,张乐陶.2020~2022年苏南某高校大学生心理健康状况研究[J].心理月刊,2023,18（14）：202-205.

4. 有没有完整的人格

健康的人格特征是有机统一的、稳定的。也就是说，一个人的所想、所说、所做是一致的。如果一个大学生具有某些特征，一般就可以预见他在某种情况下将怎样行动。如果他的行为表现存在反常性，则说明他的人格不完整，他的心理素质是低下的，甚至可能引起精神疾病。这种行为表现互相矛盾的现象在一些高校学生中也会存在。而心理素质高的学生都有相对稳定的人生观和信念，并能把自己的需要、愿望、理想、目标和行动统一起来。

良好心理素质的特征主要包括良好的自我认知能力、客观的自我评价、良好的情绪调控能力、坚强的意志品质、积极进取的人生态度、健全的人格特征等。

1.2.2 大学生心理素质现状及问题

从大学生心理素质特点来看，目前的研究尚未得到一致性的结论。在性别方面，有研究结果表明，大学生的心理素质表现在不同性别群体中存在着显著的差异性，在适应能力上，女生的得分要显著高于男生，在认知品质上，男生的总体得分要显著高于女生[1]；但也有研究发现，大学生心理素质并不存在显著的性别差异[2]。张大均等[3]研究认为，男女生在个性品质上不存在显著性差异，而男生的心理素质整体以及认知品质的发展显著优于女生，女生在适应能力方面显著优于男生。在年级方面，研究者们的结论各不相同。

总结起来，当前大学生心理素质存在的问题主要表现在以下几个方面。

1. 环境适应上的问题

大学校园环境对大学新生的心理影响很大。对于大多数新生来说，他们从相对单纯、熟悉的环境进入到陌生的环境，周围生活环境发生了很大的变化。如果个体自身与环境变化相脱节，不能尽快融入这个集体之中，就会感到孤独苦闷，并容易引起情绪上的抑郁，从而影响正常的学习和生活。

2. 学习上的心理问题

一是新生学习适应的问题。一些在中学就是学校学习"尖子"的大学生，进入大学之后，发现"山外有山，楼外有楼"，因而在心理上产生巨大的落差和压力，这时一旦学习成绩稍有波动，就会备受打击，甚至产生失落感和自卑感。

二是学习目标迷失，动力不足。有些自控能力较差的学生往往由于沉迷于网络游戏或上网聊天，学习成绩不佳，进而对学习产生厌倦，对考试感到焦虑，也有相当一部分大学生对所学专业不了解，缺乏目标，不知道如何去学习，存在专业认知上的问题。

---

[1] 朱政光. 大学生心理素质的现状及其与心理健康、社会适应和学业发展的关系研究[D]. 重庆：西南大学，2020.
[2] 张爽，黄婉庆. 大学生心理素质现状及提升策略[J]. 劳动保障世界，2018，（35）：38-40.
[3] 张大均，朱政光，刘广增，等. 大学生心理素质全国常模的建立[J]. 西南大学学报（社会科学版），2019，45（5）：94-100，199-200.

3. 人际关系上的心理问题

与中学生相比，大学生的交往更加复杂、广泛，他们开始尝试独立的人际交往，试图发展交往能力。交往能力的高低，已成为大学生心目中衡量个人能力的一项重要标准。大学生在人际交往中常因自信受挫而陷入苦闷、焦虑、烦恼、恐惧，甚至会产生心理障碍。由于现实交往存在困难，同人与人之间面对面的交流相比较，一些大学生更愿意在网络这个虚拟的环境中进行交流，但如果迷恋于虚拟世界，长此以往，更容易造成自我封闭，与现实世界相脱离，对自我的认知、情感和心理定位会产生巨大的负面影响。

4. 性与恋爱方面的心理问题

在青年中期，性生理已趋于成熟，恋爱的季节便悄然而至。但是，个别大学生由于缺乏必要的社会生活阅历，自我调节、自我控制的能力还不够强，他们的性心理还不成熟，对他们学生来说，处理好性与恋爱的问题实在不容易。个别大学生对性关系的认识存在着偏差，由此会产生性恐惧、性迷恋、性随意等心理问题，甚至出现性歧变、性逆转等心理倾向。有的大学生对恋爱的心理准备不足，心理的自我调节能力不强，对失恋挫折的心理承受能力比较低，因失恋而造成心理崩溃的例子也并不鲜见。

5. 与自我意识有关的心理问题

一是理想与现实的矛盾。大学生容易把未来设计得很完美，当与理想自我的实现有距离时，如果不能正确地认识和处理理想与现实的矛盾，就会产生心理问题。个别大学生因此会出现消沉、苦闷、抑郁、冷漠等心态。

二是自我价值的问题。在大学期间，大学生需要完成职业选择，确立人生观和价值观，明确理想和目标。一些大学生面对日益多元化的价值观，找不到自己的人生坐标，茫然失措、无所适从，迷失了自我，对生命的意义无法正确把握，使自己陷入苦闷甚至绝望的境地。他们的心理障碍如果得不到及时排除，就有可能发展为一些心理疾病，如在大学生中，发病率较高的主要是焦虑症、抑郁症、强迫症、神经衰弱症等，个别的还会引发精神分裂症。大学生常见的偏头疼、内分泌失调、溃疡病等一些疾病，症状表现为生理上的，但其根源常常可能是心理上的。

三是就业心理困惑。这在大学毕业生当中尤为普遍，有些大学毕业生在择业过程中，没有做好就业心理准备，未能很好地认清当前的就业形势，对自我定位及自我能力的评价不够确切，容易好高骛远，一日三变；还有部分大学毕业生在择业时不认真思考，盲目从众。

综上所述，大学生心理素质方面的问题，主要是认识和适应的问题。

1.2.3 影响大学生心理素质的因素

要想让大学生具备健康的心理素质，就必须搞清楚影响大学生心理素质的因素。现阶段影响大学生心理素质的因素是十分复杂的，既有社会环境、家庭环境、校园环境方面的原因，又受大学生自身因素的影响。

1. 社会环境的影响

大学生是崇尚科学、善于思考、知识层次较高的青年群体。伴随互联网成长起来的大学生是网络原住民，快速更新的数据和未加筛选的信息冲击着他们的认知观念，他们的思想观和价值观发生了很大的变化。青年人思维灵活、好奇心重，又由于三观尚未稳定确立，社会中的不良风气极有可能对大学生产生不良影响。比如，个人至上、享乐至上的价值取向在一定程度上影响着一些大学生，使他们的价值取向趋于功利化，有的开始感到茫然、疑虑、紧张、压抑、空虚，从而有可能造成信仰危机，这些都影响了大学生心理素质的健康发展。

2. 家庭环境的影响

家庭对一个人的成长会产生较大影响，一个人对世界的认知往往是从家庭环境包括家长的言谈举止开始的。不同的家庭教育与影响产生的结果也是截然不同的。部分对子女管教特别严格的父母，望子成龙心切，只是关注孩子的学习，对子女其他的兴趣和爱好不给予支持，缺乏沟通，经常用命令、指责的方式强迫子女做事情，这样的结果使得子女往往性格上很不自立，不能适应社会，没有棱角和个性；有的父母对子女百依百顺、溺爱，导致的结果是孩子的依赖性极强，缺乏同情心，缺乏自制力和自信心，遇到挫折便不知所措；有的父母对子女放任不管，对孩子缺乏约束，这样的孩子常常以自我为中心，缺少家庭教养，不懂得尊重他人，任性自负，很难适应集体生活；还有的家庭由于父母离异或关系不融洽等原因，孩子脾气暴躁，心理压抑，逆反心理和自卑心理较强。

3. 校园环境的影响

与中学相比，大学校园环境相对自由，每个学校都有自己的校园文化和特色。大学生需要学会集体生活，自己安排生活和学习，设置目标，因此大学生的角色更多地需要自我管理、自我监督，如果不能很好地认识到大学校园与中学的差异并随之改变，这些反差和内心的矛盾就可能引起其对新生活的迷茫。比如，原来过分的依赖性与现在必需的独立性，原来的任性自负、以自我为中心与现在必须过的集体生活，再加上大学学习内容更为丰富，学习方式和中学时代不同，个别大学生可能会面临不及格、降级和退学的危险，这样的大学生活打破了他们的浪漫想象，使他们滋生了孤独和怀旧情绪，害怕与人接触，害怕考试，害怕各种活动，这种情绪不仅妨碍了他们适应大学生活，还给他们的身心健康造成不良影响。不健康的校园文化也影响着大学生的思想。社会上的一些低级庸俗潮流通过多种渠道向校园辐射，使原本清净的校园滋生了一些不健康的现象。比如，一些学生热衷于追求新潮，有的存在考试作弊、弄虚作假的情况。这些现象都会影响大学生的身心健康。

4. 大学生自身因素的影响

首先，一些大学生对自己还不能很好地定位，不能客观地进行自我评价。有的大学生个性独立，但是缺乏对自己的全面了解，容易只看到自己的长处，自以为是，自视清高，看不起别人，遇事只相信自己的判断，听不进别人的意见，有时甚至显得十分傲慢；而有的大学生又只看到自己的不足，妄自菲薄，遇事悲观；有的大学生对自己的期望值过高，拼命追求超出本身能力所及的东西；有的则对自己不负责任，"当一天和尚撞一天钟"，整天无所事事，懒懒散散。这些不客观、不实际的自我评价对大学生心理素质的提高比较不利。其次，生理成熟和心理不成熟的矛盾，使得大学生在情感上出现波动和两极化。由于生理的成熟，大学生在处理异性情感方面都有自己的想法。他们渴望接触异性，但由于心理的不成熟，经验不足，阅历浅，往往在感情问题上缺少严肃性，而多盲目性。这样很容易使他们进入感情误区而无法自拔，最终导致情绪不稳、心理冲突甚至行为异常。

通过以上分析我们可以看到，培养大学生良好的心理素质，消除他们的心理障碍，已成为一项紧迫而又艰巨的任务。

1.3 改善和提高大学生心理素质的方法与途径

1.3.1 加强大学生心理素质教育与训练的重要意义

心理素质教育一般是指为促使大学生形成良好的心理素质所实施的教育，其内容包括智力开发、情绪调节、意志锻炼、气质修养和性格塑造等。一些高校重视对学生进行心理素质的培养和训练，这是非常必要的。

首先，心理素质教育是新时期大学生素质教育的前提。在人的整体素质结构中，心理素质是基础，对人的其他素质及人的整体素质有重要影响，主要表现为以下四个方面：①心理素质直接影响着人体的生理活动，调节着活动能量的释放，这对于促进人的生理机能和提高人的身体素质有重要影响。②良好的心理素质是内化科学文化知识的必要主观条件。认知心理能力直接关系到内化的方式、过程及效果，情感、兴趣等非认知心理素质则往往成为内化过程中的动力因素。③良好的心理素质包括道德认识、道德体验、道德情感及道德意志等方面的因素，只有遵循人的心理发生、发展及活动的规律，道德教育才会真正有效。④人的外在行为受人的多种心理因素而不仅仅是认知水平的支配，心理素质对人的整个行为模式以及一生行为都会产生直接影响。因此，提高心理素质是大学生素质教育的前提。

其次，心理素质教育是完善大学生个性的主要促进因素。青年期是个体走向独立和成熟的关键时期，也是个体身心发展急剧变化的时期，在人的一生发展中也处于关键期。这一时期形成的观念、态度和经验将对今后的人生发展产生重大影响。青年期是人生的重要探索期，青年为了独立地走向社会生活要充分考虑、设计未来的生活。他们开始探寻人生的真谛，充满着对未来的憧憬，他们开始尝试扮演各种社会角色，如家庭角色、学生角色、青年角色、性别角色和职业角色。他们开始扩大自己的社会交往范围，增加对自己、他人和社会的了解。他们开始形成自己的一整套价值体系和新的认识事物的思维方式。青年期也是人生的危险期，这一时期的情绪波动、内心冲突等"动荡不安"的特点十分显著，因而大学生身上较普遍地存在着不同程度的各种心理障碍，如焦虑、烦恼、自卑、孤独、忧郁、健忘、嫉妒等。这些障碍对于大学生的成才及适应社会都是不利的。因此，大学心理素质教育的重要作用在于帮助大学生了解自身的心理特点，促成其自我意识的发展和完善，并提高心理免疫能力，帮助他们走向成熟与独立。

最后，心理素质教育是促进大学生社会化的有效手段。青年期也是为成人生活而准备并面向未来的过渡期。因此，大学生面临着社会化的任务。社会化就是人获得知识、技能等本领，使之成为社会的比较合格的成员的过程。社会化的意义不在于使个体被动、消极地接受社会的影响，成为一个毫无个性的"标准人"，而在于使其成为一个具有主动精神和创新意识的个性丰富的人。社会化的实质是一个社会与个人相互作用的过程。在这个过程中，个体在一定社会环境的影响下逐渐认识到自我，并掌握了一定的社会文化，扮演了一定的社会角色，同时也积极地反作用于社会环境。大学生的社会化任务相当广泛，其中重要的有：学习与陌生同龄男女交往；从父母或其他成人那里独立地体验情绪；有信心实现经济独立；准备选择职业；做结婚与组织家庭的准备；学习作为一名公民的必要的知识与态度；学习作为行为指南的价值与伦理体系；等等。所有这些社会化任务，都从不同侧面和不同程度地与个体的认知心理能力和非认知心理能力（如情感等）有关。

从社会化的整体情况看，一方面，大学生自身的心理素质影响着其社会化进程和程度；另一方面，大学生个体社会化程度本身又折射出其心理素质的高低。在整个大学阶段，大学生个体社会化的主要环境和场所是大学，因此大学教育特别是大学心理素质教育应承担帮助学生实现社会化的任务。但传统的大学教育模式在某种程度上被简化为一种职业教育模式，在社会化的很多方面，如发展个性、为未来的生活和社会角色进行心理准备等方面所做的努力还不够。因而，从全面促进青年的社会化角度看，心理素质教育是极其必要的。

综上所述，高校开展心理素质教育是十分必要的，对大学生培养来说是非常重要的，它是基础，是动力，是人类教育过程中不可缺少的。我们的教育要"面向现代化，面向世界，面向未来"，就必须重视培养学生的心理素质。

1.3.2 大学生心理素质教育与训练的基本内容

心理素质是个体在遗传的基础上，受后天的教育和环境的影响而形成的较为稳定的心理品质，包括人的智力和非智力因素。因此，本书将从以下几个方面来引导大学生培养良好的心理素质。

1. 认识自我与完善自我

正确的自我认知是培养良好的心理素质的重要前提。大学阶段正是一个人从青春期向成年期转变的重要时期，也是人的自我意识发展并走向成熟的重要时期。通过学习，大学生能够了解与掌握自我意识的内涵、结构和特征，从而客观地认识自我，正确地评价自我，积极地悦纳自我，有效地调控自我和科学地发展自我。

2. 情绪调节与管理

大学生由于心理、生理上的急剧变化，情绪起伏波动比较大，而学习情绪心理的理论知识，能够帮助大学生了解情绪知识，并能对自己的情绪状态有所反思和了解，同时掌握情绪自我管理和调节的技巧、方法，主动调节自我情绪，经常保持良好的情绪状态。

3. 耐挫力和意志力培养

耐挫力对一个人学业、事业的成功影响重大。通过学习，可以帮助大学生强化对挫折的科学认识，增强他们面对挫折、承受挫折以及战胜挫折的勇气。在分析大学生产生挫折原因的基础上，从改变认知、找到应对挫折的方法、培养坚强的意志力、建立和谐的人际关系等角度，提高大学生对挫折的应对能力和承受能力。

4. 良好人格的塑造

人格反映了一个人的心理面貌，是心理素质的核心。良好的人格是大学生健康成长的重要保障。介绍心理学有关人格的知识，可以使大学生了解人格及其构成，了解自身人格发展的特点，掌握优化自身人格的策略和方法。

5. 学习心理

学习是大学生求学期间的主要任务，大学教育是人一生学习过程中的重要阶段。学会学习、提高自我学习能力是大学生学习的特殊任务。而学习问题也是困扰大学生最多的一个问题。通过学习，大学生可以了解大学学习活动的特点以及学习的一般心理规律，增强学习兴趣、学习动机，促使自身积极主动地学习。因此，我们要分析大学生常见的学习困扰以及影响因素，帮助他们掌握大学阶段有效的学习途径和方法，以提高其学习能力。

6. 人际交往与沟通

人际交往方面的问题是产生心理困惑的主要原因之一，通过学习，大学生可以了解人际交往方面的知识。大学生良好的人际交往对大学生成长成才有着重要意义，因此应针对大学生在人际交往中存在的心理问题提出调适的方法和建议，通过心理训练等方式帮助大学生掌握人际交往的技巧和方法。

7. 性心理与性健康

通过向大学生介绍科学的性心理知识，大学生可以了解和掌握性心理发展的过程及性健康的含义，从而认识性心理问题的表现及其产生的原因，建立科学的性观念，培养健康的性心理，学会维护自己的性心理健康。

8. 恋爱心理与发展爱的能力

介绍与爱情相关的一般心理学理论，帮助大学生深入理解爱情的内涵及意义，在分析大学生恋爱的特点与存在的问题的基础上，引导大学生学会在爱中成长，发展爱的能力。

9. 职业生涯规划

通过学习，大学生可以掌握职业生涯规划的原则和方法，了解在择业过程中可能存在的心理问题及调适的基本方法，提高自主择业的意识和能力。

10. 大学生的适应与发展

大学生的适应与发展是贯穿于大学生活全过程的重大课题。能够适应与发展，是大学生心理素质的重要体现。大学生通过学习可以了解适应与发展的含义及其关系，了解适应与发展的特点，进而对适应与发展中的心理困扰进行调适，从而找到适应与发展的有效途径和方法。

1.3.3 提高大学生心理素质的途径与方法

1. 提高大学生心理素质的途径

1）参加心理素质教育课程的学习

开设心理素质教育课程或者举办专题心理健康讲座，普及心理素质知识，是高等学校面向广大大学生进行心理素质教育的重要方式和主要途径。每个大学生都应该积极选修与心理素质教育相关的课程或参加专题讲座、学术报告等活动，学习心理素质的一般知识，增强对自身的心理状况和特点的了解，加深对心理素质教育的必要性和重要性的认识，促进心理素质的自我发展和自我培养。

2）积极参加社会实践

人的心理素质是在社会实践中逐渐发育和成熟起来的。某些心理素质方面的欠缺，可以通过参加社会活动和学习而获得补偿。某些高校大学生存在社会阅历浅、社会经验少、社会适应能力差等问题，在一定程度上造成了部分学生出现心理问题和心理疾病。因此，大学生应该积极参加各种社会实践，在实践中认识社会，增长社会经验，增强建设祖国和振兴中华的社会责任感；提高认识问题、分析问题和解决问题的能力；培养自主、自强的创新精神；磨炼不怕困难、不怕挫折的意志和品质；锻炼和提高社会适应能力，促进心理素质的提高。

3）积极参加大学生心理社团的活动

目前，不少高校成立了旨在提高大学生心理素质的学生心理社团，如朋辈咨询小组、心理沙龙、心理协会、心理剧团等，这些社团组织为大学生提供了同辈交流和互动互助的平台。大学生应当积极地参与这些社团活动，这不仅有助于他们学习人际交往的技巧，而且还有助于大学生进行积极的自我认知和智力开发，有助于大学生挫折承受能力的提高，以及心理素质的提高。

4）积极寻求专业帮助

学校心理咨询是促进学生保持心理健康、优化心理素质的重要途径，也是心理素质教育的重要组成部分。大学生心理咨询的主要目的是优化学生心理素质，增进学生的心理健康。它的服务对象是全体学生，服务形式多样，通过个别面谈，排解学生成长中的困惑与烦恼；通过心理测验，了解学生的心理状况；通过团体咨询，提高学生的社会适应能力；通过心理治疗，缓解或消除学生的心理疾病的症状。所涉及的领域几乎包括学生学习、生活的各个方面。大学生应该在有心理困惑时积极寻求专业帮助，在心理老师的指导下，及时、主动地消除心理困惑，以预防心理疾病的发生。

2. 提高大学生心理素质的方法

1）确立科学的世界观、人生观和价值观

大学生正处于人生发展的重要时期，大学阶段是人的一生中世界观、人生观、价值观形成的关键时期。对于在校大学生来说，他们在成长过程中所遇到的困难和矛盾，产生的困扰和冲突，会形成这样或那样的心理问题。而这些心理问题又往往同他们世界观、人生观、价值观的形成交织在一起。心理问题，是世界观、人生观、价值观问题在心理方面的反映。心理问题的解决，从根本上讲要以树立正确的世界观、人生观、价值观为前提。正确的世界观、人生观和价值观是良好心理素质的体现，因此，大学生要注重正确的世界观、人生观、价值观的培养，这有利于增强认识和适应社会环境的能力，有利于确立是非观、荣辱观，有利于充分发挥主观能动性，并调节自己的心理状态。

2）发展健全的自我意识

大学生就其年龄而言，处于特殊的心理、生理发展阶段，使得他们表现出不同于其他青年人的自我意识特点：一是大学生较儿童少年时期更多地关注自己；二是大学生自我意识逐渐趋于稳定，但未完全成熟，存在矛盾冲突；三是大学生自我评价能力增强，但存在片面性；四是大学生自我体验深刻丰富，但两极化差异明显；五是大学生自我认识、自我评价很容易受情绪的影响；六是自我控制、自我教育能力有较大程度提高，但仍有明显不足。

大学生要提高心理素质，首先，必须对自身有正确的评价。大学生通过与自己、与他人的比较，形成对自己的一个正确的、全面的认识和评价，就能够取长补短，调控自我、发展自我和完善自我。其次，要欣然接受自我，恰当展示自我。欣然接受自我有助于维护和增进心理健康。展示自我有助于建立密切的人际关系，将一个真实的我、本来的我展示于人们面前，可以让别人了解自己。展示自我有助于正确认识自我和评价自我。最后，要努力塑造自我，积极超越自我。超越自我就是超越现实自我而成为理想自我的过程。自我是在超越自我的过程中不断发展和完善的。大学生不应满足于现在的"我"，而应充分认识到自己所处的时代，感受到肩负的历史重任，尽全力地发挥自己的才华，发掘自己的潜能，使自我得以发展。

3）养成科学的生活方式

生活方式对心理健康的影响已为科学研究所证实。健康的生活方式是指生活有规律、劳逸结合、科学用脑、坚持体育锻炼、少饮酒、不吸烟、讲究卫生等。大学生的学习负担较重，心理压力较大，为了长期保持学习效率，必须科学地安排好每天的学习、锻炼、休息时间，使生活和学习有规律。学会科学用脑就是要勤用脑、合理用脑、适时用脑，避免用脑过度引起神经衰弱，使思维、记忆力减退。

4）加强自我心理调节

自我调节的核心内容包括调整认识结构和情绪状态、锻炼意志品质、提高适应能力等。大学生处于青年期，青年期的突出特点是人的性生理在经历了从萌发到成熟的过渡之后，逐渐进入活跃状态。经验的缺乏和知识的浅显决定了这个时期人的心理发展的某些方面落后于生理机能的成长速度，因而，在其发展过程中难免会发生许多尴尬、困惑、烦恼和苦闷。另外，当前社会竞争日趋激烈，生活节奏日益加快，科学技术急速发展，这种情况容易引发即将进入社会的青年学生出现心理波动。如果总是挥之不去，日积月累，就有可能成为心理障碍而影响学习和生活。因此，应让大学生正视现实，学会自我调节，保持同现实的良好接触，进行自我调节，充分发挥主观能动性去改造环境，努力实现自己的理想目标，因此大学生在学习过程中应学会自我心理调适，做到心理健康。

5）积极参加业余活动，发展社会交往

业余活动不仅能够丰富大学生的生活，而且能够为大学生的健康发展提供课堂以外的活动机会。大学生应培养多种兴趣，发展业余爱好，通过参加各种课余活动，发挥潜能，振奋精神，缓解紧张情绪，维护身心健康。只有通过社会交往才能实现思想交流和信息资料共享。另外，发展社会交往还可以不断地丰富大学生的内心世界，有利于心理素质的提高。

知识栏

原来每年的 5 月 25 日为"大学生心理健康日"，2004 年，团中央学校部、中华全国学生联合会共同决定将 5 月 25 日定为全国大、中学生（包括中职学生）心理健康日，"5·25"的谐音即为"我爱我"，提醒大、中学生"珍惜生命，关爱自己"。此节日的核心内容是：关爱自我，了解自我，接纳自己，关注自己的心理健康和心灵成长，提高自身心理素质，进而爱别人、爱社会。

1.4 心理测试与训练

1.4.1 心理测试

自我和谐量表：

指导语：下面是一些个人对自己看法的陈述，填答时，请您看清每句话的意思，然后根据自己的实际情况在每句后面符合情况的数字上打"√"。答案是没有对错的，您只要如实回答就行了。1：完全不符合，2：比较不符合，3：不确定，4：比较符合，5：完全符合。

（1）周围的人往往觉得我对自己的看法有些矛盾。　　　　　1 2 3 4 5
（2）有时我会对自己在某方面的表现不满意。　　　　　　　1 2 3 4 5
（3）每当遇到困难，我总是首先分析造成困难的原因。　　　1 2 3 4 5
（4）我很难恰当表达我对别人的情感反应。　　　　　　　　1 2 3 4 5
（5）我对很多事情都有自己的观点，但我并不要求别人也与我一样。
　　　　　　　　　　　　　　　　　　　　　　　　　　　1 2 3 4 5

（6）我一旦形成对事物的看法，就不会再改变。　　　　　　1　2　3　4　5
（7）我经常对自己的行为不满意。　　　　　　　　　　　　1　2　3　4　5
（8）尽管有时得做一些不愿意的事，但我基本上是按自己意愿办事的。

　　　　　　　　　　　　　　　　　　　　　　　　　　　1　2　3　4　5
（9）一件事好就是好，不好就是不好，没有什么可含糊的。　1　2　3　4　5
（10）如果我在某件事上不顺利，我就往往会怀疑自己的能力。1　2　3　4　5
（11）我至少有几个知心朋友。　　　　　　　　　　　　　　1　2　3　4　5
（12）我觉得我所做的很多事情都是不该做的。　　　　　　　1　2　3　4　5
（13）不论别人怎么说，我的观点绝不改变。　　　　　　　　1　2　3　4　5
（14）别人常常会误解我对他们的好意。　　　　　　　　　　1　2　3　4　5
（15）很多情况下，我不得不对自己的能力表示怀疑。　　　　1　2　3　4　5
（16）我朋友中有些是与我截然不同的人，这并不影响我们的关系。

　　　　　　　　　　　　　　　　　　　　　　　　　　　1　2　3　4　5
（17）与朋友交往过多容易暴露自己的隐私。　　　　　　　　1　2　3　4　5
（18）我很了解自己对周围人的情感。　　　　　　　　　　　1　2　3　4　5
（19）我觉得自己目前的处境与我的要求相距太远。　　　　　1　2　3　4　5
（20）我很少去想自己所做的事是否应该。　　　　　　　　　1　2　3　4　5
（21）我所遇到的很多问题都无法自己解决。　　　　　　　　1　2　3　4　5
（22）我很清楚自己是什么样的人。　　　　　　　　　　　　1　2　3　4　5
（23）我能自如地表达我所要表达的意思。　　　　　　　　　1　2　3　4　5
（24）如果有足够的证据，我也可以改变自己的观点。　　　　1　2　3　4　5
（25）我很少考虑自己是一个什么样的人。　　　　　　　　　1　2　3　4　5
（26）把心里话告诉别人不仅得不到帮助，还可能招致麻烦。　1　2　3　4　5
（27）在遇到问题时，我总觉得别人都离我很远。　　　　　　1　2　3　4　5
（28）我觉得很难发挥出自己应有的水平。　　　　　　　　　1　2　3　4　5
（29）我很担心自己的所作所为会引起别人的误解。　　　　　1　2　3　4　5
（30）如果我发现自己某些方面表现不佳，总希望尽快弥补。　1　2　3　4　5
（31）每个人都在忙自己的事，很难与他们沟通。　　　　　　1　2　3　4　5
（32）我认为能力再强的人也可能遇上难题。　　　　　　　　1　2　3　4　5
（33）我经常感到自己是孤立无援的。　　　　　　　　　　　1　2　3　4　5
（34）一旦遇到麻烦，无论怎样做都无济于事。　　　　　　　1　2　3　4　5
（35）我总能清楚地了解自己的感受。　　　　　　　　　　　1　2　3　4　5

计分办法及结果解释：

计分办法及结果解释：各分量表的得分为其所包含的项目分直接相加。

自我与经验的不和谐：1、4、7、10、12、14、15、17、19、21、23、27、28、29、31、33 共 16 项，大学生常模为 46.13+10.01。

自我的灵活性：2、3、5、8、11、16、18、22、24、30、32、35 共 12 项，大学生常

模为 45.44+7.44。

自我的刻板性：6、9、13、20、25、26、34 共 7 项，大学生常模为 18.12+5.09。

此外还可以计算总分，方法是将"自我的灵活性"反向计分，再与其他两个分量表得分相加。得分越高，自我和谐程度越高，大学生中，低于 74 分为低分组，75～102 分为中间组，103 分以上为高分组。

1.4.2 心理训练

1. 大风吹

活动目标：促进学生之间的互动，消除成员的拘谨感，营造轻松和谐的团体氛围。
活动场地：室内、室外均可。
人员要求：不限。
活动时间：10～15 分钟。
材料准备：无。
活动步骤：
（1）全体围坐成圈，野外可划定每个人的位置。主持人没有位置，站在圈中央。
（2）主持人说："大风吹。"大家齐问："吹什么？"主持人要说出两个同学以上具备的共同特征。如果主持人说"吹所有穿校服的人"，那么所有穿校服的同学必须离开自己原来所在的位置，抢坐到别人空出来的位置上去，主持人说完后也要抢坐到空位上去。没有抢到位置的同学做自我介绍并表演一个节目，并且成为新的主持人，再"吹"。
备注：可"吹"的素材有很多，看同学们的自由发挥，如有耳朵的人、爱上网的人、穿球鞋的人等都可以。如果是"小风吹"则与之正相反。
注意：在抢位置的过程中，一定要告诫同学们不要推对方，否则很容易出现身体伤害。

2. 滚雪球

活动目标：促进学生之间的相互认识、相互了解，培养小组成员的合作精神，以及营造团结、和谐的团体氛围等。
活动场地：室外。
人员要求：不限。
活动时间：50 分钟。
材料准备：音乐《相亲相爱一家人》，彩笔、彩纸若干，团体承诺书（参见附件）若干份。
活动步骤：
（1）让学生随意在团队中走动，找一个觉得合适的人组成一组，相互之间握手寒暄并相互自我介绍 2 分钟。
（2）主持人喊停，让每个人把刚才认识的朋友介绍给离自己最近的另外一组，相互介绍 4 分钟，组成一个 4 人小组。

（3）依次类推，最终形成8~16人的小组。

（4）已形成的小组成员在指定地点集中，完成下列事项：选举一名同学担任组长；小组长带领本小组成员一起起队名、选队歌、确定团队口号、设计队徽，并将队名、队歌、团队口号画在队旗上；最后，填写团体承诺书。

（5）各个团队分别以个性化的方式介绍自己的队名、队徽、口号，展示自己的队旗，高唱自己的队歌。

附件：

团体承诺书

我自愿参加"大学生心理素质教育与训练"课程，在活动期间，我愿意做如下保证：

（1）我一定及时参加所有的团队活动，不迟到、不早退，因为我的缺席会对整个团队活动造成影响。如有不可抗拒的因素，一定提前请假。

（2）参加团队活动时，我不做任何与活动无关的事。

（3）团队活动时，我对其他成员持信任态度，愿意真诚表达自我，与大家分享个人的情感和认识。对他人的表露，我愿意提供反馈信息。

（4）我保证尊重所有成员，不对他人进行人身攻击，坚持不批评原则。

（5）我绝对严守团队每个成员在团队活动中透露的秘密和隐私，活动外不做任何有损小组成员利益的事。

（6）我保证认真完成作业。

签名：

年　　月　　日

讨论与分享：

（1）你刚才认识了几个朋友？感觉怎样？

（2）你所在的团队怎么样？在团队中感觉如何？

思考与练习：

1. 什么是心理素质？大学生心理素质有什么特点？
2. 简述影响大学生心理素质的主要因素。
3. 简述提高大学生自身心理素质的方法与途径。

推荐赏析：

1. 心理书籍：古典著作《拆掉思维里的墙》

作者以幽默的口吻，把心理学知识讲得深入浅出、绘声绘色。我们不曾意识到，生活中很多困惑背后，往往藏着一堵堵思维里的墙，阻碍着我们，把我们与美好的生活隔开了。拆掉思维里的那些墙，你就可以获得成功、快乐、自信和幸福。从"impossible"

到"I'm possible",只需一点改变,你的人生也许因此大不相同。

2. 心理电影:《哪吒之魔童降世》

《哪吒之魔童降世》是由饺子执导兼编剧出品的动画电影。该片改编自中国神话故事,讲述了哪吒虽"生而为魔"却"逆天而行斗到底"的成长故事。

第 2 章　认识自我与完善自我

名人名言：

> 知人者智，自知者明，胜人者有力，自胜者强。
>
> ——老子《道德经》
>
> 当我接受了现实的自己时，我就发生了变化。
>
> ——卡尔·罗杰斯

本章要点：

1. 了解自我意识的内涵、结构和大学生自我意识的特点。
2. 大学生自我意识发展的规律。
3. 健全的自我意识的标准。
4. 塑造健全自我意识的途径。

【案例】

小米，20岁，大二女生，家庭经济条件不好。

自述：一直以来，由于家庭经济条件不好，自己学习成绩不太好，没什么优点，不讨别人喜欢，所以总不相信别人，不愿理会别人，对人冷漠、缺乏热情。总之，我感到大学生活非常灰暗，没有任何快乐，好几次想退学。最近，连续几个晚上都做相同的噩梦，梦见父亲去世了，我从梦中哭醒，连续几天都很伤心，情绪很低落，无法学习。

小米的问题出在哪里？该怎么帮助她呢？

大学阶段是一个人从青春期向成年期转变的重要时期，也是人的自我意识走向完善的重要时期。探讨高校大学生自我意识的发展特点和培养途径，有助于其形成健康人格。大学生只有充分地了解自己、客观地评价自己，才能形成合理的自我期望，树立切实的理想抱负，产生积极的自我体验，悦纳自己，同时通过有效的自我控制，使自己不断成长、不断完善。

2.1　自我意识概述

2.1.1　自我意识的内涵

"我是谁？""我是怎样的人？""我想做什么？""我究竟适合做什么？""我该做什

么?"这是每个人都思考过的问题。其实,这些都与自我意识有关。

所谓自我意识就是一个人对自己各种身心状况,包括身体、智力、品格和性格特征,以及自己和周围关系的一种认识和体验,是认识自己和对待自己的统一。它同人的注意力密切相关,当我们把注意力指向自己时,便产生自我意识。自我意识是人意识发展的高级阶段,是一个包含认知、情感、意志等多种心理机能的、完整的、多维度的、多层次的心理系统。它具有目的性、社会性、能动性的特点,对个性的形成、发展起着调节、监督、矫正的作用。

2.1.2 自我意识的层次

心理学家从不同的角度对自我进行诠释,对自我做了以下划分:

1. 主体我和客体我

"自我"这一概念可指两个方面,一个是主体的"我",即对自己活动的觉察者;另一个是客体的"我",即被觉察到的自己的身心活动。心理学家米德(Mead)把前者称为"I",把后者称为"me"。平时我们有时会说,"我认为我的个性是懦弱的""我感到我心里很难受""我恨我自己太缺乏信心"等。句子开头提出的"我",是句子的主语部分,就是主体的"我",即对自己活动的觉察者;句子里的宾语的"我",就是客观的"我",即被主观的我觉察到的自己身心活动。

2. 现实自我、理想自我和投射自我

美国著名心理学家罗杰斯(Rogers)提出,每个人都有两个自我:现实自我(actual self)与理想自我(ideal self)。现实自我也称现实我,是个体从自己的立场和观点出发,在现实生活中对自己的评价和看法,涉及的根本问题是"我实际是个什么样的人"。理想自我也称理想我,是个体从自己的立场出发,对未来自我的认识,是个体要实现得比较完善的一种自我境界或者形象,是其追求的目标,它涉及的问题是"我想成为怎样的人"。理想自我虽然可能与现实自我不一致,但它对个人的行为有很大的影响,是个体前进的方向和动力。

投射自我是个体想象自己在他人心目中的形象,想象他人对自己的评价以及由此而产生的自我感。

投射自我和现实自我之间往往存在着距离,当两者距离加大时,个体便会感到自己不为别人所了解。理想自我和现实自我也不一定是一致的。理想自我虽非现实自我,但它对个体的认识、情感和行为的影响很大,是个体行为的动力和参照系。这三种类型的自我之间可能彼此会有差距和冲突,个体的某些心理问题也会因此产生。

3. 生理自我、社会自我和心理自我

著名心理学家威廉·詹姆斯(William James)在19世纪末就探讨了有关自我的问题,他把自我分为以下三个方面。

1）生理自我

生理自我是指个体对自身生理状态的认识和评价，指对自己身高、体重、容貌、身材、性别等的认识以及生理病痛、温饱或饥饿、劳累疲乏的感受等。如果对生理自我不接纳，就会讨厌自己，表现出自卑，缺乏自信。

2）心理自我

心理自我是个体对自身心理状态的认识和评价，指对自身知识、能力、情绪、兴趣、爱好、性格、气质等的认识和体验。如果一个人对自己的心理自我评价低，就会否定自己。

3）社会自我

社会自我是指对自己在群体中的地位、作用以及自己和他人相互关系的认识、评价和体验。如果一个人认为周围的人不喜欢自己、不接纳自己，找不到知心朋友，就会感到很孤独、寂寞。

4. 个人自我和社会自我

个人自我和社会自我是一个相对的概念，是矛盾的两个方面。个人自我又称私我意识，是指我们觉察到的自我中不被别人所了解的方面，如我们的想法、情感、态度、愿望、梦想等，它属于个人隐私的一部分。这些内容只有我们自己清楚，我们很少向他人提及，即使是最要好的朋友也不例外。例如，我们写日记抒发自己的情感，而日记的内容往往是不想让别人知道的，这些就属于个人自我。

社会自我又称公我意识，它是指个体对自我的一种外表觉察。换句话说，社会自我是指个体觉察到的别人所评价的自己的形象和行为。平时人们常说，"大学生应该注意自己的言谈举止"，指的就是大学生要注意自己的社会自我。

2.1.3 自我意识的作用与结构

1. 自我意识的作用

自我意识是人类所特有的心理活动，是个体意识发展的高级阶段，也是人心理发展的重要标志之一。自我意识在个体发展中起着十分重要的作用。

首先，自我意识是认识外界客观事物的前提。一个人如果不知道自己，也无法把自己与周围相区别时，他就不可能认识外界客观事物。

其次，自我意识是人具有自觉性、自控力的前提，对自我教育起着推动作用。如果一个人意识到自己的长处和不足，这有助于他发扬优点、克服缺点，取得自我教育的积极效果。

最后，自我意识是改造自身主观因素的途径，它能使人不断地自我监督、自我提高、自我完善。自我意识影响着人的道德判断和个性的形成，尤其对个性倾向性的形成更为重要。

2. 自我意识的结构

自我意识的心理过程表现在认识、情感、意志三个方面，即自我认知、自我体验和自我调节。

1）自我认知

自我认知是自我意识的认知成分，是人了解自我时所进行的心理活动，是自我调节、控制的心理基础。它包括自我感觉、自我观察、自我分析和自我评价等。自我评价是自我认知的核心，也是自我体验和自我控制的基础。自我评价就是在自我感觉、自我观察和自我分析的基础上以理想自我检查现实自我，是对自己能力、品德、行为等方面社会价值的评估。它回答的是"我是怎样一个人""我为什么是这样一个人"的问题。

2）自我体验

自我体验是自我意识中的情感部分，是人对"理想自我"和"现实自我"经过比较和评价所得到的结果，会产生情感和道德两方面的体验，包括自爱、自尊、自卑、自负、自信、责任感、荣誉感、羞耻感和优越感等。情感体验是看这些结果是否与公认的道德准则、传统、习俗相抵触。自我体验会使人形成"我是什么""我应该干什么""我能干什么"等意识，并且引起体现自我价值和自我追求的强烈激情与冲动，会给人带来自我的和谐统一和满足感。

3）自我调节

自我调节是自我意识的意志成分，就是以"理想自我"去调节"现实自我"，对那些与"理想自我"不符的行为特征和价值观予以控制和限制，从而使以后的行为活动朝着"理想自我"发展。它包括自我检查、自我监督、自我激励、自我暗示和自我控制等形式。它解决的是"如何控制自己""如何改变自己""如何成为理想中的那种人"等问题。

以上三者相互联系，有机组合，完整统一，成为自我的核心内容。自我调节受自我认知、自我体验的制约；同时，个体的自我意识调节状况又反过来通过心理和行为的调整来影响自我认知和自我体验。从自我调节作为自我中直接作用于个体行为的环节来看，它是一个人自我教育、自我发展的重要机制，自我调节功能的有效发挥，是个体自我能动作用的体现，是自我完善发展中必不可少的环节，也是促进心理健康、增强心理自助能力的重要手段。

2.1.4 自我意识的发生与发展

关于个体心理的发展过程，近现代心理学已经进行了大量的研究。美国心理学家埃里克森（Erikson）把个体自我意识的形成和发展划分为八个相互联系的阶段。他认为，人的自我意识发展持续一生，但要经历不同的发展阶段，每一个阶段都有冲突，都有一个核心的课题；上一个阶段能否顺利度过，将影响以后的发展。

心理学家奥尔波特（Allport）指出人的自我意识发展经历三个阶段，依次是生理自我阶段、社会自我阶段和心理自我阶段。

我们认为，自我意识的形成过程可以纵向分成三个阶段。

第一个阶段，对自我的确认，即确认自己是谁的过程。儿童在3个月时能辨认自己以外的世界，5个月后略知别人的存在，8个月后了解自我的存在，听到自己的名字会做出反应，但人我不分、物我不分。他不知道镜子中自己是何人，而要伸手去摸他，吮吸自己的小手，玩自己的小脚，此时无所谓的自我意识。1岁后随着语言的发展，他们能够从自己的安全、生理等需要出发掌握第一人称代词"我"的使用，如"毛毛""宝宝"等对自己的称呼，产生了"自我概念"。

第二个阶段，对自己的评价。3岁左右的儿童出现了自尊感、羞耻感，有"自己来"的主动愿望，对集体性游戏产生兴趣，在角色扮演中开始对别人或自己的特征、行为进行评价，如"我会唱歌"。通过与人交往，自我感觉、自我意象得到了发展，此时则为生理自我时期。

第三个阶段，对自我的理想。15岁左右进入青少年期，身心日趋成熟，开始问自己："我究竟是什么样的人？""我会成为什么样的人？"他们开始接触各种社会角色，寻找自己的楷模或偶像，并将之作为个人追求的目标。进入大学后，面临着更复杂的自我选择，如职业选择、交友等。不少大学生对自我的优势有了一定的认识，自我意识水平有了较大幅度的提升，处处表现出自己的独立和自我理想，对自己的心理品质和个性特征尤为关注，对自己的认识和评价也不再完全依赖于他人，在看法和行为上带有浓厚的自主色彩。从青春期到青年后期，个体遇到的困扰最多，如"逆反心理"等，此时即为"心理自我阶段"，也称为"心理断乳期"。此后个体的自我逐渐走向成熟。

2.2　大学生的自我意识

2.2.1　大学生自我意识的特点

大学生群体是一个特殊的群体，大学生活的特殊性较大程度上影响着他们自我意识的发展。从时间上来看，大学生不像其他同龄人那样直接进入社会，而是有四年左右的知识技能的准备时间。由于中学时学习任务繁重，大学生几乎没有什么余暇去充分思考自己的问题。而四年的缓冲期给大学生提供了更多的时间，让他们去关注自我成长，去充分思考自身发展、精神心理方面的需要与困惑，使大学生能够真正专心地考虑自我、探索自我和确立自我。另外，从空间上看，大学校园环境所提供的多维文化氛围、与不同地区同龄人的交往可能性、多种价值观念的并存，对于大学生的自我意识发展都会产生不同于其他青年人的影响。这种空间的多元性带给他们更多的有关自我的思考和关注，带来更多的发展空间，使大学生的自我意识有了更强的可塑性。

大学生作为一个特殊群体，除了生理成熟所带来的必然的自我意识成熟，如社会自我、心理自我的出现、发展，自我体验的敏感与深刻，自我控制的提高等外，还因为时空条件、智力水平等使大学生的自我意识有其特殊性，主要表现在以下几个方面：

1. 自我认识内容的广泛性、深刻性和途径的多样性

大学生在自我认识过程中，不会仅局限于"我是什么样的人"的内容，而是更喜欢去探索"我为什么会是这样的人"，他们的认识会突破"意识"领域，深入"潜意识"。不少学生热衷于关注弗洛伊德、马斯洛的理论。他们对自我了解的渴望更强烈，对自我

的剖析有更强的能力和更多的勇气，在自我认识的过程中更善于理性分析。即使会在认识中遭遇痛苦，他们仍然愿意去认识，似乎有种"自寻烦恼""自找苦吃"的味道。但也正因为这股劲头，大学生的自我觉察力更敏锐，自我评价标准更具体、一致，自我形象也更丰满。

同时，大学生的文化观念使他们易于接受新事物，易于开放自我，所以也就有了更多的自我认识的途径，突出表现在以下几个方面：第一，心理咨询。在今天的高校，心理咨询越来越得到大学生们的认可，他们为了加深对自我的认识，自愿走到心理咨询室，将"自我"摆出来，与咨询老师一起来分析、评价，并且学习咨询老师的分析方法、心理观念，使今后自己的认识更加完善和合理。第二，广泛的人际交往与沟通。大学生敢于与人交往、交流自我，会直接问周围的人对自己的看法，这样就能得到更多的有关自我的评价，促进公正的自我评价的形成。第三，网络心理测评。随着互联网的普及以及网站内容的丰富，大学生可以很便捷地通过网站提供的心理测评、心理游戏来了解自己。

2. 自我体验的敏感、细腻与其间的理性分析

普通的同龄人进入社会后，角色基本开始定位，在自我体验上相对来说要稳定、简单些。大学生的自我体验是既丰富又复杂，可以说是一生中或者各种社会群体中"最善感"的年龄阶段或群体。总体来说，大学生自我体验的情绪、情感基调是积极、健康的。大多数大学生喜欢自己、满意自己，自尊、自信、好胜。但是大学生自我体验也比较复杂，具有敏感性以及一定程度的波动性。凡是涉及"我"及与"我"相联系的许多事物，都常常引起大学生的情绪、情感反应。他们对别人的言行和态度极为敏感，更愿意把自己的情感体验闭锁于心，且内心体验起伏比较大、相对不稳定。当取得成绩时，容易产生积极、肯定的自我体验，甚至骄傲自满、扬扬自得、忘乎所以；当遇到挫折时，又易产生消极、否定的情绪体验，甚至自暴自弃、悲观失望。

大学生在自我体验时，总会拥有一种敏锐的觉察力，他们往往能使用一些准确的词汇加以描述，有时还会使用比喻、引用，更重要的是还会加入自己的一些分析，尤其在遭遇消极体验时，更能够设法合理地去分析。

3. 自我评价的客观性、全面性和差异性

随着知识的积累、阅历的增加，多数大学生对自己的分析逐渐趋于全面、客观，自我评价越来越具有广泛性、概括性的特点，并能够进行理性的辩证思考，使得自我评价和外界评价趋于一致，能自觉地按照社会发展要求来评价和设计自我。同时，也应该看到，大学生的自我评价水平呈现出很大的差异性，如有的学生不能自觉、主动、客观地评价自己，因而会设计出偏离现实的奋斗目标。

4. 自我控制的主动性与情境性

随着知识水平的提高、个体心理的成熟和个人价值观的确立，大学生自我控制的主动性、独立性、坚持性都有了显著的发展。他们不仅会"表现"自我，还愿意展示自我，常常会以自己的观点驳斥他人的观点，在行为上更有主见，甚至给人"自成一格""我行

我素"的感觉。他们独立的愿望强烈，希望摆脱依赖和管束，能根据他人的评价和社会的要求不断调节、改变自己不切实际的目标和行为。另外，由于大学生的开放性，他们的自我控制又是充满情境性的，并往往受到情绪的影响，激情下会盲从、会放纵自己，甚至会导致一些偶发事件。

2.2.2 大学生自我意识发展的规律

心理学家埃里克森指出，人的自我发展会持续一生，但要经历不同的阶段，每个阶段都有一个核心课题，大学时期的主要发展课题是自我同一性。埃里克森对它的定义是：自我同一性是一种熟悉自身的感觉，一种知道个人未来生活目标的感觉，一种从他信赖的人们中获得所期待的认可的内在自信。这种内在自信是一个人对他人认可的内在一致性和持续性方面的自信，即个体的、跨时空的、内在的一致感和连续感。自我同一性发展不良者表现为对自己缺乏清晰而完整的认识。自我各部分是混乱的、矛盾的、冲突的，导致迷失自我和生活的方向，难以应对复杂的社会生活。自我同一性发展良好者会具有深刻的自我认同感，其自我概念清晰，接纳自我，有生活的目标和前进的方向，这就为自我以后的发展打下了良好的基础。

大学生正处于青少年后期，他们在这一个时期要经历生理、认知和社会角色的转变，因此，他们对自我的认同无疑将会对其学校适应产生重要的影响。在自我逐渐成熟的这一过程当中，很多大学生也品尝了人间的酸甜苦辣。有的为此付出了艰难代价，也为解决自己内心的矛盾冲突进行了不懈努力，逐渐使得自我认知、自我体验、自我调控协调一致。

1. 自我意识的分化

青年期自我意识的发展是从明显的自我分化开始的，它是自我意识成熟的标志。原来完整、笼统的"我"被打破了，出现了两个"我"：主观的我和客观的我，即大学生既是观察者又是被观察者。伴随着主体我和客体我的分化，大学生在其头脑中塑造了一个理想我的形象，出现现实我和理想我的分离。自我的分裂使大学生主动地、迅速地对自己的内心世界和行为进行重新审视，开始对自己有了更全面的认识、体验，于是出现了新的认识和体验，对自我形象的再认识更加深刻、完全，由此也会产生种种激动不安、焦虑、喜悦等情绪，自我沉思有所增多，希望有属于自己的一片空间和世界，渴望被人理解和关注。

2. 自我意识的矛盾

自我意识的矛盾，是大学生开始注意到自己过去不曾注意到的许多"我"的细节，同时也带来了主体我和客体我的矛盾斗争，体现为理想我和现实我矛盾的加剧。随着自我冲突的加剧，自我不能统一、自我形象不能确立、自我概念不能形成，表现出明显的内心冲突，甚至有很大的内心痛苦和剧烈的不安感。正是这种矛盾，促使大学生实现自我意识的统一，推动自我意识逐渐成熟。

当代大学生自我意识的矛盾，归纳起来主要表现在以下几个方面。

1）主观我和客观我的矛盾

由于大学生生活范围比较狭窄，交往对象多限于老师、同学、父母，相对简单、直接，因此，大学生对自我的认识参照点少，局限性大，再加上社会对大学生期望值高，使得大学生自我认识也沾染上了光环色彩。而现实生活中的自己很平凡，和想象中的自己仍有比较大的差距，这种差距给大学生带来苦恼和不满。

2）理想我和现实我的矛盾

理想我和现实我的矛盾是大学生自我意识矛盾中最突出的、最集中的体现。大学生富有理想，成就欲望强，对自己充满了信心。然而，他们较少接触社会，社会经验比较少，很难把理想和现实结合起来，因而理想我中包含着许多无法实现的成分，如此一来，就不可避免地和现实我发生矛盾和冲突。也正是这种矛盾和冲突，能够激发大学生奋发进取的积极性。但是，如果理想我和现实我迟迟不能趋近统一，则会引起自我的分裂，导致一系列心理卫生问题。

3）独立意向与依附心理的矛盾

独立性是指个体摆脱监督和支配的一种自我意识倾向。大学生进入大学后，独立意识迅速发展，他们希望能真正意义上实现"自由独立"，经济、学习、生活、思想、世界观等不受成人的监督、控制。但由于他们独立性还不够，加之刚脱离家庭，面对复杂的生活和许多实际问题时，他们却束手无策，缺乏独立解决问题的能力，因而还无法摆脱对家长和老师等他人的心理依赖，无法实现人格的独立。这就在心理上产生了主观要求独立和客观上不能完全独立的矛盾，这种独立与依赖的矛盾也一直是大学生苦恼的问题。

4）渴望交往与自我闭锁的矛盾

大学生迫切需要友谊、渴望理解、寻求归属和爱。他们有强烈的交往需求，希望得到别人的支持和帮助，希望和朋友探讨人生，分享苦与乐。然而，大学生同时又存在着自我闭锁的趋向，他们担心别人对自己有过多的了解，会影响自我形象，会影响和控制自身发展，于是就把自己的心灵深藏起来，与人交往常存有戒备心理，有意无意地保持着一定的距离，正是这种矛盾使大学生常处于孤独之中。

5）追求上进与自我消沉的矛盾

多数大学生都有比较强的上进心，希望通过努力，实现自身的价值。但是在追求目标的过程中，遇到困难和挫折时，有的学生自我控制能力比较差，在困难面前望而生畏、消极退缩，虽然退缩但又不甘心，心中依然想奋进，因而内心产生矛盾，出现焦虑、烦躁的不良情绪。

6）个人自我和社会自我的矛盾

一方面大学生越来越清楚地意识到自己的需要、愿望和冲动，另一方面又十分在意别人对自己的评价，担心自己的行为不被社会接受。尽管他们口头上常说"走自己的路，让别人说去吧"，实际上他们却很在意老师、同学、朋友、父母对自己的看法。因此，出现个人自我和社会自我的矛盾，而这种矛盾也常常让大学生痛苦而不知所措。比如，同学邀请自己去网吧打游戏，自己很不想去，但是又碍于同学的情面不好拒绝，只好硬着头皮去。这样必然会带给他们不安与矛盾。

除此以外，大学生自我意识中还存在着一些其他的矛盾、冲突，如自信与自卑、自豪感与自责感的冲突等。它们的出现都是大学生心理发展过程中的正常现象，是大学生自我意识迅速走向成熟而又未完全成熟的集中表现。

大学生自我意识的矛盾使大学生在心理和行为上出现了某些不适应，或者适应困难，让他们感到苦恼焦虑、痛苦不安，也可能会影响到他们心理发展和心理健康，但是这都是迈向成熟必需的一步，是个体逐步回应自我内在力量的必经之路。

3. 自我意识的统一

大学生自我意识的分化与矛盾所带来的不安、痛苦、焦虑促使大学生不断寻找解决方法，以求得自我意识的统一，即自我同一性。自我统一主要是指主体我和客体我的统一、自我与客观环境的统一、理想我与现实我的统一，也表现为自我认识、自我体验和自我控制的和谐统一。消除矛盾以获得自我统一的途径有三条：第一，努力突破现实自我，使之逐渐接近理想自我；第二，修正理想自我中某些不切实际的过高标准，使之与现实自我趋近；第三，降低理想自我而认清现实自我。按照心理健康的标准，不管个体通过哪种途径达到自我意识的统一，只要统一后的自我是完整的、协调的，对个体来说，这就是积极和健康的统一。

大学生自我意识整合统一后的结果，表现在以下三个方面：

1）积极自我的建立，即自我肯定

自我肯定是指对自己的认识比较清晰、客观、全面、深刻。这种积极的自我的特点是在经过痛苦的选择和调整之后，大学生逐渐成长，使理想我和现实我趋于统一，客观我和主观我趋于一致，对自我的认识更加客观、深刻、理性。积极的自我不仅了解自己的长处和优势，也了解自己的不足和劣势，能够分析哪些是通过努力可以达到的，哪些是无法企及的，从而进行积极的自我肯定，向着理想自我迈进。

2）消极自我的建立，即自我否定

消极的自我意识分为两种，即自我贬损型和自我夸大型。自我贬损型的人，对现实自我的评价较低，并时常伴有价值迷失、自我排斥、自我否定等现象。他们不但不接纳自己，甚至自我拒绝、自我放弃，表现为没有朝气、随波逐流、缺乏激情，生活没有目标，其结果则是更加的自卑，从而失去进取的动力。自我夸大型的人正好相反，他们对自我的评价非常高，往往脱离客观实际，常常以理想自我代替现实自我，盲目自尊，虚荣心强，心理防御意识强，其行为结果要么表现为缺乏理智、情绪冲动，忘记现实自我，而沉浸在虚无缥缈的自我设计中，要么自吹自擂、自我陶醉，却不去为实现自我做出努力。自我贬损型和自我夸大型的共同特点是，对自我评估不正确，理想自我不健全，缺乏实现理想自我的手段，自我虚弱而不完整，是一种不健康的自我统一。

3）自我冲突

自我冲突是难以达到整合统一的自我意识。它表现为自我评价始终在真实自我上下徘徊，自我认识或高或低，自我体验或好或坏，自我控制时强时弱，心理发展极不平衡。他们有时显得自信而成熟，有时又表现出自卑而不成熟，让人无法评估。自我冲突的人表现为两种类型：自我矛盾型与自我萎缩型。自我矛盾型的大学生，内心冲突激烈，持续时间长，自我认识、自我体验、自我调控不稳定，新的自我无法有效整合。例如，有的大学生既可能是一个自信的人,也可能是一个自卑的人,既可能是一个诚实的人,也可能是一个骗子,既可能是一个性格孤僻的人,也可能是一个善于交际的人。自我萎缩型的大学生,缺乏理想自我,但又对现实自我深感不满,他们消极放任、自怨自艾,甚至麻木、自卑,以至于越来越消沉,对自己丧失信心。

2.2.3 大学生自我意识的偏差

从总体来说,大学生自我意识水平较高,但尚未完全成熟,因而容易出现各种发展偏差,引起自我意识发展问题,致使大学生自我意识过强或者过弱,影响他们的健康成长。探讨影响自我意识发展的不良心理因素和表现,有助于大学生及时发现问题,并根据一定的方法及时调整,以保证自我意识健全发展。

影响自我意识的不良心理因素包括以下几个方面:

1. 过分追求完美

每个人都希望自己是完美的,也都不同程度地追求自我完美。追求完美是人类健康向上的本能,它是一种进步的推动力,但过分追求完美则会引起自我适应的障碍。过分追求完美的大学生对自己持有过高的要求,期望自己完美无缺,却不考虑自己的实际情况,因而完美的期望必然受到挫折,从而增加了适应的困难。另外,过分追求完美表现为过分看重自己"不完美"的地方,甚至把一种普遍存在的问题看成自己不完美的表现,从而过于苛求自己,严重影响了自己的情绪和自信心,使自我适应和认识更加困难。

克服完美主义的方法和途径如下:

(1)树立正确的认知观念。人无完人,不可能十全十美;一个人应该接纳自己,并肯定自己的价值,应做到不自以为是,也不妄自菲薄。

(2)确立合理的评价参照体系和立足点。自我评价以其不同的方式(相符的、过高的、过低的)可以激发或者压抑人的积极性。以弱者为参照会自大,以强者为标准会自卑。因而,人应该选择合适的标准,更重要的是以自己为标准,按照自己的条件评定自己的价值。

(3)目标合理恰当。目标应符合自己的实际能力,不苛求自己,不被他人的要求左右。必须明确自己的期望是什么,以及这种期望的来源是来自自我的本身能力和需要,还是从满足他人的期望出发来获得的。只有明确这一点,才可能真正地认清自己,规划自己的发展方向,最终建立独立的自我。

(4)接纳自己的不完美。其实人各有长短,每个人都是独特的、与众不同的,要欣赏自己的独特性,不断自我激励。以下案例可以给我们很好的启发。

【案例】

小鸟动物学校

有一天,一群动物聚在一起,它们彼此羡慕对方的优点,抱怨自己的缺点,于是决定成立一所学校,希望通过训练,使自己成为一名通才。它们设计了一套课程,包括奔跑、游泳、飞翔和攀登等。所有动物都报了名，选修了所有的科目。最后的结果是：小白兔在奔跑方面，名列前茅，但是一到游泳课的时候，就浑身发抖；小鸭子在游泳方面，成绩优异，飞翔也还算勉强，但是奔跑和攀登的成绩却糟糕透顶；小麻雀在飞翔方面，轻松愉快，但就是不能正经地奔跑，尤其碰到水就几乎精神崩溃；至于小松鼠，固然爬树的本领高人一筹，奔跑的成绩也还不错，但是飞翔课却一塌糊涂。

大家越学越困惑，越学越痛苦，终于决定：停止盲目学习别人，好好发挥自己的长处。它们不再抱怨自己、羡慕别人，因此又恢复了往日的活泼与快乐。

资料来源：保罗·里维斯.40法建立孩子正确的价值观.橄榄编译小组译.成都：四川大学出版社，2007.

2. 过分自卑

自卑是在对自己过低的、不切实际的评价基础上的一种消极的否定的情感，往往是自尊屡屡受挫的结果。这类人自我认识不客观，只看到自己的缺点而忽略了自我的长处，不喜欢自己，不能容忍自己的缺点和弱点，否定、抱怨、指责自己，看不到自己的价值，感觉处处低人一等，丧失信心，严重的还可能由自我否定发展为自我厌恶甚至走向自我毁灭。过度的自尊心和过强的自卑感是密切联系、互为一体的。那些自尊心表现得越外显、越强烈的人往往是越自卑的人。

为了摆脱自卑心理的困扰，大学生可以从以下几个方面来克服：

1）充分认识自卑的危害，有改变自己的勇气和决心

适度的自卑可以让自己更客观地认识自己，激励自己奋斗努力。但过度的自卑则会带来诸多危害，如让人变得敏感、脆弱、内心压抑，更容易使人患上抑郁、恐惧等心理疾病；总是活在自己的思想世界里，精神内耗严重；总是看不到自己的长处，做事情谨小慎微，畏手畏脚，错失发展的机会。所以，要有勇气面对自己的自卑，并下决心改变自卑。自卑不是天生的，只要下定决心，自卑是可以改变的。

2）坦然面对自己的不足和缺陷

坦然面对自己的不足和缺陷，针对自己不如别人的方面进行自我调整和改变。例如，学习成绩差的同学应通过借鉴别人的学习方法来提高自己的学习能力，以缩短与别人的差距。个子矮小的同学往往对自己的身材不满意，总觉得矮人一截，诚然，长高虽然难以实现，但挺起胸膛做人却是可能做到的事。一个心地善良、作风正派的人，其轩昂的气宇与良好的精神面貌，足以弥补身材的不足或某种生理上的缺陷。著名音乐家贝多芬比较矮，但并没有影响他成为著名的音乐家，而同样身材矮小的康德却成为一代哲学大师，他们都在各自领域做出伟大成就。因此，对于身材矮小或生理有缺陷的人来说，只要不时时执着于自己这些生理上的不足，就可以较大程度上减轻这种不必要的心理负担。

3）进行积极的自我暗示

暗示是用含蓄的、间接的方式，对别人和自己的心理以及行为产生影响。爱迪生认为，"假如心中一直想要做某一件事，那么，最后一定能随心所欲地去做这件事"。自我暗示或鼓励，往往能产生意想不到的效果。如果大学生总是觉得"我不如别人""我不行，我是个差劲的家伙"，那么这些消极的想法将会对他的行动产生不良影响。相反，如果随

时对自己进行"这难不倒我,我一定能做得到""别人行,我也行"之类的积极暗示,则会信心倍增。实践证明,积极的自我暗示对于提高人的自信心,克服各种心理不适有非常重要的作用。

4)修正理想的自我,调节抱负水平

现今大部分大学生都有美好的理想和崇高的目标,但由于一些学生抱负水平过高,虽然全力以赴,仍感力不从心,这就会使他们产生失败感。例如,有这样一位同学,她进校时因分数低被专科学校录取,而她的分数在她所在的年级又是后几名,但她一进校就发誓要先升本科,再考研究生。但第一学期下来,就陷入两门补考的窘境。第二学期她便刻苦努力,争取考出一个好成绩,但结果又有两门补考。这样,自尊心和自信心受到了打击,进而自卑,以至于觉也睡不好,学习也学不进去。对于这种情况,大学生就应修正理想的自我,调节抱负水平,客观地剖析自己,在正确认识自己的基础上确定切实可行的目标,把目标摆在既有一定难度又可能达到的水平上。只有这样,才能避免挫折与失败,获得成功与自信。

5)进行积极的自我评价以对抗自卑感

自卑的本质就是自我评价过低,而且这种评价往往是歪曲的、不合理的,表现为在某一事件失败时就对自己的能力和价值做出普遍性的否定。正确的做法应是全面、客观、辩证地看待别人和自己,力求认识到人非完人。人不应该以自己的弱项与别人的强项比。

获得自信的几点建议

第一,永远不要无缘无故把自己说得一无是处。第二,了解自己的优点和缺点。第三,试着坐在人群的中心位置。第四,有话大声说。第五,别人跟你说话时,眼睛要看着对方。第六,别人没有应答你的话时,要再重复一遍。第七,别人打断你的话时,要继续把话说完。

除此之外,还应该对某一具体行为进行具体的、积极的分析和评价,不能以偏概全,如"我只是这次考试没考好,但这并不说明我以后所有的考试都会失败"。通过这种合理的、积极的自我评价,便可避免产生诸如自卑等负性情绪体验。

6)利用补偿作用克服自卑

一个人如果在某些方面自觉性不足,他可以发奋努力,通过取得某一方面的成就进行补偿,这就是所谓的"失之东隅,收之桑榆"的补偿作用。这种作用尤其对那些因长相不佳或身体缺陷等不可改变的现实条件而产生自卑感的大学生有较好的效果,他们可以将注意力转移到自己感兴趣的、也最能体现自己才能的活动上,通过强化自己的优势以增强自信,用成就使倾斜的心理天平恢复平衡。

7)通过心理咨询克服自卑

有自卑心理的大学生,还可以求助于学校的心理咨询老师,和咨询老师一起分析自卑产生的原因,并采取行之有效的调适方法。

3. 自我中心

大学生十分重视自我表现的存在，往往愿意从自我的角度、标准去认识、评价和行动，容易出现自我中心倾向。所谓自我中心，即人在观察事物或考虑问题时，以自我图式去对待有关事物，不能设想他人观点、他人内心世界的一种心理状态。

自我中心的大学生常自以为具有无穷的力量，自己是完全正确、无所不能的，完全有能力按照自己的设想来改造社会和世界，使之达到理想的状态。凡事从自我出发，不能设身处地进行客观思考，只关心自己：一是当前替自己打算，不顾及他人的感受和需要；二是往往以同学的导师和领袖身份自居，盛气凌人，喜欢把自己的意志强加于人。因此，人际关系多不和谐，行为做事难以得到别人的帮助，易遭受挫折。

要克服自我中心，有以下几种方法：

（1）要摆正自己的位置，既重视自己也不贬抑他人，自觉地把自己和他人、集体结合起来，并建立自己的小天地。

（2）要实事求是、恰如其分地评估自己，既不高抬自己，也不妄自菲薄。

（3）要学会移情，多设身处地从他人的角度思考问题，尊重他人感受，关心他人。

4. 过度的自我接受与自我拒绝

自我接受，是指喜欢自己的个性，肯定自己的能力，对自己的才能和局限、长处和短处均能客观地评价，不会过多地抱怨和谴责自己。自我接受是心理健康的表现。自我接纳是建立在自我认识基础上的，是从自我接受到自我负责的心理过程。自我接受不是一件容易的事。由于自我认识的偏差，在青年大学生中常常出现过度的自我接受和过度的自我拒绝。

过度的自我接受是一种自我夸张，它主要是由高估自我引起的。一方面，过度自我接受者对自己的评价往往有过之而无不及，仿佛是通过放大镜看自己的长处，认为自己什么都好，什么都行，而对自己的缺点则视而不见，甚至视缺点为优点；另一方面，他们看不起别人，拿放大镜看别人的短处，认为别人什么都不行，什么都不如自己，从而盲目乐观、自以为是，目空一切。他们的人际交往模式属于"我好-你不好"型。如果一个人只看到自己比别人好，别人都比不上自己，这样就会产生盲目乐观情绪，自我欣赏、自以为是，因此就不能处理好人际关系，不能调动主客观双方的积极性，而且还会遇到社会挫折，产生苦闷。过度的自我接受产生的原因往往跟过强的自尊心有关。

自我拒绝就是不喜欢自己，不能容忍自己的缺点和弱点，抱怨自己不行，指责自己无能，甚至看不到自己的价值。这种人在与人交往中的模式就是"我不好""我不行"，感到自己矮人一头，严重的还可能由自我否定发展为自我厌恶，甚至走向自我毁灭。

自我接纳的态度是从他人接纳中学来的，接纳他人和接纳自己都是人生中的一种挑战。不信任和猜疑是接纳的偏见。接纳要从爱和欣赏做起，爱自己，欣赏自己；欣赏别人，赞美别人。

要学会自我接纳，首先要承认，人无完人，人既不会事事行，也不会事事不行；一事行不能说事事行，一事不行也不能说事事不行。应该接受自己的一切（包括优缺点），并肯定它的价值，既不自以为是也不妄自菲薄。其次，人的价值是相对的，要找准评价的参考系,以弱者为参考会自大,以强者为参考会自卑,最好是以自己为标准,成功时多反省缺点和不足,失败时多看优点和成绩。再次,关注健康的心理品质,如自信而不狂妄、谦虚而不自卑。最后,多与他人交往,以开放的心态尊重和认真对待来自他人的反馈意见。

2.3 大学生健全自我意识的塑造

自我意识在大学生人格形成和人格结构中占有重要的地位,人的认知、情感、意志都受到自我意识的影响,因此,健全的自我意识是人格全面发展的重要途径,也是良好心理素质的具体表现。

2.3.1 健全的自我意识的标准

衡量一个人的自我意识是否健全很难,但可以通过以下几个方面来参照:

(1)健全自我意识的人应该是一个自我统一的人。达到了生理我、社会我、心理我的统一,我就是我,一个完整的我,一个无论何时何地都可以真实体验到的我,所有关于"我"的认知、体验和控制都是身心合一的体现。

(2)健全自我意识的人应该是一个具有现实责任感的人。他们既是独立的,同时又能将自身的愿望与社会责任相互协调,摆脱不符合年龄的自我中心和盲从状态,体验到自己的行为与结果间"自我"的直接责任。

(3)健全自我意识的人应该是一个具有主动控制感的人,能为自己的行为负责,并愿意为此负责,相信可以通过自我的力量适应环境、改善环境,相信自己的思维到行为可以由自我控制,相信自我是不断发展,且可以发展的。

有健全自我意识的人必定是心理健康的,因为他们有着健康的认知、积极的行动,知、情、意统一协调,这些都是心理健康的标志。

2.3.2 塑造健全自我意识的途径

1. 正确认识自我

自我认知是自我意识的核心,是自我体验和自我调节的基础,客观正确地认识自我是建立健全自我意识的基础。德国著名作家约翰·保罗(John Paul)认为,"一个人真正伟大之处,就在于他能够认识到自己的渺小"。客观地认识自我并不是一件容易的事,虽然人人都希望有"自知之明",但真正达到"自知之明"的人是很少的。尽管如此,我们还是首先要树立一个观念:人是需要认识自我的,也是能够认识自我的,越是能够认识自我,也就越有可能获得幸福。

1)乔韩窗口理论

美国心理学家约翰(Jone)和哈里(Hary)提出了关于自我认识的窗口理论,被称为乔韩窗口理论(图2-1)。他们认为,人对自己的认识是一个不断探索的过程。因为每个人的自我都包括四个部分:公开的自我、盲目的自我、秘密的自我和未知的自我。通过与他人分享秘密的自我，根据他人的反馈减少盲目的自我，人对自己的了解就会更多、更客观。

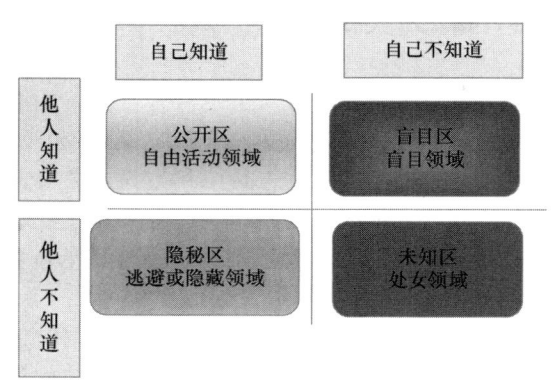

	自己知道	自己不知道
他人知道	公开区 自由活动领域	盲目区 盲目领域
他人不知道	隐秘区 逃避或隐藏领域	未知区 处女领域

图 2-1　乔韩窗口理论

2）认识自我的方法

正确地认识自我不能单凭自己的主观判断，个体还需要在与他人的交往活动中，在自己不断的社会实践中逐渐地形成客观、合理的自我认识。正确认识自我的方法主要有以下几种：

（1）内省法。内省法是指通过反省自己、分析自己来进行自我认识的方法。曾子曰："吾日三省吾身。"也就是说，自己站在他人的立场上，把自我当成认知的对象，通过自我观察和自我分析来了解自己，这是自我认识的重要方面。早晨起来，想想今天的生活内容包括学习任务有哪些，应该怎样安排时间，与人相处时应该注意调整、改变自己的哪方面；白天有时间静下来的时候想想自己在已经过去的这段时间里做了什么，接下来的时间应该做什么，注意保持平和的心态，对自己的言行举止保持觉知；晚上睡觉之前，回想一下一天下来自己是否完成了任务，查漏补缺，有哪些做得比较顺利，值得鼓励，有哪些做得还不到位，需要吸取经验教训，争取下次做得更好。在遇到挫折时，有没有有意识地去调整自己，是否有所改变。

（2）他人评价法。与他人交往，从别人对自己的态度和评价中认识自己，是自我认识的重要途径之一，其可以帮助我们纠正自我认识的偏差，克服自我认识的主观性和片面性，有利于形成较为客观的自我概念。面对他人的评价时要注意：首先，要重视熟悉自己或与自己打交道比较多的人的评价，因为他们对自己了解比较全面，评价比较客观；其次，要特别重视一致性的评价；再次，既要重视与自己一致的观点，也要听取与自己不一致的意见；最后，要以开放的心态与人交往，只有这样才能更多地了解自己。

（3）比较法。唐太宗有句名言："以铜为鉴，可正衣冠；以古为鉴，可见兴替；以人为鉴，可知得失。"他人是反映自己的一面镜子，通过与他人的比较来认识自己是个人获得自我观念的主要来源，可以在比较中认清自己的优势与不足，取长补短。但是通过和人比较认识自己时应该注意以下几点：

首先，要注意选择比较的对象。在与他人的比较中，选择不同的参照系，会产生不同的效果。选择比自己层次高、能力强的人物比较，可能会使人自卑；而与比自己层次低、能力弱的人比较，则可能会使人骄傲自大。因此，应该选择和自己主客观各条件相似的对象进行比较。

其次，要注意选择比较的内容。经常有大学生认为自己不如他人，他们关注的可能是身材、外貌、家世等不能改变的条件，实际上这些没有比较的意义。大学生应该多在学习成绩、工作能力、良好的生活习惯、意志品德和行为习惯等方面与人比较。因为经济条件、家庭背景在很大程度上并不取决于大学生自身，往往受家庭情况的影响，也是个人难以在短期内有很大改变的。但是意志、品德、行为习惯等则是可以通过自身努力不断提高和完善的，能够真正反映大学生的素质和风貌。

最后，要注意横向比较与纵向比较相结合。与他人比较可以发现自己的差距和努力方向，但是更重要的是把自己与过去比较。问题的关键不在于你与别人的差距有多大，而在于你每一天有多大的进步。

（4）经验法。经验法，即我从做事的经验中了解自己。一般人通过自己所取得的成果、成就及社会效应来分析自己，却又常常受到经验的限制。其实任何一种活动都是一种学习，不经一事，不长一智。成败得失，其经验的价值也因人而异。对于一个人格坚强、善于学习的人来说，成功、失败的经验都可以促使其再次成功。而对于某些比较脆弱的人来说，失败的经历更容易使其失败，因为他们不能从失败中吸取教训、改变策略、追求成功，而且在失败后容易形成挫败心理，不敢面对现实而错失良机。而对于某些狂妄的人来说，成功反而可能成为失败之源。因为成功会助长他们骄傲自大，以后做事便自不量力，往往会遭致更多失败。因此，大学生从成败经验中获得的自我意识也要详加分析和甄别。

2. 积极悦纳自我

每个人都知道自我是最重要的，但是总有些人不能做到真正地尊重自己、爱惜自己。他们可以喜欢朋友、喜欢自然，但就是不愿意喜欢和接受自己。实际上，悦纳自我是发展健全自我的核心和关键。悦纳自我就是要无条件地接受自己的一切，包括自己的长处和短处、优势和劣势。

具体来讲，积极悦纳自我包括以下几个方面：①有愉快感和满足感；②性情开朗，对生活乐观，对未来充满憧憬；③平静而理智地看待自己的长处和短处，冷静地对待自己的得与失，以发展的眼光看待自己，充分认识到成功不是永恒的，失败也只是暂时的；④树立远大理想，并以此来激励自己，不断克服消极情绪；⑤既不以虚幻的自我补偿内心的空虚，也不以消极回避漠视自己的现实，更不能怨恨、自责甚至厌恶来否定自己。表2-1展示了自我肯定与不肯定的表现。

当然，悦纳和欣赏自我并不等于连自己的缺点也看成优点，只是说对自己的优点要欣赏、对缺点要理解，接受自己现在的状态，知道这是每个人都难以完全避免的，然后努力加以改正。

表 2-1 自我肯定与不肯定的表现

项目	自我肯定	自我不肯定
具体表现	充满信心和活力	为了讨好别人，掩饰自己的感情
	行为表现一向都自然而诚恳	同时参加多种活动，但没有一件完成
	了解自己的能力，也知道自己的目标	内心不安时外表仍若无其事或惊慌失措
	对自己的个性及人生观引以自豪	常敷衍了事、无法专注

3. 有效控制自我

自我控制是人主动地改变自己的心理品质、特征及行为的心理过程，是大学生健全自我意识、完善自我的根本途径。自我控制体现了一个人对自己的态度，它的最终目标是改变现实自我，以趋近理想自我。

大学生进行自我控制时，要注意以下几个方面：

（1）树立合理的自我目标。大学生应立足于社会需要，结合自己的实际情况确定自己的奋斗目标，要努力使自己的行动与社会要求保持一致，这样才能得到社会认可，实现自身的价值。大学生应该有理想、有志向，但这种理想和志向应该是可望、可及的目标，既不能高不可攀，又不能唾手可得。它应该是通过一定的努力可以实现的适宜的目标，应该符合个人的特点和实际能力水平，同时还应该符合社会发展方向。大学生还要善于把长远目标具体化，把它分成一个个子目标，由近及远、由低到高、循序渐进，以逐步实现。这样就可以使自己成为"自如的我、独特的我、受社会欢迎的我"。

（2）制订完善的行动计划。完善的行动计划，可以使自己有条不紊，避免盲目性，同时驱使自己实现所制定的目标。

（3）培养顽强的意志品质。目标的实现、计划的执行，都需要有顽强的意志作为后盾。"唯坚韧者始能遂其志"，说的正是这个道理。在实现人生目标的过程中，难免受到各种本能欲望与外界的干扰，出现各种困难，只有坚强的意志才能增强自我控制的自觉性和主动性，也才能增强抵抗挫折的承受力，克服困难，排除干扰，使自己能矢志不渝，朝着既定目标前进，最终实现自己的理想。自我意识的健全过程不是一帆风顺、一蹴而就的，它需要付出艰辛的努力和沉重的代价。

知识栏

美国心理学家马斯洛关于自我调控的七点建议

（1）把自己的感情出口放宽，莫使心胸像个瓶颈。

（2）在任何情境中，都尝试从积极乐观的角度看问题，从长远的利益做决定。

（3）对生活环境中的一切多欣赏、少抱怨；有不如意之处设法改善，坐而空谈不如起而实行。

（4）设定积极而有可行性的生活目标，然后全力以赴去实现，但却不能期望未来的结果一定不会失败。

（5）对是非之争辩，只要自己认为真理之所在，纵使违反众议，也应该挺身而出，站在正义一边，坚持到底。

（6）莫使自己的生活僵化，为自己的思想与行为留下弹性空间，偶尔放松一下身心，将有助于自己潜力的发挥。

（7）与人坦率相处，让别人看见你的长处和缺点，也让别人分享你的快乐与痛苦。

2.4　心理测试与训练

2.4.1　心理测试

自我意识水平测试：
你是一个受欢迎的人吗？

每个人都希望自己成为一个受欢迎的人，通过以下测试，可以帮助你了解自己，使你在生活中扬长避短。

（1）如果别人说你是个温和的人，你会：　　　　　　　　　　　　　　（　　）
　　A. 漠不关心地认为："别人怎么说，我无所谓。"
　　B. 心胸狭窄地认为："我的胆子实在太小了。"
　　C. 暗暗地下决心："从今后要更温和些。"

（2）在公共汽车上，如果旁边的小孩又哭又闹，你会：　　　　　　　（　　）
　　A. 讨厌地认为："真烦人，家长有办法制止他就好了。"
　　B. 认为："小孩子真没有办法，什么也不懂。"
　　C. 认为："教育孩子真不容易啊！"

（3）和朋友争论完了回家之后，你一个人独处时，你会：　　　　　（　　）
　　A. 遗憾地认为："当初我如果那样说就能驳倒对方了。"
　　B. 后悔地认为："当时没有充分说明自己的想法。"
　　C. 高兴地认为："人的想法真是各不相同，很高兴有机会能谈论自己的想法。"

（4）当你突然遇到一个人很会打扮时，你会：　　　　　　　　　　　（　　）
　　A. 说道："服装有什么必要去讲究呢？随便一点不是更好吗？"
　　B. 羡慕地说："我也要那样会打扮。"
　　C. 认为："装束能体现人的内心，那人内心世界一定很丰富吧！"

（5）如果不是你的错，但结果却给对方添了麻烦，你会　　　　　　（　　）
　　A. 认为："因为不是我的错，不道歉也可以。"
　　B. 道歉地说："因为没有办法，对不起。"
　　C. 诚恳地赔礼道："不管怎样，是我给对方添了麻烦了。"

（6）如果别人说你是一个独特的人，你会 （ ）
A. 生气地认为："一定是在讽刺我。"
B. 认为："不管怎样，别具一格是好事。"
C. "我独特在哪里呢？"在考虑这个问题的同时，心中颇有点兴奋。

（7）"人类只有相互帮助才能生存。"对于这个观点，你认为： （ ）
A. 如果都为别人着想，那么就不能生存了。
B. 道理上是这么说，但人往往是自私的。
C. 要认真做到这一点也许难，但我一定努力去做。

（8）如果在谈话时，你的朋友的优点受到别人的赞扬，你会 （ ）
A. 那人果真这样吗？然后强调其缺点。
B. 问自己，我要怎么说才好呢？
C. 一起赞扬道，我也这么认为。

（9）如果别人问你：你是受欢迎的人还是不受欢迎的人？你会 （ ）
A. 不高兴地回答："不知道受欢迎还是不受欢迎。"置之不理。
B. 沉思片刻道："我究竟属于哪一种人呢？"
C. 笑着说道："还算是受欢迎的。"

（10）陌生人向你问路时，你会： （ ）
A. 怕麻烦，告诉他不知道。
B. 不耐烦地简单说几句。
C. 告诉他详细的路线，并把他引向正确的方向。

评分方法：
选 A 得 1 分，选 B 得 2 分，选 C 得 3 分，然后累计总分。

评语：
1 分以下：你是个幼稚、虚荣心强、惹人讨厌、不受欢迎的人。
15～25 分：志趣向上，但自我意识过强、自负。
25～30 分：属于深受欢迎的人。

自信程度自评：

本自信心程度自评表（表 2-2）用于评定你的自信心。每一个题目都涉及一种你对自己的感觉和态度，如果题目的陈述符合你的实际情况或感觉，那么就在"像我"栏中的相应字母上画"√"；不符合则在"不像我"栏中的相应字母上画"√"。答案无所谓对与错，重要的是选择符合你实际情况或感觉的答案。

表 2-2　自信心程度自评表

题号	题目	选项	
		像我	不像我
1	我一般不会遇到麻烦事	A	B
2	我觉得在众人面前说话是很困难的	B	A

续表

题号	题目	选项	
		像我	不像我
3	如果可能，我将会改变我自己的许多事情	B	A
4	我做决定比较果断	A	B
5	我有许多开心故事	A	B
6	我在家里常常感到心烦	B	A
7	我适应新事物比较慢	B	A
8	我与我的同龄人相处得很好	A	B
9	我家里的人通常很关心我的感情	A	B
10	我常常会做出让步	B	A
11	我的家庭对我的期望太多、太高	B	A
12	我是个很麻烦的人	B	A
13	我的生活一团糟	B	A
14	别人通常听我的话	A	B
15	我对自己的评价不高	B	A
16	我有许多次想离家出走	B	A
17	我常常觉得我的工作很烦人	B	A
18	我不像大部分人那样长得漂亮	B	A
19	如果我有什么话要说，通常是说出来的	A	B
20	我的家里人理解我	A	B
21	我不像大部分人那样讨人喜欢	B	A
22	我常常觉得我的家里人好像总是在监督我	B	A
23	我常常对我所做的事感到失望	B	A
24	我常常希望我是另外一个人	B	A
25	我是不能依靠的	B	A

计分与解释：

表中选 A 的个数即是你的得分，你的得分越高，你的自信程度就越高。

若你的得分在 21 分以上，说明你很自信，你的自我感觉良好，你为自己的过去感到自豪，对现状和周围感到满意，对自己的未来充满信心。

若你的得分在 17～20 分，说明你有正确的自信，能正常地适应人际交往和社会生活。

若你的得分在 14～16 分，说明你的自信心偏低。

若你的得分在 13 分以下，那么你的自信程度较低，你对自己和周围的评价不高或不满意，在现实中有这样或那样的苦恼和不如意。为此，你要及时做出调整，分析一下问题出在哪里，改变心态或积极采取行动。

2.4.2 自我探索训练

"认识自我"的话题已有上百年了，然而，"自我"至今仍然如雾里看花。关注自我意识，就是关注自己的成长、关注自己的未来，这对于一个追求卓越的年轻人来说是可贵的。

请大家认真完成下面的题目，并在自愿的基础上，同学之间相互交流、分享（如果有的人不想把自己的隐私说出来，也不要勉强）。

1. 认识自我：我是谁

活动目标： 强化自我认识，促进自我接纳。
活动场地： 室内。
人员要求： 20人以上。
材料准备： 白纸、笔。
活动步骤：

（1）活动说明：在白纸上写下以"我"字开头的20个句子，这些句子是描述你各方面特征的，说明头脑中关于自己的想法，尽量避免出现类似"我是一个男生"这样大家都知晓的句子。

A. 我是……
B. 我有……
C. 我希望……
D. 我可以……
E. 我会……
F. 我想……
G. 我喜欢……

后面的句子依次编号，从A到T，直到完成20个句子为止。

（2）将陈述的20项内容进行下列归类：

第一，身体状况（你的体貌特征，如年龄、身高、体型、是否健康等）
编号：

第二，情绪状况（你常持有的情绪情感，如乐观开朗、振奋人心、烦恼沮丧等）
编号：

第三，才智状况（你的智力、能力情况，如聪明、灵活、迟钝、能干等）
编号：

第四，社会关系状况（与他人的关系，对他人常持有的态度、原则，如乐于助人的、爱交朋友的、坦诚的、孤独的等）
编号：

第五，其他
编号：

分类是为了表明自己对自己各方面的关注和了解程度，某一类项目多，说明你对这方面的关注和了解多；某一类项目少或没有，说明你对这方面的关注和了解少，或根本就没有关注、不了解。健全的自我意识应该是较为全面地关注和了解自己。

（3）评估你对自己的陈述时是积极的还是消极的。在你列出来的每句话的后面加上"+"或者"–"。"+"表示这句话表达了你对自己肯定、满意的态度；"–"的意义则相反，表示这句话表达了你对自己不满意、否定的态度。看看你的"+"与"–"的数量各是多少。

如果你"+"的数量大于"–"，说明你的自我接纳状况良好。相反，如果你的"–"将近一半甚至超过一半，这显示你不能很好地接纳自己，你的自尊程度较低，这时你需要内省一番，寻找问题的根源。比如，是否过低地评价了自己？是什么原因使你成为这样？有没有改善的可能？

（4）引导讨论：①请大家谈谈你所列出的 20 个"我"，在此之前是否已经认识到？②你是否接纳所列出的 20 个"我"？为什么？③分组交流。将学生分成 4~6 人的小组，在组内进行交流，交流对自己的认识，以及对活动的感受。④集体分享。每组派一名小组代表在课堂上进行小组情况交流，或个人体会发言，供大家分享。

2. 谁塑造了我

活动目标：①探索自己的自我意识是如何形成的？了解自己的长处和不足，肯定自己是与众不同的。②学习接纳自己、欣赏自己，并增强改变自己的自觉性。

活动场地：室内。

人员要求：不限。

材料准备：A4 纸和笔。

活动步骤：

（1）寻根。自制一个表格，并详细、认真填写表格，表格可包括以下内容：

父母眼中的我：

亲戚、长辈眼中的我：

老师眼中的我：

同学朋友眼中的我：

自己理想中的我：

现实生活中的我：

（2）我是一个独特的人。自制第二个表格，表格内容如下：

我的长处和来历。把自己的长处一一列出来，并写明每一条长处是怎样来的，主要是受了谁的影响。

我的欠缺和不足，它是怎样来的。把自己的不足之处一一写出，并写明每一条不足是怎样来的，主要是受了谁的影响。

（3）认识、接纳自我。在自制第二个表格的后面写出以下内容：①说明自己的长处对自己今后发展的好处。②说明自己的不足会对今后自己的发展造成什么样的阻碍。

3. 照镜子练习

活动目标： 自我倾诉、自我引领，实现自我悦纳，增强自信。
活动场地： 封闭不受打扰的空间。
活动时间： 1~5 分钟。
材料准备： 半身镜子。
活动步骤：

（1）早、晚洗漱完毕，在不受打扰的情况下，站在镜子面前，凝望镜子里的自己，四目相对。

（2）不闭眼、不眨眼，不要有其他小动作。

（3）可以问问镜子里的自己：你怎么啦？你想说什么？然后耐心等待。

（4）开始时间从短到长，1~5 分钟不等，每天坚持，持续一段时间。

讨论与分享：

（1）照镜子时，你有什么情绪反应？

（2）头脑中会有什么念头出现？

4. 目光炯炯

活动目标： 学习自我肯定技巧。
活动时间： 10~15 分钟。
材料准备： 安静舒适的空间。
活动步骤：

（1）团体成员两人一组，互相注视对方眼睛 50 秒，不可以躲闪，目光注视表示自信及诚恳，然后注视对方，肯定地进行 1 分钟自我介绍。接着，肯定地表达自己的感受，如"我对 XX（如绘画、弹琴、数学、英语等）最有把握"，大声说三遍，注意每遍的感受，交换角色。

（2）接着，请对方帮忙做某件事或向他借东西，1 分钟之内向他提各种要求，但另一方看着对方重复说"不"，两人交换。

（3）分享与交流。

（4）引导讨论。①讨论刚才活动的感受及意义；②思考如何将自我肯定应用到日常生活中去；③如何恰当委婉地拒绝别人的请求。

5. 拥抱自己

活动目标： 树立接纳自我的意识，练习自我接纳。
活动场地： 室内、室外皆可。
人员要求： 不限。
活动时间： 约 5 分钟。
活动步骤：

（1）每个人张开臂膀，左右交叉拥抱自己，闭上眼睛，仔细体会这种感觉，尽可能持续一会儿。

（2）在心理上也给自己一个拥抱，告诉自己："我爱我自己，我是重要的，我是有价值的，我是独一无二的，我是值得被爱的。"

讨论与分享：

（1）当你拥抱自己时，是什么感觉？

（2）做完了，你的感觉如何？

6. 成功心像图

活动目标： 适时激发学生新的能量和动力，激发其实现梦想的自信心。

活动场地： 安静舒适的室内。

人员要求： 不限。

活动时间： 约20分钟。

活动步骤：

（1）按每组6~8人来分组，请每一位同学坐在椅子上，以感到舒适为原则，闭上眼睛深呼吸，尽量放松自己。

（2）想一想，20年后，你的年龄是多少岁？假如你会在某个地方拍一张照片，见证你美好的20年，这个地方会是在哪里呢？都有些什么人？正在做什么？想得越具体越好。

（3）接着，再想一想：10年后，你的年龄是多少岁？假如你会在某个地方拍一张照片，见证你美好的10年，这个地方会是在哪里呢？

（4）再想一想：5年后，你的年龄是多少岁？假如你会在某个地方拍一张照片，见证你美好的5年，这个地方会是在哪里呢？

（5）当完成了想象后，向小组成员描述自己想象的内容。

引导讨论：

（1）这种练习给你的感受如何？

（2）有没有给你的心灵带来什么变化？如果有，是什么样的变化？体会如何？

思考与练习：

1. 简述大学生健康自我意识的标准。
2. 简述大学生培养自信的方法。
3. 自我欣赏，列出自己的十大优点。

推荐赏析：

1. 心理书籍：韩三奇的《自信比金子还宝贵》。

该书围绕"自信"这一主题，设置了五个专题来指导一个人如何建立起自信心，切实为当前社会中因自卑而焦虑和压抑的人们提供了心理支持。书中的附录一"六个自我反思"和附录二"常见心理困扰问题"，也能给有自卑心理的人们一些启示。

2. 心理电影:《奇迹男孩》

《奇迹男孩》是由美国狮门影业出品的家庭剧情片,由斯蒂芬·卓博斯基执导,朱莉娅·罗伯茨、欧文·威尔逊、雅各布·特瑞布雷联合主演。该片根据 R.J.帕拉西奥的小说改编,讲述了一位有面部缺陷的小男孩如何进入普通学校,并重拾自信、积极面对生活的励志故事。

第3章　大学生的爱情与成长

名人名言：

爱情不是花荫下的甜言，不是桃花源中的蜜语，不是轻绵的眼泪，更不是死硬的强迫，爱情是建立在共同语言的基础上的。

——莎士比亚

爱是亘古长明的灯塔，它定睛望着风暴却兀不为动，爱就是充实了的生命，正如盛满了酒的酒杯。

——泰戈尔

本章要点：

1. 爱情的含义与类型；
2. 大学生恋爱的特点及常见心理困扰；
3. 学会在爱情中成长。

【案例】

小王是大二的学生，开学两个月，同寝室里的6个男生有4个恋爱了，舍友经常跟各自的女朋友出去约会。到第三个月，另一个舍友也恋爱了。有一次，寝室夜谈时，舍友们都各自讲起了自己的恋爱经历。轮到小王时，他却保持了沉默。舍友们都笑话他没用。于是，小王变得很自卑，强迫自己去追求女孩，可是总被拒绝。这样恶性循环后，小王不但成绩下降，而且更加不合群，无奈的他来到了心理咨询室。

小王为什么会因为自己没谈恋爱就变得自卑？大学生恋爱的动机有哪些？应该如何评价这些恋爱动机呢？伴随着青春的脚步，爱情会悄然降临到大学生身边。随着生理和心理的成熟，就如案例中的小王，对爱情的欲望与追求自然会在大学生的内心萌动。什么是真正的爱情，又应该如何对待爱情、追求爱情，这是大学生们正在面临的人生问题。

3.1　爱情概述

3.1.1　爱情的含义

一直以来，中国的《梁祝》、西方的《罗密欧与朱丽叶》都是舞台上的经典，究其原因，是因为它们都涉及一个不变的主题——爱情。爱情是什么呢？对于它的阐释，不同的人给出了各自不同的见解。

瓦西列夫是保加利亚伦理学家,他在作品《情爱论》中这样写道:"爱情是作为男女关系上的一种特殊的审美感而发展起来的,爱情创造了美,使人对美的领悟能力敏锐起来,促进世界的艺术化认识。"[1]

苏霍姆林斯基是苏联著名的教育家,他说:"真正的爱情,意味着不仅是欣赏美、而且要培植美、创造美。在生活中还有别的事情的时候,爱情才会是美好的,如果没有崇高的社会目标将人们联结在一起,爱情就会变成地狱。"[2]

美国人本主义心理学的理论家和发起者、心理治疗家卡尔·罗杰斯说:"爱是深深的理解和接受。"人类学家林菲尔德说:"爱是一种可以观察到的、两个异性之间的、偶尔是同性之间的关系,这种关系反映了一种有模式的、重复的、标准的行为和特别的态度及情感状态,这实际上包括潜在的性行为。"[3]

马克思说:"在我看来,真正的爱情是表现恋人对他的偶像采取含蓄、谦恭甚至羞涩的态度,而绝不是表现在随意流露热情和过早的亲昵。"[4] "如果你以为人就是人以及人同世界的关系是一种充满人性的关系为先决条件,那么你就只能用爱来交换爱,只能用信任来交换信任。……如果你在恋爱,但没有唤起对方的爱,也就是说,如果你的爱作为一种没有使对方产生相应的爱,如果你作为恋爱者通过你的生命表现没有使你成为被爱的人,那么你的爱就是无力的,是一种不幸。"[5]

正如一千个读者就有一千个哈姆雷特,关于爱情的理解,人们从不同的视角,发现了爱情不同的侧面,这些侧面都反映了爱情是人们情感体验这一共性。因此,我们可以给爱情这样定义:爱情是个体身心发展到相对成熟的阶段而产生的一种高尚的情感体验,既具有生物属性,也具有社会属性。

爱情具有以下特点:

第一,排他性。这是爱情的最大特点。爱情不同于亲情与友情,爱情的排他性意味着它具有私人物品的特征,一旦相爱之后,他人便不能分享这两人之间由于爱情所带来的意义。

第二,冲动性。爱情的冲动性体现在对爱的强烈激情,能使相爱的双方做出令人敬佩的、勇敢的和果断的抉择。当然,冲动的爱情也容易使当事人感情用事,而出现丧失理智的行为。

第三,直觉性。爱情具有明显的直觉性,这一特点使爱情从一开始就具有给人快乐的性能,一见钟情是爱情直觉性的很好的例证。但直觉性毕竟是肤浅和外在的,仅由直觉主导的爱情就不能不带有盲目性和片面性。

第四,隐秘性。对于含蓄的东方人而言,隐秘性为爱情带来了文明的色彩,使相爱双方的行为和感情流露都凸显出某种诗意。

---

[1] 基·瓦西列夫. 赵永穆,范国恩,陈行慧译. 情爱论. 北京:生活·读书·新知三联书店,1997.
[2] 王义高,祖晶. 苏霍姆林斯基选集(五卷本). 第2卷. 北京:教育科学出版社,2001.
[3] 安东尼·吉登斯. 亲密关系的变革——现代社会中的性爱与爱欲. 陈永国,汪民安译. 北京:社会文献出版社,2001.
[4] 中华人民共和国妇女联合会. 马克思恩格斯列宁斯大林论妇女. 北京:人民出版社,1978.
[5] 马克思恩格斯文集(第1卷). 北京:人民出版社,2009.

> **知识栏**
>
> **麦穗理论 合适的就是最好的**
>
> 伟大的哲学家、思想家柏拉图问他的老师苏格拉底爱情是什么。苏格拉底没有回答,而是让他先到麦田里摘一只最大、最金黄的麦穗回来。条件是只能摘一次,且只能向前走,不能回头。于是,柏拉图按照老师说的去做了,却两手空空地走出了麦田。老师为他问什么空着手。他回答:"您说只能摘一次,又不能走回头路,即使我见到了最大最金黄的也没有摘,因为不敢确定前方还有没有更好的。走到头才发现,最好的我早已错过了,因此就什么都没摘了。"苏格拉底说:"这就是爱情。"
>
> 资料来源:楮墨. 墨菲定律. 北京:九州出版社,2018.

3.1.2 爱情的发展阶段

对于爱情发展的阶段,心理学家默斯特因(Murstein)提出了"刺激—价值—角色"(stimulus value role,SVR)理论。这一理论认为,亲密关系的发展,依双方接触的次数分为刺激阶段、价值阶段和角色阶段。

(1)刺激阶段。刺激阶段通常指双方第一次的接触。在这一阶段,男女双方彼此的吸引主要建立在外在条件基础上,如初次见面的外貌、仪表、谈吐等。

(2)价值阶段。价值阶段一般指男女双方大约第二次至第七次接触的这一时期。在刺激阶段,初步接触的双方逐渐从关注对方的外在条件转移至关注对方的价值观和信念。双方情感的依附,主要建立在彼此价值观和信念的相似性上。

(3)角色阶段。角色阶段指双方大约第八次以后的接触的时期。随着两人情感的深入,进入恋人角色的男女都会对对方提出一定的期望与要求,而彼此对对方的承诺,就主要建立在个体是否能成功地扮演好在此关系中对方对自己所要求的角色基础上。

虽然默斯特因认为亲密关系包含刺激、价值、角色三阶段,但这三个阶段并不是孤立存在的,它们在不同的时期对亲密关系产生着不同的影响。从整个亲密关系的发展历程来看,刺激因素一开始占较高的比重,之后随着接触次数的增加,它对亲密关系的影响就逐渐上升,但是上升的幅度很小,最后会趋于一个平稳的状态。价值因素一开始时影响力较小,但当亲密关系发展至价值阶段时,它的影响力会迅速增加,并最终在角色阶段趋于平稳,这一阶段的影响力大于稳定后刺激阶段的影响力。同样的,角色因素一开始影响力最小,到角色阶段则会超越其他两个因素,且随着关系的继续发展,其影响力也会不断上升。

3.1.3 爱情的理论

1. 爱情的态度理论

爱情的态度理论由罗宾(Rubin)提出。该理论认为,爱情是对某一特定的他人所持有的一种态度。这种理论将爱情归为社会心理学的人际吸引,可视为一个人对特定他人的多面性态度。假设爱情是可以被测量的独立概念,那么就能够使用一般测量方法研究爱情。罗宾从文艺著作、普通常识及人际吸引的文献资料中，寻找拟定叙述感情的题目，经过项目分析、信度和效度考验而建立爱情量表（loves scale）和喜欢量表（liking scale），从而发现爱情与喜欢有质的差别。爱情量表中包含三种成分：一是亲和与依赖需求；二是帮助对方的倾向；三是排他性与独占性。

2. 爱情的依恋理论

爱情的依恋理论对爱情与童年依恋关系进行了研究，这种理论认为，婴儿时期与人建立的依恋关系会使个体形成一种持久且稳定的人格特质，这项特质在个体与异性建立亲密关系时会自然流露出来。哈赞（Hazan）和谢弗（Shaver）将成人的爱情关系视为一种依恋的过程。他们根据婴儿期依恋的类型，把爱情分三种类型：安全依恋、逃避依恋和焦虑/矛盾依恋。其中，安全依恋类型的人与伴侣的关系良好、稳定，能彼此信任、互相支持；逃避依恋类型的人害怕且逃避与伴侣的亲密行为；焦虑/矛盾依恋类型的人时常出现情绪不稳、极端反应的现象，善于嫉妒，且希望跟伴侣的关系是互惠的。

巴索罗梅和霍洛维茨提出爱情依恋风格理论，他们以意象的正向性和负向性来分析，得到四种类型的爱情依恋风格：①安全依恋：由正向自我意象和正向他人意象所造成。②焦虑依恋：由负向自我意象和正向他人意象所造成。③排除依恋：由正向自我意象和负向他人意象所造成。④逃避依恋：由负向自我意象和负向他人意象所造成。

3. 爱情三角理论

斯滕伯格（Sternberg）提出了爱情的三角理论（也称为爱情三因素理论）。他认为，爱情有三个基本的成分，即亲密、激情与承诺。亲密是指两个人相处的情况，即是否有相互喜欢、亲近的感觉；激情是指关系中令人兴奋激动的部分；承诺是指愿意爱对方，并且保持关系，长相厮守的决策。

这三种成分以不同的比例相结合，可以得到七种不同类型的爱情，如图 3-1 所示。这七种类型分别是：①喜欢，只有亲密；②迷恋，只有激情；③空洞的爱，只有承诺；④浪漫的爱，亲密与激情的组合；⑤伙伴爱，喜欢与承诺的组合；⑥昏庸的爱，迷恋与承诺的组合；⑦完美爱情：同时包含了三种成分，即喜欢、迷恋、承诺。

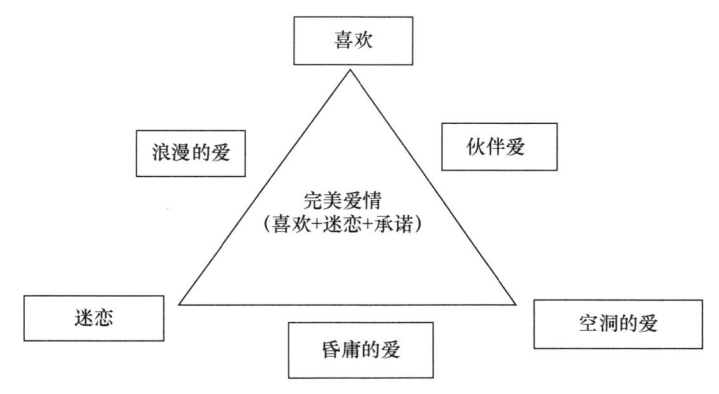

图 3-1 爱情三角理论

资料来源：向群英，黄诚，刘颖. 大学生心理素质教育与训练. 2 版. 北京：科学出版社，2013.

3.1.4 爱情的类型

加拿大社会学家约翰·李（John Lee）将男女之间的爱情分成六种形态：情欲之爱、游戏之爱、友谊之爱、依附之爱、现实之爱及利他之爱。

（1）情欲之爱是罗曼蒂克、激情的爱情，建立在理想化的外在美基础上。它的特点是一见钟情式、以貌取人，缺少心灵沟通、热烈、专一，靠激情维持。

（2）游戏之爱类型的人将爱情视为一场让异性青睐的游戏，这一类型的人并不会投入真实的情感，重视的是过程而非结果，常更换对象，不承担爱的责任，寻求刺激与新鲜感。

（3）友谊之爱是一种细水长流型、稳定的爱，如青梅竹马般的感情。这种爱情以友谊为基础，在长久了解的基础上滋长着，能够协调一致解决分歧，是宁静、融洽、温馨和共同成长的爱情。

（4）依附之爱者对于情感的需求非常大。依附、占有、妒忌、猜疑、狂热，在恋爱中情绪不稳定，这种爱控制对方情感的欲望强烈，将两人牢牢地捆在爱情这条绳索上。

（5）现实之爱者注重对方的现实条件，希望付出成本低、获得报酬高。这类爱情理性高于情感，是受市场调节的现实主义态度。

（6）利他之爱是带着一种牺牲、奉献的态度，追求爱情且不求对方回报。自我牺牲型的爱情是无怨无悔、纯洁高尚的。

3.2 大学生恋爱的特点及常见心理困扰

3.2.1 大学生恋爱的特点

爱情是现实生活和文艺作品的永恒主题。对于大学生们来说，校园爱情是大学生活中重要的一幕，谈恋爱的经历是他们体验人生不可缺少的一课。那么，究竟什么是恋爱呢？

从字面上释义，恋爱有两层意思。第一层指爱恋、留恋，如宋朝刘斧的《青琐高议后集卷三·小莲记》："公将行，小莲泣告：'某有所属，不能侍从，怀德恋爱，但自感恨'。"明朝王廷相的《雅述上》："生计微则家贫无所恋爱矣。"刘半农《扬鞭集·教我如何不想她》中："月光恋爱着海洋，海洋恋爱着月光。"以上作品中的恋爱均有爱恋、留恋之意。恋爱的第二层释义特指男女相爱的过程。叶圣陶在《线下》中写道："没有恋爱的结婚就是牢狱，活生生的一男一女就是倒霉的囚徒。"每个人的本能都促使他追求自己喜欢的异性，这段追求的过程就是恋爱。因此，我们可以将恋爱定义为男女双方以异性之爱为基础，以爱情为方向，以婚姻关系的实现为目的的一种感情深化的特殊行为，是培育爱情的过程。

进入 21 世纪以来，大学生的恋爱主要呈现出以下几个特点。

1. 注重恋爱过程，轻视恋爱结果

一直以来，恋爱都被看做寻觅生活伴侣的过程，是婚姻的前奏。但当代某些大学生比较注重恋爱过程本身，较为轻视恋爱结果，"不求天长地久，只求曾经拥有"，是某些大学生对待恋爱的态度。注重恋爱过程，有利于双方相互了解、加深认识，也有利于培养感情、提高心理相容度。轻视恋爱结果，把恋爱当做一种情感体验，只注重恋爱过程，轻视恋爱结果，实质上是只强调爱的权利，而否认了爱的责任。

【案例】

周恩来、邓颖超书信里有爱情最美的模样

"情长纸短，吻你万千"——也许你想不到，这样热恋中的真情吐露，出自周恩来、邓颖超夫妇的往来书信。那个年代没有鲜花、钻戒，有硝烟、烽火、革命，他们用信纸传递的爱情，现在读来依然让人温暖。

邓颖超致周恩来[①]
（一九五四年十一月十六日）

恩来——我亲爱的老伴：

这次既未能与你同行一游旧地，倘又无只字复你两次来书，岂非倍增歉憾？！病后试笔，特书短笺寄意。

羊城，是多么值得纪念和易引起回忆的地方！它是我们曾和许多战友和烈士共同奋斗过的地方，又是你和我共同生活开始的地方。三十年前你和我是天南地北害相思，这次我和你又是地北天南互想念。三十年来我和你的共同生活，多是在患难与共、艰苦斗争、紧张工作中度过的。这次你总算得到比较过去稍休闲的机会，可惜我因病不能偕行与你共游旧地，但我仍为你喜且羡，每在静默中心向往之当和你有不少共鸣的回忆。希望以后有机缘能和你再去共游也。

我无论对什么环境、什么工作，以及对疾病的斗争，一贯都能安心，不致发生什么情绪问题。这次亦复如此。近几日来，我的身体各方面都有进步，待你归来相见时，必能使你高兴的。先此告慰。

不能多写，就此打住。

祝你健好！

邓颖超
1954.11.16

周恩来致邓颖超[①]
（一九四二年七月三日）

超：

昨天你们走后，蒙眬睡去，醒来已近黄昏。晚饭以稀饭配火腿充饥。饭后读唐诗数首，食柑子一个。十时就寝，服安眠药两包。今晨五时半醒六时又睡，八时漱口吃面包

[①] 中共中央文献研究室. 周恩来邓颖超通信选集. 北京：中央文献出版社，1998.

两片。孙德及胡光镰来视,盖路过此至嘉定办水泥厂也。其后,王大夫至,甚称赞此兜子,而痛苦亦减轻。大约再五六天可下地,适等你们女子生产期也。我自摸硬处亦减少,侧睡亦较从前为易。

天气虽热,尚能静心。望你珍摄,吻你万千!

翔

伴随网络成为新的恋爱载体,网恋不仅成为"e时代"校园的时髦话题,而且直接冲击传统"面对面"的恋爱方式,这对大学生的生活方式、恋爱观念、道德伦理产生了深刻影响。大学生的交友动机会影响他们从网上认识到线下见面的时间间隔,主动寻找网恋的大学生远比一般网络交友者更早选择见面;另外,同城市、同学历、有相近生活经历的网友更能维持好感。大学生的个人特性(性格、交友观、社交能力等)、上网动机、空间距离和择偶标准等方面是影响其网恋发展的主要因素。

2. 主观学业第一,客观爱情至上

对于如何看待学业和爱情两者之间的关系,最理想的状态当然是学业和爱情双丰收——学业有成、爱情甜蜜。如果要让大学生们在这两者之间进行重要性排序,大部分学生都赞成"学习第一,爱情第二"。但是一旦恋爱,部分大学生将不能自拔,学习也会受到影响,甚至成就事业的热情一天天冷却,爱情逐渐成为生活的唯一追求。

3. 恋爱观念开放,传统道德观念淡化

对于21世纪的大学生来说,他们处于一种文化观念的矛盾冲突中。一方面,大学生接受传统道德观念熏陶,传统道德观念要求青年在恋爱时爱的表达方式应含蓄、隐秘,遵从传统的伦理道德观;另一方面,现代的、国外的婚恋观进入大学生的视野。这对传统的道德观念产生了一定冲击,部分大学生的传统道德观念逐渐淡化,其表现为恋爱方式公开化。

4. 失恋态度宽容,承受能力较弱

对于失恋,大学生多对自己和对方采取宽容的态度,尊重对方的选择,但是有些大学生在应对失恋挫折的能力方面较弱,甚至有的失去信心,放弃对爱情的追求。

3.2.2 影响大学生恋爱的因素

大学生恋爱受到很多因素的影响,其中最主要的因素是生理因素、心理因素和环境因素。

1. 生理因素

从生理学角度,大学生恋爱是自然规律应当发生的必然性,具有应然性。英国哲学家斯宾塞(Spencer)在《心理学原理》一书中指出,在影响人们爱情生活的多种因素中,生理上的性冲动是促使人们选择配偶的最重要因素。可见"男大当婚，女大当嫁"这貌似平常、浅显的道理，却蕴含着深刻的内涵，反映着男女之间相亲相爱是一种必然趋向，具有应然性。

2. 心理因素

1）自我表现的需要

人的自我表现意识大体经历三个阶段：儿童期、少年期和青年期。当代大学生很多都是独生子女，长期生活在资源独享的环境中，他们所受到的关注和爱护很多，受到的束缚很少，因而自我意识也比较强烈。他们的人生观基本形成，他们有自己的价值取向，需要得到社会对自己价值的肯定，需要从社会上其他人对自己的认识和评价中看到"自我形象"。于是，争取在公众中受关注、争取他人的好感成了这些大学生追求的目标，特别是争取异性的好感，成为青年人在同龄人中树立自己形象的一种很好的途径。

2）寻求归属感

马斯洛的需要层次理论告诉我们，归属感对于每个人都是很重要的。大学生来到一个陌生的环境，有些人会感觉到孤独。独生子女的家庭情况，优越的物质条件和长辈们的细心呵护，使他们学会了尊重他人的隐私，也学会了隐藏自己。但在恋爱过程中，恋爱双方在交流过程中互相理解和关怀，并在恋爱中获得归属感。

3）从众心理

社会心理学研究表明，人在群体中生活容易出现从众心理。从众心理是指个人的认知或行为会不知不觉地迫于所处群体的无形压力，而不由自主地与多数人保持一致的心理现象。

大学生年龄、经历、文化等大体相似。同宿舍的同学，一旦有人谈恋爱了，其他人也会陆续谈起恋爱。有的同学本来暂时没有谈恋爱的想法，当看到周围同学在恋爱，就会激发起恋爱的动机与行为。

4）追求物质享受的心理

当然，也有少数大学生因家庭经济困难、就业压力大等原因而选择恋爱，他们企图通过恋爱来解决经济上的困难。

3. 环境因素

环境因素对大学生恋爱的影响主要体现在大众传媒的渲染及学校与家庭的理解等方面。

（1）大众传媒的渲染。大学生精力旺盛、求知欲强、思维敏锐，对社会信息的需求越来越强烈，因而网络、广播、电视、报纸等大众传媒和社会舆论对青少年学生的影响比较大。

与此同时，网络时代的快速发展使得人们的社交方式越来越多元化，大学生网民在社交软件上比较活跃，他们在思想上比较开放、包容，较易接受这个世界的变化。部分大学生在恋爱过程中比较重视仪式感，在节日、纪念日，甚至是日常生活中，每时每刻都可能出现一些值得记录的感情变化瞬间，这些在以前可能会通过诗歌、日记、情书等载体来呈现。随着科技的发展与社交平台的普及，如今越来越多的大学生将这些较为私密的内容展现在了社交平台上，这是恋爱中仪式的升级，由线下走到线上。但社交网络平台上也潜藏着一种关于隐私的焦虑问题，大学生情侣在"秀恩爱"的同时也存在着隐私被泄露与被监视的担忧。

（2）学校与家庭的理解。对待恋爱问题，部分高校的政策是不提倡也不反对，这种模糊性的政策可能使学校管理部门认识不统一，学生对待恋爱的态度比较开放。与此同时，随着社会对人们性问题态度的日益宽松，父母对子女的个人情感问题也日趋尊重。潘绥铭教授对本科大学生谈恋爱情况的调查显示，一些家长对孩子进大学前后与异性的交往也持支持的态度[1]。

3.2.3 大学生恋爱中存在的心理困扰及应对方式

1. 爱情错觉与单相思

【案例】

小丹是大学一年级学生，自述男朋友就读于本市另一所大学，两人一个月会见面两三次，并经常通电话。但这样的状况并没有持续很久，该男生来找她的次数越来越少。小丹追到该男生所在的学校，才发现他已经在本校谈恋爱了，而且该男生认为他们俩只是好朋友，自己从没有喜欢过小丹，所谓的恋爱关系只是小丹的错觉。

案例中的小丹产生了爱情错觉，错把友情当做爱情。心理学上的错觉是指对事物的不正确反应。发生在爱情中的所谓"爱情错觉"，是指错误地以为某个异性爱上了自己。它的产生主要是受对方言行举止的迷惑和自身的各种主观体验的影响。产生爱情错觉的人，大多数是由于自己爱上了对方，于是总想对方也一定在爱着自己。在这样的心理支配下，当事人常常会把对方的言行举止纳入自己的主观需要的轨道来理解，造成对他人的感情的错误判断，这也就是人们通常所说的"自作多情"。

"单相思"是指异性关系中的一方倾心于另一方，却得不到对方回报的单方面的"爱情"。单相思往往是由爱情错觉引起的。"爱情错觉"与"单相思"都是恋爱心理的一种认知和情感的失误。

2. 恋爱动机不纯

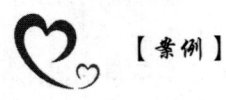

【案例】

小芝，大学二年级女生，由于她独自在外地求学，觉得非常孤独与寂寞。为了寻求关心和呵护，就开始和向她表白的男生谈起了恋爱。但由于缺乏相互的了解和沟通，这

---

[1] 转引自刘祥松，胡珍. 大学生恋爱价值取向及其整合对策思考[J]. 西南民族学院学报（哲学社会科学版），2002，（S2）：235-240.

样的"寂寞期恋爱"常常会无疾而终,在两年的时间里她已陆续恋爱多次。因为频繁更换恋人,小芝给同学留下了不好的印象,苦恼的她因此走进了心理咨询室。

爱情是人间至美的感情,案例中的小芝为了摆脱寂寞而恋爱,是对自己和他人的不爱、不尊重的表现,这样的爱,动机不纯,是经不起任何考验的。

大学生价值观念呈现多元化发展趋势,对其恋爱价值观也产生了一定影响。在大学生中,对恋爱产生了一些认识误区:有的学生曲解"恋爱是大学生的必修课"的真正含义,将"恋爱"等同于"练爱",为今后的婚恋问题积累经验;有的学生将恋爱视为改变命运的筹码,认为"干得好不如嫁得好";有的学生将恋爱作为一种消遣,希望通过恋爱给生活一点寄托;有的学生恋爱是因为从众,"因为他们谈恋爱了,所以我也应该谈恋爱"。

凡此种种,皆凸显出一个信息,大学生们在面对恋爱的问题时,有的人或多或少地呈现出了一些功利性色彩,具体表现在恋爱态度不严肃,道德修养缺乏,从而给自己和他人带来伤害。

3. 自主性强、理想主义色彩浓厚

【案例】

小航,大学三年级男生,父母在家为其安排了一份不错的工作。但是,女朋友希望他能够留在本地,两人一起奋斗。由于双方均为家里独子,双方各执一词,小航面临两难选题。

大学生在恋爱问题上,多具有独立的个性和男女平等的价值观念。同时,他们大多对爱情缺乏理性思考,理想主义色彩浓厚,具体表现在:常以"自我"为中心设计自己的恋爱模式;重感情,不受双方家庭经济条件、地位、权势等因素的影响,也不受传统习俗的束缚;在恋爱初期,往往对未来有不切实际的幻想,有些大学生甚至认为为了对方可以不惜牺牲一切;非婚姻取向性突出,许多大学生在恋爱时一般很少考虑双方将来是否要结婚的问题,结婚对他们来说是很不实际也无须考虑的问题。案例中的小航及其女友,在恋爱初期时,也认为真爱可以超越时间、距离、家庭背景的限制,在校园里度过了甜蜜时光,但最终也需要面临残酷的现实,需要两人冷静思考接下来的事情。

4. 不成熟性与不稳定性

【案例】

小俊,大学三年级男生,家庭条件优越,长相帅气。大学四年时间,谈恋爱次数较多,均是甜蜜开场,惨淡结尾。在心理咨询室里,他说得最多的一句是,"她们和我想象的,完全不一样。"

1994年,刘德华拍了一个洗发水广告,开场白是"我的梦中情人,她一定要有一头乌黑亮丽的头发"。情窦初开的大学生，也会在心里刻画自己理想的另一半的模样，在恋爱中会有意无意地将现实的恋人与理想的恋人做比较。

一些大学生对于自己的人生目标和规划都还不太明确，造成了他们在对待恋爱问题上显得比较不成熟，具体表现在：在择偶标准上，往往重外表形象，轻内在素质；在恋爱方式上，往往看重形式，轻视内容；在恋爱行为中，往往重过程，轻结果。这种恋爱问题上的不成熟性，加之他们在上学期间经济还不能独立，恋爱过程中感情和思想易变，缺乏妥善处理恋爱中情感纠葛的能力，极易造成恋爱的周期性中断，或对恋爱对象的选择犹豫不决，恋爱的成功率很低。

5. 自控力与耐挫力较弱

【案例】

小芳，大学一年级学生，通过网络认识男友。但经过与男友相处，小芳发现其并不合适，于是提出分手。第一次提出分手，男友痛哭流涕，小芳心软，继续交往；第二次小芳又提出分手，男友用头撞墙，小芳心软，又继续交往；第三次小芳再提分手，男友站在了7楼的楼顶，终于惊动了校方及双方家长。

大学生由于生活条件优越，很少经受生活的挫折，因而有些人在人格特征上表现出自由、任性，缺乏自控力和应对挫折的能力。这种人格特征也必然体现在大学生恋爱中。有些大学生一旦陷入热恋之中，往往不善于控制自己的情感，任感情随意放纵，缺乏理智的驾驭能力，对恋爱对象过分依赖，稍有波折就痛苦万分。

3.3 学会在爱情中成长

苏霍姆林斯基曾这样告诉他的儿子："要记住，爱情首先意味着对你的爱侣的命运、前途承担责任。想借爱情寻欢作乐的人，是贪淫好色之徒，是堕落者。爱，首先意味着献给，把自己的精神力量献给爱侣，为对方缔造幸福。"[①]可见，恋爱是爱的权利和责任的统一体，大学生应认识到爱是一种权利，更是一种责任和义务。真正的爱情是相互理解，是相互信任，是责任和奉献。大学生们要树立正确的恋爱观，要学会自我调整，学会在爱情中成长。

近年来，在西方国家兴起一门心理学的新理论——感情势能学。其基本理论是：外界各种不良刺激作用到人体之后，会日积月累，形成潜在的"能量"——感情势能。人体对这种感情势能的承受能力是有限度的，一旦超过限度，感情势能就会从体内释放出来，使人体循环、消化、血液和神经系统功能发生紊乱，进而导致多种严重的身心性疾病的发生，如冠心病、高血压、消化系统溃疡、哮喘等。这一理论告诉我们，人心理上受到的外界刺激，一定要与承受力保持平衡。如果人的感情经常激引或失落，人就会处于失调状态，造成感情势能。因此，人应该学会释放感情势能。大学生作为特殊群体，

---

① 苏霍姆林斯基. 给儿子的信. 张田衡译. 北京：教育科学出版社，1981.

在恋爱这一特殊阶段,其情绪受各种因素的影响经常处于波动状态,其体内必然会形成感情势能。因此,大学生应该学会自我心理调整,以积极的心态消解感情势能,以保持自己良好的心理状态。

3.3.1 树立正确恋爱观

恋爱是指一对男女之间基于一定的客观物质基础和共同生活理想,在各自内心形成的最真挚仰慕,并渴望对方成为自己生活伴侣的情感。爱情的本质是承担责任、勇于奉献。真爱是以互爱为前提的,它可以使人获得力量和幸福,充实人生,促进成才,构建和谐家庭。爱情不是人生的全部内容,就短暂的人生而言,伟大的事业、崇高的理想更具有意义,而爱情则处于从属地位,当代大学生只有把爱情融入理想、事业,才能给自己的人生及爱情赋予真正的含义。那些"以钱取人""以貌取人""以恋补虚"等恋爱动机不纯的青年们是不可能获得真正的爱情的。它不但玷污了爱情本身,而且还违背了道德的基本要求。真正成熟的爱情观,是彼此有相濡以沫的坚定,也有互不打扰的淡定,有同舟共济的愿景,也有互不依赖的勇气。因此,树立正确的恋爱观是大学生走进爱情的第一步,包括以下几个方面:

第一,端正恋爱动机。恋爱是为了寻找志同道合、白头偕老的终身伴侣,并非为了安慰解闷,寻找刺激。

第二,认真对待感情。恋爱不是儿戏,双方应坦诚相待、忠贞专一、一心一意,不可三心二意、见异思迁。

第三,尊重人格平等。恋爱的双方在人格上都是独立的,如果把对方当做自己的附庸或依附对方而失去自我,都是对爱情实质的曲解。

第四,文明相亲相爱。文明的恋爱往往是恋爱双方既相互爱慕、亲近,又举止得体,相互尊重,共同进步,彼此之间多一些理解、信任和宽容,并善于换位思考。

第五,自觉承担责任。双方要懂得爱情是一种责任和奉献,自愿地为对方承担责任,这才是爱情本质的体现。

知识栏

男女在恋爱中的差异

男女在恋爱中的差异,如表 3-1 所示。

表 3-1 男女在恋爱中的差异

比较维度	女性	男性
在心理需求上	被关心、被了解、被尊重、对其忠诚、被认同	被信任、被接受、被感激、被赞赏、被肯定
在思维上	凭直觉、喜欢分析、容易变化、易依赖顺从别人的意见,遇到困难时,因不知所措更容易语无伦次	讲求逻辑、喜欢综合、稳定、爱发号施令,遇到问题时喜欢静思解决方案

续表

比较维度	女性	男性
在情绪低落时	需要别人聆听他/她的感受,而不是替他/她分析和建议	需要独自安静,而不是勉强他/她细说因由
自我价值感	从人际关系中肯定自己	从成就中建立自我
增进爱情的方式	需要感到被对方了解和重视	需要感到被对方欣赏和感激

3.3.2 培养爱的能力

大学生要重视爱的能力的锻炼和培养。爱的能力是指和他人建立亲密关系的能力,它对人的一生发展有着重要的意义。具备了爱的能力才会引导一个人去真正地爱他人,也真正地爱自己,能真正体验到爱给人带来的快乐和幸福。恋爱的过程也是培养爱的能力的过程。因此,心理学家弗洛姆(Fromm)认为,"爱是人的一种主动的能力,一个突破把人和其他同伴分离之围墙的能力,一种使人和他人相联合的能力;爱使人克服了孤独和分离的感觉,但他允许他成为他自己,允许他保持他的完整性"[①]。

第一,迎接爱的能力。迎接爱的能力包括施爱的能力和接受爱的能力。一个人心中有了爱,在理智分析之后,要敢于表达、善于表达,这是一种爱的能力。一个没有爱心的人是自私自利的人。一个人面对别人的爱,能及时准确地做出判断,并做出接受、谢绝或再观察的选择,这也是一种爱的能力。缺乏这种能力的人,或者匆忙行事,或者无从把握。大学生要具有迎接爱的能力,就应该懂得爱是什么,有健康的恋爱价值观,知道自己喜欢什么、需要什么、适合什么;就应对自己、对他人、对万事保持敏感和热情;就应该主动关心他人,热爱他人。当别人向你表达爱时,要能及时准确地对爱的信息做出判断,坦然地做出选择。

第二,拒绝爱的能力。自己不愿意或者不值得接受的爱应有勇气加以拒绝。拒绝爱要注意两个方面:一是在并不希望得到的爱情到来时,要果断、勇敢地说"不",因为爱情容不得半点勉强。如果优柔寡断或屈服于对方的穷追不舍,发展下去对双方都不利;二是要掌握恰当的拒绝方式,虽然每个人都有拒绝爱的权利,但是珍重每一份真挚的感情是对他人的尊重,也是一种自重,同时是对一个人道德情操的检验。不顾情面,处理方法简单轻率,甚至恶语相加,结果使对方的感情和自尊心受到伤害,这些做法是很不妥当的。

第三,调节爱的能力。具体讲,可以采用以下几种方法:①与恋人单独相处时,应注意言谈举止得当。②与恋人多到户外、公共场所、大自然中去培养积极健康的情感,不要过多地沉湎于两个人的世界中做各种爱情遐想。③培养共同的兴趣爱好,丰富、充实精神生活。总之,热恋中的青年男女应凭借理智的力量,保持爱情的纯洁性,从而使爱变得更深沉、更理性、更成熟、更崇高。

第四,承受爱的挫折的能力。大学生的恋爱受多种因素的制约,因而在追求爱情的

---

① 艾·弗洛姆. 爱的艺术. 李健鸣译. 北京: 商务印书馆, 1987.

过程中遇到一些挫折在所难免。因此，提高恋爱挫折承受能力，对大学生的心理健康是非常重要的。当爱情受挫后，应用理智来驾驭感情，通过增强理智，分析原因，总结经验教训，寻找解决问题的方法和途径，在新的追求中确认和实现自己的价值，从而提高自己的心理承受能力和思维水平。

第五，发展爱的能力。发展爱的能力，并不是非要具体到对某一异性的爱，可以是更广泛意义上的爱。我们的亲人、同学、朋友、祖国和人民，都值得我们去热爱。发展爱的能力，就是要培养无私的品格和奉献精神，要培养善于处理矛盾的能力，有效地化解恋爱和家庭生活的矛盾纠纷，为恋人负责、为社会负责，才能创造出幸福美满的婚恋生活。

3.3.3 培养爱的责任意识，在实践中践行爱

当前大学生在一定程度上存在社会责任感、道德感不足和恋爱态度不成熟的问题。因此，大学生在恋爱中需要增强责任意识，并付诸实践。

1. 提升恋爱责任意识

第一，端正恋爱态度。根据埃里克森的人格的社会心理发展理论，大学生属于青年期，处于心理发展八个阶段中的第六个阶段"亲密对孤立"。这一阶段的主要任务是建立深厚的友谊，与另一个人获得爱和陪伴感，或共享的自我认同，它反映在青年对一个亲密的伴侣形成永久承诺的想法和感受中。在恋爱过程中，大学生既不能认为爱情至上，也不能过分压抑自己的情感，强迫自己疏远爱情，要允许自己在适度的范围内体验爱情。第二，遵守恋爱道德。恋爱与道德有着密切的关系。作为当代大学生，应具备一定的法律意识和法治观念，对于恋爱中的一些过激行为，大学生应该意识到，规范和约束自己的行为不仅仅是社会主义道德要求，同时也是社会主义法律要求。第三，摆正恋爱位置。恋爱是人生的一件大事，但并不是人生的全部。大学生应利用自己的"黄金时期"多多积累知识，培养自己各个方面的能力。当爱情真的降临到你身上时，要进行理智的思考，正确处理好恋爱、学业、事业三者之间的关系。事业高于爱情，虽然以事业为主，但也不要认为爱情是事业的绊脚石，处理得好的话，爱情也能对事业起到促进作用。

2. 坚守爱的承诺

大学生恋爱要严肃认真、感情专一。爱情是一个男性与一个女性之间的爱慕关系。这种关系包括自己特有的感情和义务，它只能存在于恋爱者两人之间，不容许第三者介入。而且，恋爱不是儿戏，双方要真诚相待、实事求是地对待自己，也实事求是地对待对方。无数事实证明，用欺骗手段骗取爱情，是不会幸福的。另外，双方一旦建立了恋爱关系，就要忠贞专一、一心一意，不能三心二意、见异思迁。

3. 积极履行承诺

在恋爱过程中，应多一些理解、信任和宽容，互相尊重，共同进步。爱情是互爱的

统一，相爱的双方都有着自己独立的人格和精神世界，既不能完全依附对方，也不能要求完全占据对方。爱情与做人一样，理解、信任、诚实和宽容都是十分可贵的品质。爱很多时候意味着一种付出，要相知、相敬、相让。世上没有十全十美的人，两个人在一起并不是简单的组合，必须互相迁就；爱，就必须接受他的一切，包括缺点，应互相包容、理解并接受对方。

3.3.4 智慧地处理恋爱挫折

恋爱是两个人选择的结果，不是靠一方努力就一定能维持的，所以有恋爱就一定有失恋的风险。失恋是恋爱过程的中断，即恋爱挫折。有的人在失恋后会自责、内疚，有的人则久久不能放手和释怀。恋爱中分手是一件很慎重也很正常的事情，下面是一些思考和行动的建议。

（1）如果自己主动提出分手，你需要这样思考和行动：需要想清楚为什么要分手，分手对双方有什么好处、坏处。在提分手前，先考虑对方的个性、两人交往的深度、对方可能做出的反应等，思考自己提出分手的态度、方式、理由。分手前尽量给对方一些信号，让对方有充足的心理准备时间，并参与决定。单方面就决定宣布分手，对对方是不公平的。提出分手的态度要温和而坚决。提出分手的时间和地点要慎选，分手的时间最好选白天，因为晚上情绪比较难控制。分手的地点最好选公开、安静、有旁人但不会干扰你们谈话的地方。要勇敢面对，不要逃避责任，不要说"我们从未爱过"这种自欺欺人的话。在顾及对方感受和尊严的情况下，真诚地、具体地说出为何分手，并且多从自己的角度去讲。避免责备对方人不好、脾气不好等。分手后，保留一段感情的真空期，让彼此更清楚情感界限。做出决定后，不要出尔反尔，行动不要拖泥带水。

（2）如果是被动分手，你需要这样思考和行动：在对方提出分手后要保持冷静，先听听对方怎么说，别从"我被甩"的角度看事情。不要拒绝沟通，要勇敢地争取机会做坦诚的讨论。不要死缠烂打，这会令对方更加讨厌自己，使自己更难受与痛苦。痛苦别自己承担，这种哀伤是需要一定时间和措施去处理的。找亲近的人分担你的悲伤和压力，抒发自己内心的感受和找到感情定位。不要急着再次恋爱，避免在混乱的情绪中让新恋人成为替代品。分手初期，最好不要和对方见面。不要因被动分手而自卑，爱情是选择的结果，不是你的错。想一想，在这段恋爱经历中，你有哪些收获和成长，如果再开启一段爱情，你会怎样去处理，从而让关系更和谐稳定。

（3）如果自己陷入失恋的痛苦中，你需要这样思考和行动：第一，正视现实。改变自己的认知，意识到感情是双方的事，不是一方的对与错，每个人都有爱或不爱的权利，应该尊重对方的选择。第二，换位思考。不要把错误都归结于对方，要设身处地为别人着想；也不要过分自责，要总结自己的错，争取不再犯相同的错。多想想恋人昔日的缺点，多罗列自己的优点。第三，情感宣泄。不要过分埋藏和压抑痛苦，可以找人倾诉，甚至大哭一场。第四，给自己一段时间。不要迅速再找一段恋情，因为个体的行为模式相对固定，其应对方式仍如往昔，应有一段时间来处理情绪，汲取经验。如果你发现自己持续的情绪低落（持续超过两周），不和周围的人联系、有轻生的念头、睡眠不好、对感情和生活感到绝望时，尤其需要重视。因为你很有可能因为失恋而陷入抑郁状态。这时应主动寻求专业人士的帮助，如寻求心理咨询师或者精神科医生的帮助。

3.4　心理测试与训练

3.4.1　"喜欢"与"爱情"态度测试

在清楚理解每一条表述意思的情况下，根据自己的真实情况或想法勾选下列符合自己目前恋爱状况或对爱情憧憬的表述。

1. 爱情量表

（1）他（她）情绪低落的时候，我觉得很重要的职责就是使他（她）快乐起来。
（2）在所有的事件上我都可以信赖他（她）。
（3）我觉得要忽略他（她）的过失是一件很容易的事。
（4）我愿意为他（她）做所有的事情。
（5）我对他（她），有一点占有欲。
（6）若不能跟他（她）在一起，我觉得非常不幸。
（7）我孤寂时，首先想到的就是要去找他（她）。
（8）他（她）幸福与否是我很关心的事。
（9）我愿意宽恕他（她）所做的任何事。
（10）我觉得让他（她）得到幸福是我的责任。
（11）当和他（她）在一起时，我发现我什么事都不想做，只想用眼睛看着他（她）。
（12）若我也能让他（她）百分之百地信赖，我觉得十分快乐。
（13）没有他（她），我觉得难以生活下去。

2. 喜欢量表

（14）当和他（她）在一起时，我发觉好像两个人都想做相同的事情。
（15）我认为他（她）非常好。
（16）我愿意推荐他（她）去做为人所尊敬的事。
（17）依我看来，他（她）特别成熟。
（18）我对他（她）有高度的信心。
（19）我觉得什么人都能跟他（她）相处，大部分人都对他（她）有很好的印象。
（20）我觉得他（她）跟我很相似。
（21）我愿意在班上或团体中，做什么事都投他（她）一票。
（22）我觉得他（她）是许多人中容易让别人尊敬的一个。
（23）我认为他（她）是十分聪明的。
（24）我觉得他（她）在我所有认识的人中，是非常讨人喜欢的。

（25）他（她）是我很想学的那种人。
（26）我觉得他（她）非常容易赢得别人的好感。

结果与分析：

你的勾选项目若集中在 1～13 项，表示你对他（她）的感情以爱情成分居多，而若大多集中在 14～26 项，表示你对他（她）的感情以喜欢成分居多。

鲁宾把喜欢与爱区别开来。他认为，爱的因素是对对方负责、温柔体贴，且具有排他性。喜欢则指为对方所吸引、尊重对方、认为对方与自己相似。在预测男女爱情发展上，爱情量表比喜欢量表更具预测力。

3.4.2 恋爱心理自测

1. 恋爱态度测试

指导语：下列题目均有 A、B、C、D 四个选项，请在每题中选择一项你认为最适合的填在题后的括号内。

（1）你对未来妻子要求最主要的是（男性选择）（ ）。
　A. 善于处理家务，利落能干　　　　B. 容貌漂亮，楚楚动人
　C. 人品不错，能体贴帮助自己　　　D. 顺从我的意思
（2）你对未来丈夫要求最主要的是（女性选择）（ ）。
　A. 潇洒大方，有男子风度
　B. 有钱有势，社交能力强
　C. 为人诚实正直，有进取心，待人和蔼可亲
　D. 只要他爱我，其他都不考虑
（3）你认为完美的结合应是（ ）。
　A. 门当户对　　　　　　　　　　　B. 郎才女貌
　C. 心心相印　　　　　　　　　　　D. 情趣相投
（4）对最佳恋爱时间的考虑是（ ）。
　A. 自己已成熟，懂得人生意义和爱情内涵，并确定了事业的主攻方向
　B. 随年龄的增大，自有贤妻与好丈夫光临，"月老"不会忘记每个人的
　C. 先下手为强，越早越主动
　D. 还没想过
（5）你希望自己是怎样结识恋人的（ ）。
　A. 青梅竹马，情深谊长　　　　　　B. 一见钟情，难分难舍
　C. 在工作和学习中逐渐产生恋情　　D. 经熟人介绍
（6）你认为推进爱情的良策是（ ）。
　A. 极力讨好、取悦对方　　　　　　B. 尽力使自己变得更完美
　C. 百依百顺，言听计从　　　　　　D. 无计可施
（7）你希望恋爱的时间是（ ）。
　A. 越短越好，最好是"闪电式"　　 B. 时间依进展而定

C. 时间要拖长些 D. 自己无主张，全听对方的
（8）谁都希望完整全面地了解对方，你觉得了解他（她）的最佳途径是（　　）。
A. 精心布置特殊场面，连连对恋人进行考验
B. 坦诚相待地交谈，细心地观察
C. 通过朋友打听
D. 没想过
（9）你十分倾心的恋人，开始随时间推移暴露出一些缺点和不足，这时候你会（　　）。
A. 采取婉转的方式告知并帮助对方改进　　B. 无所谓
C. 嫌弃对方，犹豫动摇　　D. 内心十分痛苦
（10）当你刚踏进爱河之中，一位条件更好的异性对你表示爱慕时，你会（　　）。
A. 说明实情　　B. 对其冷淡，但维持友谊
C. 瞒着恋人和其来往　　D. 听之任之
（11）当你对倾慕的异性发出爱的信息，却发现他（她）另有所爱，你会（　　）。
A. 静观待变，进退自如　　B. 参与角逐，继续穷追
C. 抽身止步，成人之美　　D. 不知道
（12）恋爱进程很少会一帆风顺，而你对恋爱中出现的矛盾和波折怎样看（　　）。
A. 最好平顺些。若已经出现，也是好事，正好趁此了解和考验对方
B. 感到伤心难过，认为这是不幸
C. 疑虑顿生，就此提出分手
D. 没对策
（13）由于性情不合或其他原因，你们的恋爱搁浅了，对方提出分手，你会（　　）。
A. 千方百计缠住对方　　B. 到处诋毁对方名誉
C. 说声再见，各奔前程　　D. 不知所措
（14）当你十分依赖的恋人背信弃义，喜新厌旧，甩掉你以后，你怎么办（　　）。
A. 当自己眼瞎认错了人　　B. 你不仁，我不义
C. 吸取教训，重新开始　　D. 痛苦得难以自拔
（15）你爱途坎坷，多次恋爱均失败，随年龄增长进入"老大难"的行列，你会（　　）。
A. 一如从前，宁缺毋滥　　B. 讨厌追求，随便凑合一个
C. 检查一下选择标准是否实际　　D. 叹息命运不佳，从此绝望
（16）你认为恋爱作为人生一个极其重要的环节，最终所达到的目的应是（　　）。
A. 找到一个情投意合的爱侣
B. 成家过日子，抚育儿女
C. 满足性的饥渴
D. 只是觉得新鲜有趣，没有明确的想法

结果说明：
在下面的恋爱态度测试计分表（表3-2）中，你可以看到每个选项所对应的分值。

表 3-2　恋爱态度测试计分表　　　　　　　　　单位：分

题项 答案	1	2	3	4	5	6	7	8	9	10	11	12	13	14	15	16
A	2	1	1	3	2	1	1	0	3	3	2	3	1	2	1	3
B	1	1	1	2	1	3	3	3	1	2	1	2	0	0	1	2
C	3	3	3	0	3	2	2	2	0	0	3	1	3	3	3	0
D	1	2	2	1	1	0	0	1	2	1	0	1	1	1	0	1

评分方法：

将你所选字母对应的分值相加，总分在 42 分以上，说明你的恋爱观正确；总分在 33~41 分，说明你的恋爱观基本正确；总分在 32 分以下，说明你的恋爱观需要调整。

2. 你喜欢她（他）什么

1）男生吸引你的品质（女生填写）

（1）你认为男生吸引你的三项品质，依次使用①②③……标出。

高大；学习好；乐观外向；出手大方；讲义气；幽默；体育好；稳重；热情；真诚；有修养；有主见；穿着潇洒；能说会道；有相近的爱好；其他（列出上面未说明而你认为重要的品质）。

（2）你认为男生最不让你喜欢的一些品质是什么（女生填写）？

2）女生吸引你的品质（男生填写）

（1）你认为女生吸引你的三项品质，依次使用①②③……标出。

温柔；漂亮；学习好；热情；真诚；活泼、外向；有修养；内向稳重；顺从；会打扮自己；关心同学；体育好；有相近的兴趣；其他（列出上面未说明而你认为重要的品质）。

（2）你认为女生最不让你喜欢的一些品质是什么（男生填写）？

3.4.3　恋爱行为训练

为了使大学生能够认识两性心理与行为，学习与异性的沟通技巧，探索爱情的真谛，请尝试以下训练。

1. 爱情价值观澄清

活动目的： 让成员能够对自己的价值观加以澄清。

活动时间： 90 分钟。

活动步骤：

（1）以班级为单位，将同学们分成若干小组，推选出各组小组长。

（2）我最喜欢的作品展：向小组成员分享能够体现自己爱情观的歌曲、文章、画、诗等。其他成员则回答这与平日的他（她）是否相同。

（3）我为何想交男（女）朋友？

由小组长主持，请成员分享其想交男（女）朋友的理由（一个以上）。彼此了解每个人想交男（女）朋友的理由。

（4）爱情价值观澄清"大甩卖"：

第一，表 3-3 列出的是爱情的理由，以班级为单位，看是否有人要补充项目。爱情价值观：与异性交友过程中，你最盼望得到什么？

表 3-3　爱情的理由

项目	顺序
1. 可以和他（她）分享生活中的点点滴滴	
2. 可以因他（她）而扩展生活领域	
3. 可以和他（她）相知很深	
4. 可以和他（她）共同建立一个家庭	
5. 可以因他（她）的提携、激励而成长进步	
6. 可以多一个工作伙伴	
7. 可以获得被爱和被支持的感觉	
8. 可以和他（她）享有美好的性生活	
9. 可以有他（她）随时随地陪在你身边	
10. 可以和他（她）一起赚很多钱	
11. 可以通过付出去照顾和爱他（她）	
12. 可以因他（她）而生活有变化	
13. 可以由他（她）照顾生活起居	
14. 可以和他（她）一起生儿育女	
15. 可以因他（她）而增加生活乐趣	
16. 可以因他（她）而获得安定感	

第二，以全班为单位，假定每人有 100 万元，以叫价每一万元为单位，至各项卖完为止。

第三，分享与讨论。拍卖完，讨论下列题目：

A. 各自买到的项目是什么？

B. 为什么会购买这些项目？

C. 如果重选一次，结果是否会相同？

D. 当你的价值与你的男（女）朋友相冲突或不同时，怎么办？

E. 若以人生目标来看，工作、爱情、亲情、朋友、嗜好，何者最重要？

第四，温馨提示：该训练活动适合在班级中使用。

2. 交友盾牌

活动目的：通过训练使成员学习与异性交往。

活动时间： 60 分钟。

材料准备： 纸，笔。

活动步骤：

（1）每人在一张纸上，画一张盾牌，写上以下问题的答案：

第一，在与异性交往中，最快乐的事是什么？

第二，在与异性交往中，最尴尬或难过、伤心之事是什么？

第三，最想改变在与异性交友上的一件事是什么？

第四，与异性交往中，最想知道的一件事是什么？

（2）分享与讨论：成员间轮流对各题进行讨论，分享经验。

3. 爱情表白训练

活动目的： 通过训练，可以学会用自己的方式表达爱情。

活动时间： 2 小时。

活动步骤： 小组同学选择下列方式或自创一种爱的表达方式，进行角色扮演。

（1）用你的眼睛传达爱的信号。这是比较含蓄的方法，当对方注意到你的目光时，不要再逃避，镇定地、坦然地凝望着对方，把你的爱意表现在眼睛里。

（2）以你的关爱行动来表示。用实际行动来表达对倾慕对象的关心、帮助，如下雨天送雨伞，在她（他）生病时前去看望等。

（3）用书信和写字条来传情。如果你无法用言语大胆地说出来，那么写下你爱的誓言，这也是一种很好的方法。

（4）送去代表相思之情的爱情信物，如红豆，自己的有着心形相框的照片，亲手做的首饰、荷包、手工艺品等，让对方睹物思人，知道你的心思。最经典的表达方式就是送上一支写着"我爱你"的红玫瑰。

分享与讨论：

小组成员间进行讨论、交流：①这几种方式的优点与不足；②最适合你的方式是什么。

4. 接受爱和拒绝爱的训练

活动名称： 当爱的玫瑰落到你的手里。

活动目的： 加深男女之间的了解。

活动准备： 一枝玫瑰和一个小铃铛。

活动步骤：

（1）将所有学生分为男生组和女生组，两组面对面坐着。

（2）接受爱。

由女生摇铃，以击鼓传花的形式将手中的玫瑰依次传到每个男生的手里，铃声停止时花落到谁手就表示对面的某女生对其表达爱意，接到花的男生必须做出接受爱的反应。

由男生摇铃，以击鼓传花的形式将手中的玫瑰依次传到每个女生的手里，铃声停止时花落到谁手就表示对面的某男生对其表达爱意，接到花的学生必须做出接受爱的反应。

如此反复多次后，各组分别讨论和评价对方的表现，并评出最受欢迎的接受爱的方式。

（3）拒绝爱。

由女生摇铃，以击鼓传花的形式将手中的玫瑰依次传到每个男生的手里，铃声停止时花落到谁手就表示对面的某女生对其表达爱意，接到花的男生必须做出拒绝爱的反应。

由男生摇铃，以击鼓传花的形式将手中的玫瑰依次传到每个女生的手里，铃声停止时花落到谁手就表示对面的某男生对其表达爱意，接到花的女生必须做出拒绝爱的反应。

如此反复多次后，各组分别讨论和评价对方的表现，并评出最受欢迎的拒绝爱的方式。

5. 失恋成长训练

活动名称：从失恋中获得成长。
活动目的：通过训练，学会用正确的方式面对失恋。
活动准备：纸，笔。
活动步骤：

每人在一张纸上，根据以下要求写上自己的答案：

第一，以"因为我失恋了，所以我获得了_____"句型为模板，写3句话列举失恋的好处。

第二，尽管失恋后我心情很不好，但我可以用这些方法来放松心情：_____。

第三，这一次我在_____方面没有做好，以后我将_____去改进。

思考与练习：

1. 你认为爱情是什么？爱情的特点是什么？
2. 简述爱情的阶段以及它们之间的关系。
3. 简述爱情中存在的心理问题。
4. 请结合自己实际谈谈如何树立正确的恋爱观，如何在爱情中健康成长。

推荐赏析：

1. 心理书籍：罗兰·米勒的《亲密关系》

该书论述了亲密关系的基础、活动形态、类型、矛盾和修复等内容，读完此书，你将对吸引、爱情、婚姻、承诺、友谊、激情、沟通、依恋、择偶、嫉妒、出轨、家暴等有全新的认识，有助于你建立更加美满和幸福的亲密关系。

2. 心理电影:《泰坦尼克号》(美国,导演:詹姆斯·卡梅隆,主演:莱昂纳多·迪卡普里奥、凯特·温斯莱特)

影片讲述了一段动人的爱情故事:头等舱乘客罗丝因不想嫁给未婚夫卡尔,想跳海自杀,被杰克说服并阻止。两人很快坠入情网,但是不久,历史上最重大的灾难之一——泰坦尼克号的沉没发生了。最后,杰克为了救罗丝,自己溺毙。罗丝得救了,她没能忘记杰克,因为杰克给了她很多快乐,也给了她生的希望和未来。

第4章 大学生的性心理与保健

名人名言：

  心灵像一驾马车，它由三部分组成：驭者与两匹马。驭者是理智，一匹是不驯的劣马，一匹是听话的好马；好马是意志冲动，劣马是情欲；好马能自治、知廉耻，是有正确见解的朋友，而劣马靠鞭打才能勉强驯服，这匹马朝着肉欲的宴席疾驰，沉湎于享乐之中。

——柏拉图

  肉欲不是罪过，相反，是对生命的崇拜，是上帝的馈赠，是春天和夏日的轻柔之风。我们应以明确意识和快乐欣赏它。所有健康、成熟的男人和女人都会渴望它、需要它。

——弗伦森

本章要点：

1. 性的概念、性心理的形成发展阶段。
2. 大学生性心理的发展及其特征。
3. 大学生性心理健康的维护。

【案例】

  小刚是大学一年级学生，平时性格比较内向，不善于与人交往。不久前小刚做了一个梦，梦里他和别人发生了性关系。梦醒后他愧疚不已，感到罪过，无颜面对他人。后来他又做了一个梦，梦里居然和班中的女生发生了性关系。潜意识中似乎在证明什么，他不相信自己道德如此败坏，竟这样下流无耻。从此之后他不敢面对班上的女生，只要班上的女生和他交流，他就会紧张、心跳加速，强烈的罪恶感已使他不能安心学习，他担心自己会变成性犯罪分子。"为什么会如此不正常？"心理的负荷使他更加不敢和人交流，也不敢入睡，生怕"旧梦重温"，万般苦闷中他走向了咨询室。

  同学们做过类似的梦吗？你感觉怎样？你是如何理解"性"的？

  案例中，让小刚苦恼不已的梦叫做性梦。人之所以产生性梦，是生理和心理综合活动的结果。梦中的情景，都与梦者平时的经验和思想活动有关。由于梦是一种典型的无意想象过程，所以性梦不免荒诞离奇。在性梦中出现的不合常规的性行为既不表明其人格特征，也不表明性梦者的伦理道德修养水平。案例中，小刚走进咨询室的原因，就在于他对性梦的误解使他产生了强烈的内疚心理。

大学是充满激情与理想的地方，而大学生则是一群对人生怀着无限憧憬的守望者。对于生理和心理都日趋成熟的他们，"性"这个带着暧昧色彩的字眼，带给他们许多不适、困惑、渴望了解又羞于启齿的尴尬。对大学生性心理的讲解将有助于大学生了解自己的性心理，以正确的态度和方式来面对自己的性心理问题，促进性心理的健康。

4.1 性的概述

4.1.1 性的概念

性是一个含义多、涉及学科广的概念。从广义上说，性指性别，指男女两性在生物学、心理学和社会学上的特征之和。性——这是决定个体是男性还是女性的一般躯体、心理和社会的特征。在谈到性时，常用"性"、"性别"或"性别角色"等词汇。虽然在日常使用时，我们会把三个词互换使用，但实际上，它们分别从性的三个构成方面反映了性的特质，它们的区分涉及生物学、心理学和社会学的知识。

1. 生物学的性

性是生物学上的词，常指男女两性在生物学上的差异，男性与女性在生理构造上的差异以及人生来具有的性的欲望和本能，是人类生存和繁衍后代的必要基础条件。从生物的形态学和生理学上来理解，性是伴随着性生殖出现的。人的基因与性器官的差异形成了雄性和雌性，性征便是两性差异的表达。

2. 心理学的性

性在心理学上的特征首先反映在性别同一性，或称为"性身份认同""性别自认"上。一般来说，人们的性别同一性与其生物学上的性是一致的，人们总是悦纳自己在生物学上的性别特点。但也有个别人不尽一致，最典型的不一致是异性癖，具有这种"性别同一性障碍"的人，在遗传学、性腺和其他特征上，虽然也是完全正常的男性或女性，但却强烈地认为自己是异性，直到一定要做性别变换手术才行。

性在心理学上的特征还反映在性度上。性度是抛开男女生理上的天赋差别，而依据其体质、心理（性格、能力、意志等）、行为表现等来区别"男性"和"女性"的概念。从这个意义上讲，每个个体都同时具有一定程度的男性特征和女性特征，具有男性特征多的人其男性度就高，女性度则低，反之亦然。

3. 社会学的性

作为社会属性的性，是性的本质体现。人是社会性的动物，人的性行为受到社会的制约和规范。只有把性行为控制在社会允许的范围之内，人类自身才能够获得健康的生存与发展条件，社会才能够获得安定与文明。

性在社会学上的特征表现为性别角色、性别成见和性别歧视。

性别角色，是社会学上的词，它是社会在男女两性的生物差异基础上，被赋予的两性不同的社会行为模式。一方面性别角色反映了个体对自己性别的意识和体验，反映了个体对自己性别的归类；另一方面，性别角色也反映了社会对个体的某种限制。由于这种限制，人们才产生了不同于其他动物的性活动方式和性欲，才产生了不同民族和群体的性意识、性态度、性行为。

性在社会学上的特征还表现在性别成见和性别歧视上。性别成见可以分为两类。一类是性别特质成见，主要指人们认定男女在生物属性和心理特质上的某些差异。例如，通常认为男孩高大、强壮、结实，女孩纤弱、苗条、小巧；男性刚强、自主、自信、果断，女性温柔、依赖、细心、敏感等。另一类是性别角色成见，主要指男女在从事角色活动方面的差异，如通常认为男性多工作成就取向，善于处理与外部世界的关系；女性多感情社会取向，善于维持社会成员关系等。自母系社会瓦解以后，性别成见多带有明显的扬男抑女的色彩。性别成见一旦发展成男优女劣、男尊女卑、重男轻女、男女同工不同酬等贬低、排斥和压迫女性现象后，便属于性别歧视了。自母系社会瓦解后，性别歧视通常多是指对女性的歧视。

4.1.2 性心理健康

1. 性心理健康的概念

性心理健康是指个体能够正确认识自我、能够积极掌握科学的性知识，并用于解答自己的性困惑，愉快地接纳自己的性别，能够恰当表达性欲望，使之符合社会的规范，促进自身性人格的完善，获得性需求的满足。

2. 性心理健康的标准

（1）能够正确认识自我，接纳自己的性别。正视自己性生理的发育、性生理的变化，自觉地把自己融入社会，客观地评价自我和他人，乐于接纳自己的性别角色。
（2）具有正常的性欲望，最重要的是，对象的范围要明确。
（3）性行为及性心理符合相应的心理发展年龄特征。
（4）性适应能力方面较强，能够正确地释放、控制、调节性冲动。
（5）能和同性及异性都保持和谐的人际关系，相互尊重、相互信任。
（6）具有良好性道德修养，性行为符合社会文明规范，自觉抵制腐朽、没落性文化的侵蚀。

4.1.3 性心理的形成发展阶段

人类性心理在儿童期就开始萌生，在青春期有了长足发展，成年期完善，到老年期衰退。

儿童从出生之日起，个性发展在所处的环境和教育中接受熏陶，完成性别的自认和性角色的认同，形成初步的性意识。儿童早期形成的性意识，是成人成熟的性意识的基础，也是成人性行为形成的主要影响因素。一般说来，儿童性意识的发展可分为两个阶段。初级阶段是性别自认阶段，这是从幼儿期开始的。因为3岁以前的婴儿阶段，儿童才开始产生以躯体认识为基础的原始的自我意识——生理自我，但还没有进入性别自认阶段。4~6 岁儿童才开始进入性别自认的性心理发展阶段。7~12 岁是高级阶段，开始产生异性意识和性欲意识。

青春期是个体由不成熟走向成熟的过渡期，生理发育的迅速，尤其是第二性征的出现，使他们加深了对性别角色的认识，并促进其性意识的萌发与觉醒。美国心理学家赫洛克（Hurlock）把人的性意识萌发到爱情产生的全过程分为四个阶段[①]：第一，青春期疏远异性的否定期。性别意识的发展和稳定，使他们确立了性别观念，形成了性别行为，"男女有别"使双方感到害羞与不安，出现对异性的不接受、抗拒的闭锁心理。第二，向往成年异性的牛犊恋期。他们的独立意识增强了，但又摆脱不了对成人的依赖，在性意识朦胧时，把依恋父母的情结转移到了某个成年异性的身上。第三，积极接近异性的狂热期。身体发育的成熟，性意识的觉醒，使他们充满对异性的向往，渴望了解性知识，渴望与异性的交往。第四，正式的浪漫恋爱时期。

中年期的个人已成家立业，因此中年期的性心理是围绕夫妻性生活表现出来的，绝大部分中年人会拥有安全健康的性生活，但同时人到中年，由于社会角色的转换，社会和家庭都赋予他们一定的责任。他们的性爱不像青年人那么狂热、奔放，性生活中心理满足的成分逐渐增多，要求更和谐的情感体验，特别是把感情和精力的重心逐渐转移到孩子或工作上后，夫妻之间的性爱和情爱仿佛有些淡化。

老年期的男女双方随着身体机能的下降，同时受传统观念的影响，不少老年人会回避性话题，更不会主动谈论和学习性知识，把自己禁锢起来，性欲一般不如年轻时旺盛，但仍有性生活的生理需求。

4.2 大学生性心理的发展及其特征

4.2.1 大学生性心理发展的阶段

大学生性意识的发展过程中，各种性心理现象总是相互联系、相互促进、相互制约地渗透在人的活动中。为更准确地了解和把握大学生的性心理，我们可以对大学生性心理的发展进行阶段性划分。

1. 大学生性心理的萌芽期

大学生性心理的萌芽期多出现在大学新生阶段，他们处于离开父母的呵护、步入社会独立生活的断乳期，性生理的迅速发展使他们的性心理开始萌芽，具体表现在以下几个方面。

1）性神秘感

性神秘感是指对异性的生理特征和气质方面的刺激所产生的含而不露的一种疑虑、好奇与探究相交织的性心理倾向。性神秘感是人类自然本性的流露，是异性亲和的重要心理基础。性神秘感越强，说明异性越具有吸引力。

2）性爱慕

性爱慕是指青年男女在生殖器官成熟期和性意识形成期，出于好奇心以及异性的神

---

① 转引自陈家麟. 性心理咨询指南. 兰州：甘肃人民出版社，1996.

秘感和吸引力而产生的一种期望与异性欢聚玩耍、接触和活动的性心理倾向。这时异性之间的性爱慕还带着纯真的友情性心理，但也会出现个体内心对异性的爱慕，由于羞于表达，容易产生性焦虑和性幻想的内转心理倾向。一般男性比女性更容易流露感情，且更愿大胆表达。

3）性思维

性思维是个体对异性的体像、性格、气质、能力等各个方面的特征进行分析与比较后做出的综合性评价的过程。低年级大学生在相互了解的过程中，性思维会有不同的表现。如果产生的是积极的评价，就会对异性产生好感；如果产生的是消极的评价，就会否定对方。性思维贯穿在与异性交往的全过程，它不仅是性情感产生的基础，也是性意志力发展的基本条件。

2. 大学生性心理的发展期

大学生性心理的发展期主要针对中学段这一群体。随着对大学生活的适应，多数大学生能以一种积极的心态来面对周围的一切，伴随着机体生理的不断成熟，一些大学生步入恋爱的行列，产生了不同的恋爱观和性观念，主要表现在如下几个方面。

1）性感知

性感知是指个体在带有性感性质的刺激物作用下所产生的一种对异性性征的认知和了解的心理过程。性感知具有双重功能：一是能直接激发性欲，促进性兴奋的高涨，从而导致两性的相互吸引和结合；二是能向高级认知系统（主要是性想象和性思维）和神经系统传递信息，诱发对性爱对象的审美感受，加深对异性的倾慕和爱恋。一见钟情就是很典型的现象，容易把性注意力集中在自己感受最深的方面而忽视对象的其他方面。

2）性情感

性情感是相互吸引的异性之间稳定而持久的、热烈而激荡的态度和体验，是性心理的动力成分。被异性激起的性情感可分为积极和消极两种。如果恋爱中的大学生能正确处理双方的关系，性情感的发展就可以激发人对知识的渴求，推动主体去积极地追求。如果大学生不能正确看待双方的恋爱关系，一旦发生分歧，就会损害身心健康，严重的还会危及他人和社会。

3. 大学生性心理的平稳期

大学生性心理的平稳期多指大三到大四这一阶段，这时期的大学生开始有了就业的危机感和迷茫感。在这样的心理作用下，有的大学生会为了将来的工作的现实性而隐藏自己的情感；有的大学生却转而开始释放自己的情感，没谈恋爱的开始谈恋爱了，甚至会频繁地更换异性朋友；有的已经谈恋爱的大学生心里虽然觉得感情的发展归宿无法预测，但他们的感情发展仍很稳定，直至毕业因工作原因导致二人分开。因此，这一时期大学生们的性心理是很复杂的，各种心态都有，具体表现在以下几个方面。

1）性体验

性体验是指通过直接或间接的性亲近、性行为或象征性性行为而获得的一种具有浓厚情绪色彩的性记忆。这是进入高学段大学生常有的性心理特征。但是，我们要认识到真正的感情升华绝不仅仅建立在性行为上，也不存在于"委曲求全"中，而是在双方相互尊重、彼此欣赏、认真负责中逐渐产生的。

2）性自制力

随着大学生机体的成熟，性意识也趋于成熟，男女大学生开始为将来的就业考虑，对择偶有了不同的心理表现。许多大学生抱着宁缺毋滥的心理，希望从众多的异性中选择一个与自己情投意合、共同生活的伴侣，但如果找不到就不找了。也有谈恋爱的大学生考虑到将来在一起的不现实性，为了不伤害对方，也能控制自己的性欲，这些都属于性自制力较强的表现，也是性心理成熟的重要标志。

知识框

性　道　德

性是神圣的，性也是受到道德制约的，性道德主要有以下几个方面：

（1）自愿原则。违背自己或者对方的意愿发生的性行为都是不道德的，只要对方没有同意，那就意味着拒绝。

（2）合法原则。和未成年人之间的性行为是违法的。

（3）无伤原则。性行为不能给自己和对方带来伤害，如避免引起疾病传播等。

（4）隐秘性原则。性生活的双方，应注意隐蔽保密，在易被人发现的地方发生性行为，或者在公共场所表现性感极强的动作，都是不道德的。

4.2.2　大学生性心理发展的特征

近年来，一些学者就当代大学生的性心理发展的特点进行了大规模的调查研究，揭示了大学生性心理发展的特点。

1. 性生理的迅速发展与性心理尚未成熟的矛盾

目前，我国在校大学生的年龄一般在18～23岁，由于营养、生活条件、现代文明等因素的影响，这一阶段性的成熟与整个身体的发育已基本完成，所以处于这一时期的大学生性意识十分活跃，强烈渴望与异性交往。但是大学生的性心理并没有随之成熟。他们尚缺乏独立的生活能力、完整的社会经验和稳定、理性的道德评价和选择能力。

2. 性意识的强烈性与表现上的隐蔽性之间的矛盾

随着性机能的成熟，大学生在青春期就出现的性欲望和性冲动此时会表现得更加强烈，这是身体发育中的正常生理和心理现象。虽然性的生物性需求时时渴望得到最直接的满足，但人是社会的人，性既具有自然属性，同时又具有社会属性。虽然大学生可以在大学学习期间通过合法婚姻的形式获得性的满足，但是由于大学生在经济上缺乏独立性，很少有大学生会选择在学习期间结婚。

3. 性的身心需求与社会规范和道德责任的矛盾

大学生性机能的成熟使性的生物性需求更加强烈、迫切，时常伴有性梦、性幻想等，而大学生健全的性心理结构尚未确立，对各种性现象、性行为的认知还不完善，再加上性的社会性、道德性要求的约束，大学生性心理的发展处于多种矛盾的相互作用之中，并出现分化。一些大学生无法处理好这些矛盾，从而使性心理的健康发展出现了偏差。有的大学生对性冲动持否定、抵制的态度，采取压抑的方式。性压抑的结果不仅有碍性心理的健康发展，严重者还会导致性变态或性过错。与此相反，还有的大学生对性持无所谓或放纵的态度。

4.2.3 大学生性观念的变化和发展

随着社会的发展，大学生的性观念也发生了变化，具体表现在以下几个方面。

1）大学生对性别角色认识的变化

当代大学生对性别差异的认识已突破了传统的"男尊女卑"模式，女生的自尊心、自信心不断增强，其学业成绩、能力水平与男生不相上下，也给大学增添了男女平等的文化氛围。大学生们不论男女，其主体意识都在不断成长成熟，既能以批判继承的态度对待传统性别角色规范，又能以开放心态面对现代性别角色生活方式。有调查显示，传统的男性重事业、女性重家庭的观念在当代大学生中已很少存在，大部分学生都向往事业与家庭两全的人生[①]。

2）大学生对婚前性行为的态度

（1）对恋爱对象性交要求的态度。为了进一步了解大学生对婚前发生性行为的态度，有学者对正在恋爱的大学生做了"当恋爱中对方提出性交行为要求时，你的态度和做法如何"的调查。结果表明，如果出现这种情况，相当一部分学生会拒绝，其余的则可能会答应或顺从。其中，性别差异明显，绝大多数女生表示拒绝，同时更注重要"对方真心喜欢我"和"我真心喜欢对方"，而男生表示拒绝的不到一半[②]。这除了体现出男女两性性行为本身的差异外，也反映了传统观念及社会规范对男女的不同要求对大学生的影响。近年来，这方面调查的数量并不多，结论变化也不大。

（2）大学生的性经验与性态度。个体对一件事物的看法和态度受制于他对该事物的直接与间接经验。对于性这种相当隐蔽的问题，直接经验的影响就更大。通常认为，大学生的性经验与其性态度之间关系密切。

4.3 坦然面对性

4.3.1 大学生在性问题上的心理困扰

青年大学生的性生理已发展成熟，"性"已不再成为禁区，大学生们可以通过"生理

[①] 汪海燕. 女大学生性心理的现状、问题及对策[J]. 华中师范大学学报：人文社会科学版, 1995,（4）: 32-35.
[②] 黄希庭, 郑涌. 大学生心理健康与咨询 [M]. 北京：高等教育出版社, 2000.

卫生"教科书以及"心理健康教育"课程和讲座,或者从媒体、书籍等多种正规渠道获得性生理卫生和心理卫生知识,大部分同学已经逐步建立起了科学的性观念。但是某些大学生的性心理困扰也不容忽视。大学生常见的由性问题带来的心理困扰主要表现在以下几个方面。

1. 性别认同带来的困扰

【案例】

小琳是大学二年级学生,在学校各方面表现均非常优秀,是老师在班级树立的品学兼优的典型。在二年级学期末,她却走进了心理咨询室。原来,一直努力的小琳希望能够通过自己的努力,创造属于自己的美好未来。但是,临近就业,她却对自己没有了信心。虽然自己各方面都很优秀,但是听多了男生找工作比女生更有优势的话,她对"谁说女子不如男"这句话产生了深深的怀疑,对自己的未来也是惶恐不安。

出于种种原因,大学生中有一定比例的人由于性别角色的自我同一性适应不良而产生自卑、社会适应不良等问题。例如,有的女大学生对自己的女性角色不满意而希望自己身为男性。

2. 性体像的困扰

【案例】

小丽是大学三年级的学生,自小就是个"丑小鸭",长大后也没有变成"白天鹅"。自知长相不好的她,埋藏了自己的自卑感,从小就在学习上非常努力。考上大学后,为了增加锻炼自己的机会,她积极地和同学去参加各种兼职面试。但是,每次她都会因为相貌的问题而落选,小丽对自己的外貌越发自卑。临近毕业,同学们都在积极地为就业做准备,害怕再次因为相貌问题而受挫的小丽走进了心理咨询室。

进入青春期的男性和女性的体像发生了很大变化。男性希望自己身材高大,体魄强壮,音调浑厚,拥有男性磁力;女性则希望自己容貌美丽,身材苗条、音调柔美,尽显女性魅力。然而,当他们的体像不如意时,就常出现烦恼和焦虑。面对这些困扰,大学生如果不能正确认识自己的身体和第二性征,甚至将其看做自己的缺陷,就会产生自卑心理,以至影响人际交往、学习和生活。

3. 性幻想和性梦带来的心理困扰

【案例】

小霞是大学一年级学生,性格敏感内向。从高中开始,她便接触言情小说和爱情电影,甚至某些亲密镜头,强烈地激起了她的性幻想,常常幻想自己与小说、电影中的男主人公发生亲昵与爱抚的行为。读大学后，由于空余时间增多，看言情小说、爱情电影的频率增加，性幻想日益严重，有时还做性梦，自述已经影响到了正常的学习和与人交往。

"性幻想"又叫性的白日梦和精神"自淫"，是大学生中比较普遍和正常的心理活动。"性梦"是指个体进入青春期后，在睡梦中出现的带有各种性内容色彩的景象。有的大学生因为性梦或性幻想而认为自己是"不道德的""罪恶的""卑鄙下流的"，进而感到羞耻、自卑、注意力不集中，甚至焦虑不安。有的大学生由于频繁的性幻想或性梦，而影响休息、睡眠和体力的恢复，严重的还会导致神经衰弱，给大学生的身心健康带来了不利的影响。

4.3.2 大学生性心理问题产生的原因

1. 青春期生理与心理发展的内在冲突

当进入大学以后，生理已逐步发育成熟。单从生理上来看，他们已经具备了进行性行为的自然条件。然而，从心理的角度看，他们还只是学生，无法承担起家庭的重任，他们所获得的各种性观念与性道德也告诉他们在这个时期不应发生超越伦理的性行为。因此，由生理本能所带来的性冲动就和内在的心理发展之间产生了冲突。

2. 缺乏对科学的性知识的了解

当前，部分大学并未设置性教育课程，个别大学甚至认为没必要开设此类的课程。而学生在中学时所应接受的生理卫生教育，也可能因为高考不涉及此类内容，被老师一笔带过。因此，我国的部分大学生对性的科学认识比较欠缺。由于无法从学校正常的渠道了解到更多的性知识，所以学生们往往对之更加好奇，而常常会通过其他途径来了解发生在自己身上的变化，其间不乏会受到一些不良性文化的影响。

3. 自我意识的不成熟

一个具有成熟自我意识的人拥有自尊、自爱和自信，他能够认同自己的性别，接受自己的体像，能够尊重自己和尊重他人；他拥有较强的意志力，能够理性地调控自己的性冲突。一些大学生性心理问题的出现，常常与他们缺乏成熟的自我意识有关。

4.3.3 大学生性心理健康的维护

大学生一般处于18～23岁，他们的生理已经发育成熟，对"性"充满了出于本能的好奇与渴望。但问题在于，心理上的不成熟导致他们不知道如何正确宣泄这种冲动，性的生理和心理需要与不能通过社会认可的渠道（结婚）获得"性"产生了矛盾，因此需要对拥有近十年性"空窗期"的大学生的性心理进行一定的引导和维护，帮助大学生树立健康的性爱观念，建立对性的科学态度，了解与性行为有关的道德意蕴，学会用尊重、责任心和自控等基本道德标准来约束自己的性行为。

1. 通过有效途径获取科学的性知识

作为大学生应该对"性"有科学的认识。通过正规途径学习性生理学可以使人们去掉禁忌，减少性神秘感，降低性压抑。同时有目的地学习性心理学，了解性欲和性爱心理、性别角色心理、恋爱婚姻心理等，能够帮助人们调控自己的性心理。

大学生还要利用好学校为大家提供的获取正确性知识的平台，确保知识来源的准确性和科学性，如图书馆设置的性健康图书专区、学校举办的性健康专题讲座、开设的有关性健康课程、举办的性健康知识宣传普及活动等。通过以上有效的途径，大学生可以学习安全性行为相关知识。安全性行为是指一套用来保持人们身心健康的性行为的做法。狭义的安全性行为指降低性病感染风险的性行为；广义的安全性行为除此之外，还包括进行性行为的人的心理状况、进行性行为的环境等。相对的，不安全的性行为就是指没有使用避孕或是抗性病措施，或心理状况不健康的情况下进行的性行为。安全性行为提供了较安全地满足生理需求的可能性，因此有重要意义。

知识栏

常用避孕措施

（1）男用安全套避孕。安全套是唯一一种既能避免受孕，又能预防性病、艾滋病的方式，是建议青年人首选的避孕方法。

（2）激素避孕：①复方短效口服避孕药；②复方长效口服避孕药，口服长效避孕药，服药一次可避孕1个月，因副作用多已经少用；③口服紧急避孕药；④缓释避孕药。值得提醒的是，避孕药对女性人体有一定的副作用，如类早孕反应、阴道出血、月经失调、白带增多、面部黄褐斑、抑郁症等，不适宜长期服用。

安全期避孕和体外射精的失败率较高，不应作为首选的避孕方法。

2. 培养健康的人格

1）自爱自信，认同自己的性别角色

男性和女性在生理上和心理上各有自己的特点，各有自己的性别魅力。无论男生还是女生，都应当接纳自己的外貌和生理特征的现状。每个人都有自己独特的外表美，不必时时与人比较。而且，一个人的外貌及生理特征是先天遗传的，个人无法改变。人最重要的是增强自己的内在美，即增强自己的人格美、气质美、才华美。当你拥有了自信乐观的心理，拥有了高尚的风格和高雅的气质，你就拥有了令人喜爱的魅力。

2）对性行为负有社会责任感

如果性行为只停留在手淫、性梦等方式上，不会影响他人。但是如果性行为涉及另一个人，那么便涉及许多社会责任。性行为可以给另一方造成心理和肉体上的伤害。每一个成熟的大学生都应当了解个人性行为给他人、自我和社会带来的后果，尊重他人、尊重自我，对自我的行为负起责任。大学生要增强自己的性道德和性法律意识，用道德和法律规范自己的行为。

3）培养良好的意志品质

大学生自我控制性心理能力在一定意义上是由个人意志品质决定的。人不同于动物，人有意志力，可以抑制和调整自我的冲动。那些放纵自己的人往往缺乏坚强的意志品质。因此，为了自己长远的幸福和个人成功的发展，应当努力培养自己良好的意志品质。

3. 积极进行自我调节

希望每个大学生都懂得：性冲动是正常和健康的，而且是可以控制的。

1）正确调控性冲动

对于性冲动，除了给予适度控制外，还可以采取一些积极的、符合社会规范的方式来取代或转移性欲。投入学习、工作和参加各种文体活动等多种合理途径，可以陶冶个人情操。

2）克服遗精恐惧和月经焦虑

对于遗精和月经，不必太紧张。男生要正确对待遗精，经常清洗床单、内裤等，保持个人卫生。女生要了解月经期规律，努力调控自己的情绪，愉快地度过经期。

3）正确对待自慰、白日梦和性梦

应通过对性知识的学习，克服自慰引起的心理困扰，自慰是一种自然的、正常的性行为，自慰是对性冲动的缓解。因此，大学生不必为自慰而自责。但是过分沉溺于自慰是不健康的表现，应当通过丰富多彩的精神生活和恰当的异性交往来平衡自己的性心理。白日梦指在非睡眠状态下产生的高度自我卷入的幻想活动，如果在没有性刺激物的情况下，整日沉沦于性冲动之中，其性心理是不健康的，这就出现了"白日梦"。白日梦和性梦是青年期较为普遍的心理现象。因此，对于白日梦和性梦不必担心。青年人应当通过追求高层次的需要，来缓解自己的性心理，减少白日梦和性梦。

4. 严厉制止性骚扰行为

如果遇到性骚扰行为，应立即严厉制止：清楚表达厌恶的意思，要求对方立即停止骚扰行为。做好骚扰事件发生的记录，包括对方的姓名、样貌体态特征、衣着、年龄、身份、事件发生的时间、地点和具体情况。立即离开现场，避免事件升级。向家长或者学校报告性骚扰事件发生情况。必要时保留相关性侵害证据，报警处理。

5. 寻求心理咨询的专业帮助

当上述做法都无法排遣心中的困惑时，心理咨询无疑成了最有效的一种途径。在心理咨询室中，性不再是一个难以启齿的问题，同学们可以尽情地宣泄心中的郁闷。

4.4 心理测试与训练

4.4.1 性态度测试

中文版的性态度量表（attitude toward sexuality scale，ATSS）是由陈于宁等修订的，用于测量青少年的一般性态度。该量表由13个项目组成，采用利克特五级量表计分（5=

强烈同意，4=有点同意，3=中立，2=有些不同意，1=强烈不同意）。请根据自己对以下项目内容的同意程度赋予相应的分值。

（1）天体营（裸体的集会）应当被认定是完全非法的。
（2）无论何时，只要女性认为堕胎是最佳选择，她就应该可以堕胎。
（3）如果18岁以下的孩子去诊所获取避孕工具，他们的父母应该被告知。
（4）任何想要发生性行为的个人都应该被给予避孕或控制生育的信息和建议。
（5）我们的政府应该更努力地尝试阻止色情描写的传播。
（6）卖淫应当合法化。
（7）除非两人已经结婚了，否则爱抚（对任何人或者身体的所有部位带刺激性的爱抚）是不道德的行为。
（8）对于我来说，年轻人的婚前性行为是不能接受的。
（9）如果双方同意，即使两人之间不存在亲密的感情，年轻人的婚前性行为也是可以接受的。
（10）同性恋行为是性取向的一种可以接受的变化。
（11）得了性传播疾病的人是咎由自取。
（12）一个人的性行为是他自己的事情，任何人都不能对它做出价值判断。
（13）两个人只有结婚了，才能发生性行为。

计分方法：

将全部项目的得分相加，其中第1、3、4、5、7、8、13项为反向计分（即这7个项目如果你表示"强烈同意"，则项目得分为"1"，以此类推），总分从13分到65分，总分越高表示性态度越开放，总分越低表示性态度越保守。

4.4.2　心理训练

1. 性别角色行为训练

活动目标：让成员了解男女性别角色的不同。
活动时间：40~60分钟。
活动道具：10元和20元的钱币若干。
活动步骤：

（1）首先请班上同学依单号、双号分成两组。
（2）用货币1元代表男生，2元代表女生。
（3）指导者一次会说出2组钱数，两组必须以男女一起来凑成该钱数。例如，老师说15元和16元，那么两组同学就要在最短的时间同时凑出15元和16元，先凑出来的组先蹲下，哪一组最快把两个数字凑出来为赢。
（4）比赛采取五战三胜制，谁最先赢得三场为获胜方。
（5）讨论与分享：对男女平等观念的看法。
（6）温馨提示：此练习适合团体活动。

2. 个人魅力练习

吸引别人的技巧包含 10% 的成功感觉、10% 的外表、10% 的智慧及 70% 的个人魅力。所以，那些对自己的体像不太满意的人，可以借个人魅力的帮助来提升自己吸引异性的指数。

活动目标：提升个人魅力。

活动步骤：

（1）个人魅力总是与目光的接触并存。永远不要忘记在与人谈话时看着对方的眼睛。在跟人谈话时，看着对方的眼睛，这不光让人觉得你专注而自信，也能更容易吸引对方的注意力。如果你的目光漫无目的地打量着周围，或者你低头看着自己的脚，抬头看着天花板，就会显得犹豫、不自信。所以练习一下吧，你可以从最亲近的人做起，再慢慢扩展到和陌生人的交流。你可以先对着镜子说话，在说话的时候专注地看着镜子里的自己，找一找感觉。接下来，你可以从自己身边的好朋友开始练习，和好朋友交流的时候，直视他的眼睛，看一下会有什么效果。

（2）学会赞美别人。对某人展示自己的魅力也包括发自内心地去欣赏和赞美别人。

（3）真诚是魅力所必需的。你首先应该相信自己的话，这样它才能达到应有的效果。

（4）表现魅力应该是一件轻松愉快的事。

（5）富于魅力的关键在于无私。你不应索取什么，甚至不应要求回报。

（6）个人魅力不是性感，只是热情。

（7）魅力源于强烈的自信。

（8）归根结底，个人魅力其实就是在以各种方式说："你真好，感谢你让我感受到你的关照呵护。"

温馨提示：

你需要反复练习。任何对象都可以，对你的父母、姐妹、邻居、上司、老师、朋友、街边的陌生人甚至是你的宠物。做了这些之后，你一定会惊喜地发现，他们竟然也会给你同样亲切和蔼的回应。不过请注意，展现个人魅力只应该像蜻蜓点水，千万不能过分。当然，一定不要忘记微笑，它能使你充满活力。简而言之，个人魅力是你处理人际关系得心应手的工具。对于你的感情生活，它也会起到至关重要的作用。所以，多多练习，你会从中发现无穷乐趣。

3. 水手与姑娘

活动目标：深入探讨两性真爱的含义、省思性与爱的关系及性道德。

活动场地：室内外均可。

活动人数：20 人以上。

活动道具：事先印好的顺序选择表及小组统计表。

活动步骤：

（1）指导者给全体成员讲一个故事。一艘船遇上了暴风雨，不幸沉没了。船上的人中有 5 个人幸运地乘上了两艘救生艇。一艘救生艇上坐着水手、姑娘和一位老人；另一艘上坐着姑娘的未婚夫和他的亲戚。气候恶劣，波浪滔天，两只救生艇被打散了。

姑娘乘坐的救生艇漂到了一个小岛上。与未婚夫分开的姑娘十分惦念未婚夫，于是她千方百计寻找，但找了一天，一点线索也没有。第二天，天气转好了，姑娘仍不死心，继续寻找，可还是没有找到。有一天，姑娘远远地发现了大海中的一个小岛，就请求水手："请修理一下救生艇，带我去那个岛好吗？"水手答应了姑娘，但提出一个条件，必须和他过一夜。陷入失望和困扰的姑娘找到老人，与他商量，"我很为难，怎样做才好呢？请你告诉我一个好方法"。老人说："对你来说，怎样做正确、怎样做错误我实在不能说什么。你扪心自问，按你的意愿去做吧。"姑娘万般无奈，寻夫心切，结果满足了水手的要求。

第二天早上，水手修好了救生艇，带着姑娘去了那个小岛。远远地，她看到岛上未婚夫的身影，不顾船未靠岸，拼命往岸上跑，一头扑进未婚夫的怀里，姑娘想："要不要告诉他昨晚的事呢？"思前想后，还是说了实情。未婚夫一听，顿时大怒，一把推开她，并吼着："我不想再见到你了！"转身跑了。姑娘伤心地边哭边往海边走。见此情景，未婚夫的亲戚走到她的身边，用手拍着她的肩膀，"你们两人吵架我都看到了，有机会我再找他说说，在这之前，就让我来照顾你吧。"

（2）故事讲完后，指导者给每个成员发一张表，要求大家从刚才的故事中出现的 5 个人（水手、老人、姑娘、未婚夫、未婚夫的亲戚）中，按照自己的好感程度做出选择并排序，然后简单地写下原因。

（3）选择完后在组内交流，每个人说明自己的想法，并统计全组的倾向性意见。

（4）通过听取他人的意见，小组成员受到启发，可以修正自己的意见。

（5）每个小组派代表发言。

（6）引导讨论：

　A. 请成员谈谈，你怎么看待水手和未婚夫的行为？
　B. 省思什么是真爱？性与爱的关系是什么？
　C. 什么是贞洁？什么样的性行为是道德的？

思考与练习：

1. 简述弗洛伊德性心理的五个阶段。
2. 简述大学生性心理发展的阶段。
3. 简述大学生性心理发展的特征。
4. 请联系实际谈谈如何促进你的性心理健康。

推荐赏析：

　1. 心理书籍：谢瀛华的《性心理手册》

该书先以《当代海内外性医学报告》为起点，提供给读者整体的性学资料，继而广泛涉猎"性与生活""性与心理"的内外在层面，举凡性欲、性行为、性治疗等知识的解析，并廓清"性"与"爱"的不同面向以及两者之间的关系。

2. 心理电影：《2023 年"世界艾滋病日"主题宣传片》

该片重在引导青年学生树立正确的健康观念，提高艾滋病防治知识水平和自我保护意识，养成健康行为方式。

第 5 章　大学生的学习心理

> **名人名言：**
>
> 业精于勤，荒于嬉；行成于思，毁于随。
>
> ——韩愈《进学解》
>
> 立身以立学为先，立学以读书为本。
>
> ——朱熹

本章要点：

1. 了解大学生学习的特点。
2. 大学生常见的学习问题及调适。
3. 探索大学生的学习途径与方法。

【案例】

李丽，学生会干部。由于学生会的活动很多，她常常忙于社会工作，经常不上课或上课精力不集中，课程落下很多，可一到自习室就不自在，不能集中精力去写作业，有时心里也挺着急的，可就是静不下心来，总想往外面跑，自己也觉得苦恼。

亲爱的同学，你遇到过这样的情况吗？你想过自己为什么学不进去吗？你想过面对自己的考试焦虑怎么办吗？……让我们带着这些问题，一起走进学习心理！

《三字经》上说："玉不琢，不成器；人不学，不知义。"人需要学习，只有通过学习才能实现自我完善与自我发展。在大学阶段，学习仍是大学生生活的主要任务。大学阶段是大学生记忆力、思维反应速度最佳的黄金时期，学习不仅是大学生未来事业的基础，更是其成长历程的关键。但目前某高校对学生做的学习心理调查问卷显示，部分大学生像案例中的李丽那样，存在着学习目标不明确、学习动力缺乏等学习心理问题。

5.1　大学生学习概述

5.1.1　大学生学习的概念

1. 学习的概念

学习的概念有广义和狭义之分。从广义上说，学习是指动物和人类在生活的过程中凭借经验而产生的行为或行为潜能相对持久的变化。在理解学习这个概念时，要注意把握三点：第一，学习是一种普遍现象，凡是以个体经验的方式发生的个体的适应都是学习。第二，学习是有机体通过练习获得行为经验的过程。个体在生活过程中由于成熟或者衰老也会发生行为的持久变化，这些变化与练习和经验无关，不属于学习的范畴。第三，学习表现为，个体行为或者行为潜能由于练习和经验而发生的比较持久和稳定的变化，这一特征将学习的结果与其他学习过程区别开来。疲劳、感受适应、药物的作用也能引起行为的变化，但是这些变化是暂时的，一旦恢复精力或者药效消失，行为表现又会回到原来的状况。狭义的学习是指人类的学习。人类的学习是在社会生活实践中，以语言为中介，自觉地、积极主动地掌握社会的和个体的经验的过程。

2. 大学生学习的概念

本章所说的学习是指，大学生在高校里的学习。大学生的学习是人类学习中的一种特殊形式，它既不同于人类历史经验的形成过程，也不同于一般条件下人们所进行的学习。它是在学校的特定环境中，按照教育目标的要求，在高校教师的指导下，有目的、有计划、有组织地进行的，是一种特殊的认识活动，其目的是在比较短的时间内系统掌握科学知识和技能，开发智能，培养个性，形成一定世界观与道德观品质。

5.1.2 大学生学习的特点

1. 学习内容的专业性

大学是专业教育阶段，学生首先是按专业划分的，大学生在入校前或入校后一段时间内必须根据自己的兴趣、爱好以及特长选择专业。各专业之间在课程设置、教学内容、教学安排及培养目标上存在较大差异。大学生一旦选定了专业，确立了主攻方向，就必须对该专业知识有较深入的了解和掌握，以适应学校培养专门人才的目标需要。当然，专业性不等于单一性，不等于大学生的学习必须拘泥于某一学科或专业。高等学校培养的是高级专门人才，是"复合型"人才，是"通才"。大学的学习内容同中学相比，学科门类和知识面拓宽了，专业内容则加深了，充分体现了既要"博"（要求大学生具有较广博、厚实的学科知识基础），又要"专"（要求大学生掌握若干个领域的专业知识和技能）。另外，各学科之间是相互联系、相互交叉渗透的。因此，大学生必须在侧重本专业知识学习的同时，广泛涉猎各学科领域，这样才能扩大自己的知识面，才能实现"一专多能"，使自己适应未来生产、科研、教育、管理、服务以及社会生活各个领域的要求。

2. 学习过程的自主性

学习的自主性主要表现在自觉性和能动性两个方面。大学生的学习虽然也有教师讲授，但是在教师授课之后的理解、消化、巩固等环节主要靠学生独立去完成，这就需要其有较强的自觉性。这是大学生学习与中学生学习又一个明显不同的特点。大学生自主支配的时间较多，而且在教学以外的时间，授课教师、班主任或辅导员一般不对学生学习什么和怎样学习做出具体规定，学生可以根据自己的需要、兴趣、特点自主安排，并且可以自由选择在教室、阅览室、图书馆或者宿舍进行学习，教师也不再跟班检查督促。这就需要大学生具有高度的学习自觉性，否则大量的时间就会被白白浪费。此外，大学生自由支配的时间较多,这就需要学生充分发挥主观能动性,统筹规划,合理安排自己的学习内容,选择适宜的学习方式,以便在有限的时间内获得较高的学习效益。

3. 学习途径的多样性

大学生学习的途径是多种多样的,课堂学习虽然仍是主要的学习途径,但已不像中学那样几乎是唯一的途径。除课堂教学以外,大学生可以通过各种途径和渠道开展多方面的学习,如专题讨论、社会调查、参观考察、文献资料查阅等,丰富多彩的学习活动为大学生拓宽知识面、提高实践能力提供了良好的条件。自学方式日益占重要地位,大学生的课程留有较多的自学时间,使学生有可能把精力投入自己认为必要的或感兴趣的方面,依靠自己的力量独立学习。除了课堂学习以外,大学生还要按照教学大纲的要求完成实验作业和生产任务。除了校内的多种学习途径外,还要不断地和校外社会相联系,进行社会调查或开展服务,从社会实践中学习。

4. 大学生学习思维的创造性发展

大学的课堂教学已从阐述既定结论,逐步转变为介绍各学派理论的争论、最新学术动态等,学生的学习方式和思维方式逐渐从死记硬背、正确回忆教学内容向汇集众家之长、确立个人见解的方向转变。新时代的人才需要具备创造性思维。创造性思维是指有创见的思维,即通过思维不仅能揭露事物的本质和规律,而且能产生新颖的、前所未有的思维成果。创造性思维的发展,使大学生在学习和生活中表现出喜欢标新立异,能灵活运用各种思维技能,提出新的设想和见解,以获得新颖、独创性的思维结果。这就要求学生不但要掌握所学的知识,而且要掌握知识的形成过程,了解学科和专业发展状况、存在的问题以及解决这些问题的可能性,掌握学科的研究方法,培养独立思考、探索创新的精神。

随着社会的变化发展、现实的要求,以及信息技术的发展,获取知识的门槛降低,越来越多的大学生已渐渐由"要我学"变为"我要学",他们可以根据自己的兴趣爱好、实际需要等在网络上自主进行学习,网络学习越来越普遍。但是,当前大学生在网络深度学习方面整体表现并不乐观;大学生网络深度学习在专业类别和性别上存在明显的差异;大学生学习的驱动力与网络深度学习存在正相关关系。大学生应注重对学习驱动力和元认知策略的提升,切实提高网络学习的深度与实效。在具体的网络学习中,有以下建议:调整自己的状态,网络学习要有仪式感;走出时间误区,提高学习效率;找到适合自己的一套学习方法。

知识栏

韦纳的归因理论

韦纳(Weiner),是美国著名的认知心理学家,提出了比较著名的归因理论。

他的归因理论是关于判断和解释他人或自己的行为结果的原因的一种动机理论。他认为，人们在解释成功或失败时知觉到的主要原因包括能力、努力、工作难度、运气、身体状况和外界环境，他将这几种主要原因分成控制点、稳定性、可控性三个维度。在此基础上，根据控制点维度，可将原因分成内部的和外部的；根据稳定性维度，可将原因分成稳定的和不稳定的；根据可控性维度，又可将原因分成可控的和不可控的。

一个总是失败并把失败归因于内部的、稳定的和不可控的因素，并且能力低的学生会形成一种习得性无助的感觉。

韦纳认为，归因的每一维度会对动机产生重要的影响，归因对与学习相关的动机的影响表现为以下几个方面：①关于成功或失败的情绪反应，如将考得好归因于自己能力强，因而感到骄傲自豪；将考得不好归因于运气差，会因此减少愧疚感。②对成功或失败的期待，如经常将失败归因于能力，会破罐子破摔，缺少对成功的期待。③所投入的努力，如这次没有考好是因为没有努力，下次努力考好。

5.2 大学生常见的学习心理问题及调适

随着社会竞争的激烈，大学生的压力越来越大，伴随而来的学习压力也越来越大，学习心理问题困扰着大学生，主要表现在以下几个方面。

5.2.1 学习动机问题

【案例】

我是一个来自农村的孩子，家庭条件不好，父母长期在外打工，供我和妹妹读书，以前在高中时，成绩很好。但是上大学后，我忽然感觉找不到目标了，觉得每天都很闲，没有动力，有时也想好好学习，可就是动不起来，有时候想到还在读书的妹妹和辛苦在外打工的父母，也恨自己不争气，可我就是找不到奋斗的目标和学习的动力，看到周围很多同学都是这样，学习上得过且过，上课打不起精神，经常上网，生活上也是马马虎虎，我不是因为喜欢上网而荒废了学业，而是因为实在没目标才去上网聊天打游戏，我如何才能摆脱这种状态呢？

案例中这名学生的学习心理问题就是学习动机缺乏。学习动机缺乏，是指大学生学习缺少内在的驱动力量，学习没有兴趣，无知识需求，不想学习。

1. 学习动机缺乏及调适

1）大学生学习动机缺乏的表现

第一，缺乏学习目标。进入大学校门，从心理上摆脱了中学时的沉重压力，加之离毕业时间尚早，致使学习动机不足，学习目标不明确，因而学习提不起精神，所以学习动机不如中学时强。学习动机缺乏的学生主要表现在：无求知的欲望，无成就感，对自己不抱什么希望，觉得人生冷漠；上课不愿意听讲，并对老师所讲的内容不感兴趣、烦躁不安；学习没有目的，钻不进去，课余大部分时间和精力都放在娱乐等与学习无关的活动上。

第二，缺乏学习方法。学习肤浅，满足于一知半解，不注意摸索学习规律，学习能力较弱、成绩不好等。学习动机缺乏的学生往往是以消极的态度对待学习，找不到有效的学习方法，越没方法越不想学，更加讨厌紧张、繁忙的学习，遇到问题得过且过。考试时紧张、压力大，考前才去突击，临阵磨枪，考过之后也没把握。

第三，缺乏自信心、自尊心。缺乏学习动机的学生首先无自信心，感觉自己搞不好本专业的学习，自己对专业提不起兴趣，经常拿"我在这方面天生就不行"的话来安慰自己，因而学习成绩搞不好也不觉得丢面子，成绩不及格则狂躁不安，情绪波动比较大，遇到问题不能冷静，容易自我发泄；学习上情绪厌倦，硬着头皮上课，无心写作业；为了文凭不得不一天天地应付；有的学生干脆中途退学。

2）学习动机缺乏的调适

第一，进一步明确大学学习的意义。明确大学的重要意义是培养和激发大学生学习动机的首要条件，大学生的主要任务是学习，只有科学有效的学习，才能适应时代发展的需要。大学生要充分认识到，未来社会的发展对知识的需求将会越来越高，知识的价值将会越来越得到充分体现，任何知识都是需要人通过学习才能获得并掌握的。当大学生认识到今天的学习是为了明天的幸福生活、为了社会发展、为了国家的兴旺发达时，就会对学习产生强烈的责任心和紧迫感，产生强烈的学习动机。

第二，掌握学习技能。大学学习进度快、疑难多，学习自主性和探索性强，所以，大学生要根据大学学习的特点，掌握一定的学习技能，以提高学习效率，克服学习中的困难，从而保持和增强学习动机。设置适当的学习目标，当明确了学习的具体目的和意义之后，就会产生一种强烈的学习愿望，进而积极、主动的学习。只有学习目标还不行，还必须善于根据目标的要求制订具体的实施计划，否则，目标就容易落空。因此，大学生在学习过程中一定要制订较为周详的学习计划，争取做到计划到月、计划到周，就是每天的学习也要有个大体的计划，以便科学合理地利用时间和分配精力。要始终维持学习动机在较高的水平，就必须掌握一套良好的、适合自己的学习方法。

第三，增强学习自信心。首先看问题要乐观一点，多关注自己的优点和表现突出的地方，提高自信；分析当前所面对的情况，清楚自己的目标；运用有效方法控制负面情绪；多与人交流互动，保持自信。可以通过做一些让自己自信的事情，获得成功的体验，培养核心竞争力。坚持积极的自我暗示，不断对自己进行正面心理强化，培养耐力，发现自己更多潜能。

2. 学习动机过强及调适

【案例】

我今年大二，多次获得学校的奖学金，我对自己要求一直很高，觉得只有通过努力学习，才能对得起父母对自己的养育，一直优秀的我对自己要求很高，进行了认真细致的生涯规划，要求自己学习成绩要拔尖，大学不谈恋爱，在二年级通过全国大学英语四级，毕业前争取通过全国大学英语六级；一年级要成为入党积极分子，要成为系上的主要学生干部。于是，我珍惜大学的分分秒秒，因为我相信：付出总有回报。但是我却发现离自己的目标越来越远，在系上我也只是一名普通干部，学习上的优势也不明显，我开始怀疑自己的能力，甚至多年积累的自信也受到挑战，对未来，我忽然担心起来，我该怎么办呢？

1）学习动机过强的表现

案例中学生的学习心理问题表现在学习动机过强。因为对自己的能力认识不足，估计过高，所树立的抱负与期望远远超过了自身的实力。学习动机过强与性格关系密切。性格内向、沉默寡言、不善于交际的大学生容易引起学习动机过强。学习动机过强的表现主要包括以下几个方面。

第一，成就动机过强。急于取得成就并超过他人，所树立的抱负与期望远远超过自己的实际能力和潜力。只盼成功，担心失败，给心理上造成很大的压力，实则欲速则不达。有些学生由于缺乏对自身各方面素质的全面认识和外界客观条件的认识，为自己所确立的抱负与期望远远超过了自己的实际水平，目标过高，成就欲望过于强烈，形成了只能成功、不能失败的心理。可是自己的水平和能力又达不到目标的要求，从而造成失败，失败的体验又挫伤了自尊心、自信心，严重的还会产生自卑、抑郁等心理问题。

第二，奖励动机过强。学习动机过强的学生常把分数和名次放在很重要的位置上，对奖励考虑过多，一心只想获得奖励，避免受到惩罚。奖励动机过强的大学生大多是被动学习，其特点是，以考试为中心，紧紧围着老师转，上课小心翼翼记笔记，下课认认真真对笔记，考试前辛辛苦苦背笔记。这类大学生考试得分往往较高，但学得呆板，不能举一反三，灵活应变能力不强，知识面也不够宽广。这样的学生要摆脱封闭式学习方式，拓宽思路，改进方法。

第三，精神紧张。学习动机过强的学生由于长时间超负荷学习，压力巨大而导致心理脆弱，情绪上难以松弛，常伴随着学习焦虑和考试焦虑现象。精神紧张易引起学习过程中注意力不能集中、记忆力下降、思维迟钝等问题，从而造成学习效率低下，久而久之还容易产生头痛、头昏、耳鸣、心悸、胃肠不好、失眠多梦等身心疾病。可见，对于学习动机过强的学生来说，学习同样是一件苦差事，而不是一种乐趣。学习动机过强并不一定就能学好。

2）学习动机过强的调适

动机具有加强学习的作用。但是，学习动机强度与学习效率并不完全成正比，过分强烈的学习动机往往使学生处于一种紧张的情绪状态之下，注意力和知觉范围变得狭窄，由此限制了学生正常的智力活动，降低了思维效率。因此，学习动机存在一个最佳水平，即在一定范围内，学习效率随学习动机强度增大而提高，直至达到学习动机最佳强度而获最佳学习效果，之后则随学习动机强度的进一步增大而下降。而且，学习动机强度与学习效果之间的这种关系因学习者的个性、课题性质、课题材料难易程度等的不同而有所差异。

动机强度的最佳水平会随学习活动的难易程度而有所变化。一般来说，从事比较容易的学习活动，动机强度的最佳水平点会高些，而从事比较困难的学习活动，动机强度的最佳水平点会低一些，这就是耶克斯-多德森定律，如图5-1所示。不仅如此，动机强

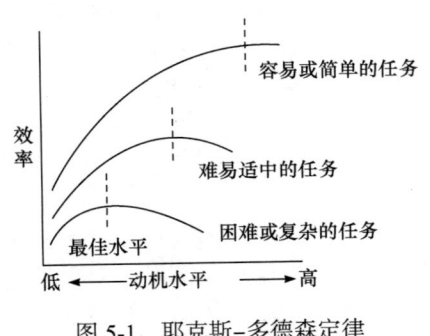

图 5-1 耶克斯–多德森定律

度的最佳点还会因人而异,进行同样难度的学习活动,对有的学生来说,动机强度的最佳水平点高些更为有利,但对于另一些学生可能最佳水平点低一些更为有利,因此要结合实际情况。

首先,正确认识自己的潜质,制定恰当的学业目标,调整成就动机,与此同时,脚踏实地,循序渐进,不好高骛远。

其次,培养广泛的兴趣爱好,积极参与各类文化娱乐活动,注意劳逸结合,重视综合素质的提高,培养多种特长。

最后,树立远大目标,淡化名利得失,克服虚荣心理,学会调整情绪,保持旺盛的学习斗志。

5.2.2 对所学专业不感兴趣

兴趣是求知的动力、热情的凝聚、行为的指向、成功的起点。部分大学生对所学的专业不感兴趣,或者不知道自己到底喜欢什么专业,表现为每天浑浑噩噩,不爱学习。

虽然专业比较重要,但工作之后就会发现,专业和工作并不是一对一的绝对对口。俗话说,条条大路通罗马,不喜欢的专业根本不是成功路上的绊脚石,完全可以绕道规避它,更可以正面出击攻克它,每一门学科都有其存在的价值,只要潜心探究,必然学有所获。

大学的学习资源很丰富,学习机会也很多,要善于利用这些资源和机会,在多读、多听、多看、多动手、多参与中培养兴趣。多读,就是多读书,不仅要读专业书籍,而且要读非专业书籍。多听,就是要多听学术报告,了解学术动态和本学科当前最新研究成果。多看,就是要多参观一些学术成就展览,多看一些科技资料片。多动手,就是要多参加实践活动。多参与,就是要积极参与学校各种科技文化活动。

在学习中,大学生要培养和保持这种学习兴趣与好奇心,只有保持住这种激情,才能激发和增强学习动力,使学习任务顺利完成。

5.2.3 学习、考试焦虑及调适

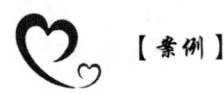

【案例】

刘某,男,19岁,某大学二年级学生。他自述每次参加英语等级考试都因为自己紧张过不了。他介绍自己一般的普通考试发挥都很正常,但一碰到重要的考试就会因为紧张而出现大的失误。他自述曾经因高考时发烧,结果成绩不理想,此后每次重要考试,前一天开始就会心跳加速、呼吸急促,脑子里不知该想什么,以至思维无法正常进行。走出考场时,一切恢复正常,然而为时已晚。

案例中的刘某就明显存在考试焦虑的问题,这一问题对大学生的影响也是很大的。

1. 学习焦虑产生的表现

学习焦虑是指学生由于不能达到预期目标或不能克服各种困难，致使自尊心、自信心受挫，而形成的一种带有恐惧情绪和紧张不安的精神状态。这种精神状态往往是在大学生面对各种矛盾与冲突时，心理无法平衡造成心理压力后而形成的。

1）理想与现实冲突而产生的焦虑

每个大学生都有自己的理想，然而理想与现实之间总存在一定的距离，当现实的环境不利于理想实现，即理想不能转化为现实时，大学生必然会产生强烈的心理冲突。

2）对专业学习缺乏兴趣而产生的焦虑

在专业方面，大学生经常遇到一个突出的问题就是，自己对所学专业或对专业内的几门课程缺乏兴趣，因而形成焦虑。

3）由于学习压力所产生的焦虑

目前，面对信息爆炸、知识更新速度加快的社会大趋势，高校加大了对专业的改革力度，专业课门次及各种基础学科的门次有增无减，造成大学生在学习过程中普遍感到压力过大。怀疑自己的学习能力，总担心自己学得不好，对可能取得的考试成绩顾虑重重，信心不足，忧虑过度，以至寝食不安。

2. 学习过度焦虑的调适

这里首先发挥自我的心理调适能力，控制焦虑的程度，一旦焦虑过高或过低，要想办法找到症结所在，进行明智的自我分析，从而进行有效的调节。

首先，要正确认识和评价自己的能力，调整自己的抱负水平和期望目标，使之切合自身和客观现实。

其次，增强自信和毅力，不怕困难与失败，勇于迎接学习中的挑战，保持适度的自信心，克服虚荣心理。

最后，加强心理调节，保持情绪愉快和稳定，探索、掌握切合自己特点的学习方法，遵循大学学习规律，以提升学习效果。

3. 考试焦虑及调适

1）考试焦虑的特点

考试焦虑是指担心自己考试失败而忧虑的一种负情绪反应，按程度不同，可以分轻度焦虑、中度焦虑和重度焦虑。轻度焦虑是指在考试前较短的一段时间内，会感到紧张和害怕，但不影响学习，不影响身体健康，无须专门进行调适。中度焦虑是指在考试前较长一段时间内，感到紧张、害怕和忧虑，学习效率降低，睡眠、饮食受到影响，有必要进行自我调节。重度焦虑是指在考试前很长一段时间内，感到忧虑、恐惧，会产生各种心因性疾病，严重影响复习和考试的正常进行，对身心产生很大危害，有必要求助于心理咨询或心理治疗。在大学生当中，考试焦虑是最普通的学习心理问题之一。

大学生严重学习焦虑表现为：学习压力大、精神长期高度紧张、思维迟钝、记忆力减退、注意力不集中、情绪不安、精神恍惚、学习效率下降。有的学习焦虑者尤其怕考试，在考试前后精神紧张恐惧、心烦意乱、无精打采、肠胃不适；有的还考试怯场，在考试时情绪过分激动、恐慌、心跳加快、呼吸急促、出汗、头昏、烦躁、记忆受阻、尿急、思维迟钝等。严重者全身发抖，两眼发黑，甚至晕厥。

2）考试焦虑的原因

引起严重学习焦虑的原因有以下几个方面：

第一，有些学生在家长、亲友、老师等多方面因素影响下，为自己确定了过高的学习目标或抱负，虽竭尽努力但仍与目标相差甚远，造成心理压力很大，出现严重的学习焦虑。

第二，信心不足，兴趣爱好过于单一。

第三，有的学生偏科，对平时喜欢和学得好的课程表现得胸有成竹，而对那些不感兴趣或学得不好的课程表现得过分担忧，长期处于焦虑状态，考场上易出现怯场现象。

第四，有些学生生活规律失常，造成身体不适，学习心理压力增大，导致学习焦虑和考试怯场。

第五，有些学生性格比较内向、拘谨，应变力比较差，考试时出现明显的焦虑和怯场现象。

3）考试焦虑的自我调适

一般来讲，考试过程中有适度的焦虑，会对个体产生一定的激励作用，能够促使其较好地发挥自己的水平，获得较为满意的成绩。但过度的焦虑则对学习有着极大的危害，甚至对人的身心健康造成潜在的威胁。那么，如何消除考试焦虑呢？

第一，正确看待考试，从根本上消除考试焦虑。由于竞争的日益加剧，而许多竞争又以考试的形式体现，视分数为"命根"，使人不自觉地成为分数的"奴隶"，甚至整个生命都为分数所左右。这种认识是偏颇的，大学生要正确认识考试的重要性，摆正考试的位置。考试固然很重要，在学习过程中也发挥了很大的作用，但考试不是学习的目的，它只是一种手段。人的一生有各种各样的考试，"要是考糟了，我的前途就完了""其他同学都可能比我考得好"，这些消极的自我暗示会在大脑皮层产生保护性抑制，妨碍正常的认知活动。

第二，认真学习，充分备考。准备是否充分，是影响考试焦虑的重要因素之一。知识准备扎实，复习充分，平时做过多种题型练习，熟知题型和答题要求的应试者，就会充满信心地参加考试，其焦虑水平相应会低。而基础薄弱、知识掌握不扎实、"平时不烧香，临时抱佛脚"的学生在考试时会表现为过分担忧。

第三，正确对待考试，提高应试技巧。考试主要是考查学生对知识的掌握情况，因此，考试成绩的好坏很大程度上取决于考生的知识水平，这是人所共知的，但应试技巧往往不被人们重视。当然，只有应试技巧，知识准备不充分也不行。倘若在认真复习之后，再学会运用应试技巧，则会使考生消除对考试的焦虑，顺利完成考试。具体的应试技巧因科目的不同而不同，这里给大家介绍应试技巧的一般方法。首先，要做好考前准备，认真复习，有计划，有安排，有轻重缓急。对考试要心中有数，即对题型、解题思路、答题要点及评分标准要有全面了解。其次，在考试中要保持平静。考前几分钟不再看书，可以做几次深呼吸，闭目养神，以消除杂念，只把心思放在考试上。假如考试"怯场"，可设法转移注意力，使大脑兴奋起来，诸如想一件令自己高兴的事，或者是做几次深呼吸，使情绪稳定后再答题，接到考卷，先浏览一遍，先做确有把握的题，难题放在后面做，这样可以消除考试紧张情绪。

如果是重度考试焦虑，除了自我调整之外，最好寻求专业人士的帮助，进行心理咨询或心理治疗。

5.2.4 学习疲劳及调适

1. 学习疲劳的表现

学习疲劳，是指学习时间过长、学习强度过大而造成学习效率逐渐降低并渴望停止学习活动的生理和心理现象。具体表现为：学习错误增多，学习效率下降，动机行为改变，生理失去平衡等。学习疲劳会影响身心健康，不利于个人发展。

生理疲劳的表现有：肌肉痉挛、麻木、眼球发疼、腰酸背痛、动作不准确、打瞌睡等。

心理疲劳一般是由于长时间从事心智活动大脑得不到休息引起的，表现为感觉器官活动机能降低，注意力涣散，思维迟钝，忧郁，厌烦，易怒，学习效率下降，等等。学习疲劳中，心理疲劳是主要表现。

2. 学习疲劳的调适

人在一天中，生物机能在上午 7 时到 10 时逐渐上升，10 时左右精力充沛，处于最佳工作和学习状态，之后趋于下降，下午 5 时再度上升，到晚上 9 时又达到高峰，11 时过后便又急剧下降。在现实中，不同人的最佳学习时间分配也有一定的差异，因此应摸清自己的生物节律，把握自己学习的"黄金时间"，这对于提高学习效率至关重要。

同时，注意劳逸结合，保证充足的睡眠，紧张学习之后，注意放松，才能在接下来的学习中保持较高的效率。睡眠中，大脑可得到全面的休息与调整。对大学生而言，每天的睡眠时间应保证 7～8 小时，当然在这方面也有个体差异，每个人应视自己的实际情况而定。

学会精神愉快地去学习，带着忧虑、烦恼、愁容满面地去学习，再简单的学习内容，也会迅速使人疲倦。假设能将学习当成一件你喜欢做的事情，带着一份愉快的心情去面对学习，即使学习内容很多，难度很大，也不会那么快就感到疲劳。

5.3 探索大学生的学习途径与方法

大学的学习既要掌握比较深厚的专业知识，又要培养研究和解决问题的能力。因此，除了发扬勤奋刻苦的学习精神，还要适应大学的学习特点，选择适合自己的学习方法。这就需要不断加强大学生心理品质的修养和锻炼，为大学生的学习打下坚实的基础。

5.3.1 培养良好的人格品质

良好的人格品质首先应该正确认识自我，培养悦纳自我的态度，扬长避短，不断完善自己。其次应该提高对挫折的承受能力，对挫折有正确的认识，在挫折面前不惊慌失措，采取理智的应对方法，化消极因素为积极因素。挫折承受能力的高低与个人的思想境界、对挫折的主观判断、挫折体验等有关。提高挫折承受能力应努力提高自身的思想境界，树立科学的人生观，积极参加各类实践活动，丰富人生经验。

5.3.2 养成科学的生活方式

生活方式对心理健康的影响已为科学研究所证明。健康的生活方式指生活有规律、劳逸结合、科学用脑、坚持体育锻炼、少饮酒、不吸烟、讲究卫生等。大学生的学习负担较重，心理压力较大，为了长期保持学习的效率，必须科学地安排好每天的学习、锻炼、休息，使生活有规律。学会科学用脑就是要勤用脑、合理用脑、适时用脑，避免用脑过度引起神经衰弱，使思维、记忆能力减退。

5.3.3 加强自我心理调节

自我调节心理健康的核心内容包括调整认识结构、情绪状态，锻炼意志品质，提高适应能力等。

大学生处于青年期阶段，青年期的突出特点是人的性生理在经历了从萌发到成熟的过渡之后，逐渐进入活跃状态。从心理发展的意义上说，这个阶段是人生的"多事之秋"。这是因为，知识和经验的欠缺决定了这个时期人的心理发展的某些方面落后于生理机能的成长速度。因而，在其发展过程中难免会遇到一些令人尴尬、困惑、烦恼和苦闷的事情。此外，社会竞争日趋激烈，生活节奏日益加快，科学技术急剧发展。这种情况也会在早晚要进入社会的青年学生中引发一些心理矛盾和心理冲突，如家庭生活发生变故、学习成绩不佳、交友失败、失恋等。这些心理问题如果总是挥之不去，日积月累，就有可能成为心理障碍而影响学习和生活。

大学生应正视现实，学会自我调节，保持同现实的良好接触，充分发挥主观能动性去改造环境，努力实现自己的理想目标。所以大学生在学习过程中应学会自我心理调适，做到心理健康。

1. 保持浓厚的学习兴趣和求知欲望

学习是大学生的主要任务，有了学习兴趣就能够自觉地跃入浩瀚的知识海洋里，并在其中邀游，拼命地吸取新知识，发展多方面的能力，以提高自身素质，更好地适应社会发展的需要。

2. 保持乐观的情绪和良好的心境

大学生应保持积极乐观的情绪、愉快开朗的心境，对未来充满信心和希望，当遇到悲伤和忧愁的事情要学会自我调节，适度地表达和控制情绪，做到胜不骄、败不馁、喜不狂、忧不绝。

3. 保持和谐的人际关系

心理健康的学生乐于与他人交往，在交往中能用理解、包容、信任和尊重的态度与人和睦相处。通过人际交往，他们能够认识大学生的社会责任，培养遵守纪律和社会道德规范的习惯；增强心理适应能力，能与他人同心协力、合作共事，与集体保持协调的关系，保证心理的健康发展。

4. 保持良好的环境适应能力

对大学生心理产生影响和作用的环境包括生存环境、成长环境、学习环境、校园环境等。对不同环境的适应可以培养多种兴趣，发展业余爱好，通过参加各种课余活动，发挥潜能，振奋精神，缓解紧张，维护身心健康。

5.3.4 掌握科学的学习方法

大学期间，学生有大量的课余时间，这就要求大学生必须以自学为主，因此，学会如何学习成了大学生必须首先面对的一大挑战。以下介绍的几种学习方法符合心理学原理且在实践中被证明是有效的学习方法，学生可以根据自己的情况，有目的地选择一种或几种适合自己需要和特长的方法，加以应用和发展。

1. PQ4R 法

对于在校大学生而言，PQ4R 法是颇有参考价值的，它是英文 preview（预习）、question（提问）、read（阅读）、reflect（反思）、recite（背诵）、review（复习）六个单词的缩写。

一是预习——快速浏览材料，对文章的主题和主要标题有大致了解。预习通常是在回顾原有知识的基础上，对即将学习的内容和材料做一个整体的浏览，理清新知识的脉络以指向某些材料而忽略其他材料。

二是提问——针对预习内容提出一些问题，如谁（who）？什么（what）？何时（when）？为什么（why）？怎么样（how）？

三是阅读——针对内容进行阅读，全面了解内容。

四是反思——理解所学内容的意义，包括把现在所学内容与学习者已有的知识相互联系起来，把课文中的细节和主要观念联系起来，对所学内容做些评论等。

五是背诵。通过大声陈述和一问一答的方式，反复练习记住这些信息。

六是复习。积极地复习材料，通过自问自答的方式来检验记忆，只有在无法准确回答时才重新阅读材料。

2. 集中与分散学习法

集中学习法是指较长时间地进行学习活动，学习的次数相对少一些。一次学习时间的长短则取决于所学习的材料的性质及其他因素。一般来讲，比较复杂难懂的材料，用集中法较为合适，这样可以保证学习者在一定时间内集中注意力，有利于理解并掌握那些抽象难懂的材料。但集中学习的时间不宜过长，否则容易引起学习者的疲劳，使学习效率下降。至于时间多长为宜，要视个人的体力与脑力情况而定。分散学习法是指将学习时间分成几个阶段，每学习一段时间就稍事休息。实验证明，假如分散学习的时间不是太短，这种方法是较为有效的。至于每次分散学习的时间多少为宜，要视学习材料的性质及个人的具体情况而定。

3. 有效的记忆策略

记忆遗忘曲线由德国心理学家艾宾浩斯（Ebbinghaus）研究发现，描述了人类大脑对新事物遗忘的规律。该曲线对人类记忆认知研究产生了重大影响。艾宾浩斯研究发现：遗忘在学习之后立即开始，而且遗忘的进程并不是均匀的。最初遗忘速度很快，以后逐渐缓慢。他认为"保持和遗忘是时间的函数"，他用无意义音节（由若干音节字母组成，能够读出但无内容意义，即不是词的音节）作为记忆材料，用节省法计算保持和遗忘的数量，并根据他的实验结果绘成描述遗忘进程的曲线，即著名的"艾宾浩斯记忆遗忘曲线"（图5-2）。

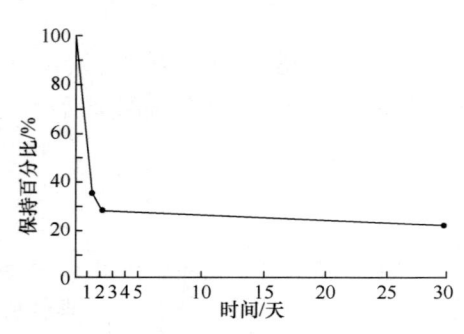

图 5-2 艾宾浩斯记忆遗忘曲线

根据遗忘的特点，在学习时可采用有效的记忆方法，增强学习效果。

1）有意记忆法

有明确的目的或任务、凭借意志努力记忆某种材料的方法，叫做有意记忆法。要有明确的任务。任务明确，就能调动心理活动的积极因素，全力以赴地实现记忆的任务。任务越明确、越具体，记忆效果就越好。

要有意志努力的参与，"专心致志"。要下决心记住一段材料，就要进入"两耳不闻窗外事，一心只读圣贤书"的境界。面对着要记的东西，连连叫苦，或漫不经心，或知难而退，都不会取得好效果。

2）理解记忆法

在积极思考、达到深刻理解的基础上记忆材料的方法，叫做理解记忆法。在记忆材料的时候，只要它是有意义的，就要"先理解、后记忆"，把材料分成大小段落和层次，找出它们之间的逻辑联系，而不要从一开始就逐字逐句地记忆。

3）联想记忆法

利用联想来增强记忆效果的方法，叫做联想记忆法。一般来说，互相接近的事物、相反的事物、相似的事物之间容易产生联想。用联想来增强记忆是一种很常用的方法。

第一种，接近联想法。两种以上的事物，在时间上同时或空间上接近，这样只要想起其中的一种便会接着回忆起另一种，由此再想起其他（如 get、obtain、gain、acquire 四个词都有"得到"的意思）。

第二种，相似联想法。在性质、成因、规律等方面，当一种事物和另一种事物相类似时，往往会从这一事物引起对另一事物的联想。把记忆的材料与自己体验过的事物联结起来，记忆效果较好（如 preserve、reserve、observe、deserve 四个词都有相同的词根 -serve）。

第三种，对比联想法。当看到、听到或回忆起某一事物时，往往会想起和它相对的事物。对各种知识进行多种比较，抓住其特性，可以帮助记忆，这就是对比联想法［如 black（黑）与 white（白）］。

4）多通道记忆法

由多种感知觉（视觉、听觉、动觉、触觉等）参与的记忆，叫做"多通道"记忆，其效果比单通道记忆强得多。学习要用眼看，用耳听，用口念，用手写，用脑子想，动员五官都参加，这样才能增强记忆效果。现代科学研究表明，人从视觉获得的知识能够记住 25%，从听觉获得的知识能够记住 15%，若把视觉与听觉结合起来能够记住 65%。

4. 复习策略

复习策略解决如何对所学内容进行适当的重复学习，主要用于信息的长时记忆与保持。根据遗忘发生的规律，采取适当的复习策略来克服遗忘，即在遗忘尚未产生之前，通过复习来避免遗忘。

1）复习的时间

应该注意及时复习和系统复习。及时复习可以较大限度地控制遗忘，但它也不是一劳永逸的，要想长时间保持所学的内容，还必须进行系统的不断的复习。有效的复习时间最好做如下安排：第一次复习，学习结束后的 5～10 分钟，如下课后将要点加以背诵；或者阅读后尽快用自己的语言来表述所学的内容。第二次复习，学习当天的晚些时候或学习结束后的第二天，重读有关内容，将要点用自己的语言表述出来。第三次复习，一个星期后。第四次复习，一个月后。第五次复习，半年后。

在每次复习时，究竟用多长时间是最有效的呢？是否复习时间越长，记忆效果越好呢？通过对人类记忆的研究发现，人们对事件的开始和结尾具有较强的记忆，而对中间的记忆较差。比如，若连续复习 3 个小时，那么只有一次开始和结尾，可能产生两头记忆效果好而中间记忆效果差的现象。为解决这一问题，可以将连续的集中复习时间加以分散，分为几个小的单元时间，中间穿插短暂的休息。这样，就能够增加开始和结尾的数量，进而提高记忆效果。至于每一单元的复习时间，可根据学习材料的趣味性与难易程度而定。

2）复习的次数

学习完某一新内容后，复习多少次最有利于记忆？这涉及过度学习的问题。所谓过度学习，即在恰能背诵某一材料后再进行适当次数的复习学习。这种重复学习绝不是无谓的重复，相反，它可以加深记忆痕迹以增强记忆效果。一般而言，过度学习的程度达 50%～100%时效果较好。例如，当你识记某一材料读 6 遍刚好能够记住时，那么最好你再多读两三遍。但要注意，这并不意味着重复次数越多越好，超过 100%的过度学习反而会引起疲劳、注意力分散甚至厌烦情绪等不良效果。

3）复习方法

要注意选择有效的复习方法。许多人经常反复地、一遍遍地阅读某种材料，以期达到记忆的目的。这种方法虽然也能够使学习者最终记住有关内容，但事实上，它并不是一个非常有效的复习方法。较好的方法是尝试背诵法，即阅读与背诵相结合：一面读，一面试着背诵。这样，可以使注意力集中于学习中的薄弱环节，避免平均分配学习时间和精力，进而达到提高学习效率的目的。此外，还应尽量地调动起多种感官来共同地进行记忆，眼到、口到、耳到、手到、心到，多种形式的编码和多通道的联系增加了信息的储存和提取途径，自然就使记忆的效果得到增强。

复习策略的主要目的在于使信息在头脑中牢固保持。而一系列的研究证明，只有理解了的信息才比较容易记忆并长久保持，反之，呆读死记的东西既难记，也容易遗忘。因此，复习策略应该与其他的学习策略协同作用，共同促进学习效果的提高。

总之，学习虽然是一种非常普遍的活动，但其中蕴含着极其丰富的规律。随着研究的不断深入，对学习规律的探讨也将更加深入和更为准确，从而也更有利于指导人们进行科学而有效的学习。为了自身的成长与完善，更好地适应和改造环境，以促进社会的进步和发展，大学生了解并充分利用有关的学习规律是非常必要的。

5.3.5 求助心理老师或心理咨询机构

心理老师具备了较深厚的理论功底和生活实践经验，对学生学习所面临的心理问题具有良好的解答方式和处理技巧。通过咨询者与求询者的交谈、指导，针对求询者的各种学习心理提出的问题，心理老师能够帮助求询者正确地认识到自身学习心理问题产生的根本原因。

学习是一项艰苦的脑力劳动，在学习过程中会遇到许多困难和挫折，所以大学生要取得优秀的学习成绩，掌握更多的科学文化知识，没有强大的意志力，没有不屈不挠的向上精神是不可能的。

健康的心理，以积极进取、服务于社会的人生观作为自己人格的核心，并以此为中心把自己的需要、愿望、目标和行为统一起来，树立远大理想，"以天下为己任"，从而产生强大的学习内驱力，推动大学生努力完成学业，自觉攀登科学高峰。心理健康是大学生掌握文化科学知识的重要保证，有了良好的心态，不仅能取得好的学习效果，而且有益于以后的人生发展。如果离开良好心理的培养，就培养不出具有先进文化知识的合格大学生。

5.4 心理测试与训练

5.4.1 学习心理测试

1. 学习技能自我诊断量表

这是一份关于大学生学习技能的自我诊断量表，一共有25个问题，请你根据自己的实际情况，逐一对每个问题做出回答。每个问题分五种情况：很符合自己的情况；比较符合自己的情况；很少符合自己的情况；不符合自己的情况；很不符合自己的情况。

（1）记下阅读中的不懂之处。
（2）经常阅读与自己学习无直接关系的书籍。
（3）在观察和思考时，重视自己的看法。

（4）重视做好预习和复习。
（5）按照一定的方法进行讨论。
（6）做笔记时，把材料归纳成条文或图表，以便理解。
（7）听人讲解问题时，眼睛注视着讲解者。
（8）利用参考书和习题集进行学习。
（9）注意归纳并写出学习中的要点。
（10）经常查阅字典、手册等工具书。
（11）面临考试，能克服紧张情绪。
（12）认为重要的内容，就格外注意听讲和理解。
（13）阅读中若有不懂的地方，非弄懂不可。
（14）联系其他学科内容进行学习。
（15）动笔解题前，先有个设想，然后抓住要点解题。
（16）阅读过程中，认为重要的或需要记住的地方，就画上线或做上记号。
（17）经常向老师或他人请教不懂的问题。
（18）喜欢讨论学习中遇到的问题。
（19）善于汲取别人好的学习方法。
（20）对需要牢记的公式、定理等反复进行记忆。
（21）观察实物或参考有关资料进行学习。
（22）听课时做好笔记。
（23）重视学习效果，不浪费时间。
（24）如果实在不能独立解出习题，就看了答案再做。
（25）能制订出切实可行的学习计划。

评分方法：

很符合自己的情况记 5 分；比较符合自己的情况记 4 分；很少符合自己的情况记 3 分；不符合自己的情况记 2 分；很不符合自己的情况记 1 分。总分 101 分及以上说明学习技能优秀；总分 86～100 分，说明学习技能较好；65～85 分，说明学习技能一般；51～64 分，说明学习技能较差；50 分及以下，说明学习技能很差。

2. 大学生学习动力测量[①]

这个量表主要帮助你了解自己在学习动机、学习目标上是否存在困扰，共20题。请你实事求是地在与自己情况相符的题目上打个"√"，不相符的题目后面打个"×"。
（1）如果别人不督促你，你极少主动去学习。
（2）你一读书就觉得疲劳与厌烦，直想睡觉。
（3）当你读书时，需要很长时间才能提起精神。
（4）除了老师指定的作业，你不想再多读书。
（5）如有不懂的地方，你根本不想设法弄懂它。

---

① 刘淑娟. 大学生心理健康教育. 北京：中国铁道出版社，2004.

（6）你常想自己不花太多时间成绩就会超过别人。
（7）你迫切希望自己在短时间内就能大幅度提高自己。
（8）你常为短时间内成绩没能提高而烦恼不已。
（9）为了及时完成作业，你放弃了许多你感兴趣的活动。
（10）为了及时完成某作业，你宁愿废寝忘食、通宵达旦。
（11）你觉得读书没有意思，想去找个工作做。
（12）你常认为课本上的基础知识没啥好学的，只有看高深的理论，读大部头作品才带劲。
（13）只在你喜欢的科目上狠下功夫，而对不喜欢的科目放任自流。
（14）你花在课外读物上的时间比花在教科书上的时间要多得多。
（15）你把自己的时间平均分配在各科上。
（16）你给自己定下的学习目标，多数因做不到而不得不放弃。
（17）你几乎毫不费劲就实现了你的学习目标。
（18）你总是同时为实现几个学习目标忙得焦头烂额。
（19）为了对付每天的学习任务，你已经感到力不从心。
（20）为了实现一个大目标，你不再给自己制定循序渐进的小目标。

说明：

上述 20 个题目可分为四组，它们分别测量你在四个方面的困扰程度；1～5 题测查你的学习动机是否太弱；6～10 题测查你的学习动机是否太强；11～15 题测查你的学习兴趣是否存在困扰；16～20 题测查你在学习目标上是否存在困扰。假如你对某组（每组 5 题）中的大多数题目持认同的态度，则一般说明你在相应的学习方面存在一些不够正确的认识，或存在一定程度的困扰。

3. 大学生时间管理自测量表[①]

请你根据自己在日常学习与生活中对待时间的方式和态度，选择最适合你的一种答案。

（1）星期天，你早晨醒来时发现外面正下雨，而且天气阴沉，你会怎么办？
A. 接着睡　　　　B. 仍在床上逗留　　　　C. 按照一贯的生活规律行动

（2）吃完早饭后，在上课之前，你还有一段自由时间，你怎样利用？
A. 无所事事，根本没有考虑学习点什么，不知不觉地过去了
B. 准备学点什么，但又不知道学什么好
C. 按照预先制订好的学习计划进行，充分利用这段自由时间

（3）每天除了上课外，对所学的各门课程，在课余时间里怎样安排？
A. 没有什么计划，高兴学什么就学什么
B. 按照自己的最大能量安排复习、作业、预习，并紧张地学习
C. 按照当天所学的课程和明天要学的内容制订计划，严格有序地学习

---

① 刘淑娟. 大学生心理健康教育. 北京：中国铁道出版社，2004.

（4）你每天晚上怎样安排第二天的学习时间？
A. 不考虑　　　　B. 心中和口头做些安排　　C. 书面写出第二天的学习安排计划
（5）我为自己拟定了每天学习计划表，并严格执行。
A. 很少如此　　　B. 有时如此　　　　　　　C. 经常如此
（6）我每天的休息时间表有一天的灵活性，以使自己拥有一些时间去应付预想不到的事情。
A. 很少如此　　　B. 有时如此　　　　　　　C. 经常如此
（7）当你发现近来浪费时间比较严重时，你有何感受？
A. 无所谓　　　　B. 感到痛心　　　　　　　C. 感到应该从现在起尽量抓紧时间
（8）当你学习忙得不可开交而感到有点力不从心时，你怎样处理？
A. 开始有些泄气，认为自己脑子笨，自暴自弃
B. 有干劲，有用不完的精力，但又感到时间太少，仍然拼命学习
C. 开始分析检查自己的学习时间分配是否合理，找出合理安排时间的方法，在有限的时间里提高学习效率
（9）在学习时，常常被人干扰打断，你怎么办？
A. 听之任之　　　B. 抱怨，但毫无办法　　　C. 采取措施防止外界干扰
（10）当你学习效率不高时，你怎么办？
A. 强打精神，坚持学习
B. 休息一下，活动活动，轻松轻松，以利再战
C. 把学习停下来，转换一下兴奋中心，待效率最佳时，再高效率的学习
（11）阅读课外书籍，你怎样进行？
A. 无明确目的，见什么看什么，并常读出声来
B. 能一面阅读，一面选择
C. 有明确目的地进行阅读，运用快速阅读法，提高自己的阅读能力
（12）你喜欢什么样的生活？
A. 按部就班的生活
B. 急急忙忙，精神紧张的生活
C. 轻松愉快，节奏明显的生活
（13）你的手表或书房的闹钟常处于什么状态？
A. 常常慢　　　　B. 比较准确　　　　　　　C. 常常快
（14）你的书桌井然有序吗？
A. 很少如此　　　B. 偶尔如此　　　　　　　C. 常常如此
（15）你经常反省自己处理时间的方法吗？
A. 很少如此　　　B. 偶尔如此　　　　　　　C. 常常如此

评分方法：
选择 A 为 1 分，B 为 2 分，C 为 3 分。将你自己各题的得分加起来，然后根据下面的评析判断出自己的时间管理能力和水平。

35~45 分，有很强的时间管理能力。在时间管理上，你是一名成功者，不仅时间观

念强，而且还能有计划、有目的、合理有效地安排学习和生活时间，时间的利用率高，学习效果良好。

25~34 分，较善于对时间进行自我管理，时间管理能力较强，有较强的时间观念，但是，在时间的安排和使用方法上还有待进一步改进。

15~24 分，时间管理能力一般，在时间的安排和使用上缺乏明确的目的，计划性较差，时间观念淡薄。

14 分及以下，不善于时间管理，时间自我管理的能力很差，在时间的自我管理上是一个失败者，不仅时间观念淡薄，而且也不能合理地安排和支配自己的学习、生活时间。你需要好好训练自己，逐步掌握时间管理的技巧。

5.4.2 学习心理训练活动

1. 学习动机的激发

活动名称：我的"生命树"。

活动目标：通过绘画的方式，将自己意象化为一棵树，对所画的树根、树干、树枝、树叶和果实的探索，感知自己内心深处的力量，看到自我的资源，激发生命活力，硕果累累。

活动时间：25 分钟。

活动准备：纸和笔。

活动流程：

（1）绘制"我的生命树"。

第一步：绘制生命树生长的大地，涂上颜色。

第二步：把一只手掌拓在土壤上方，作为生命树的树干，涂上颜色。

第三步：在手掌上方绘制生命树的树冠，涂上颜色。

第四步："生命树"上会结出怎样的果实呢？请你画出来。果实的种类、形状、大小、颜色由你来决定。

（2）填充"我的生命树"。

第一步：在你的土地上，写上爱护我们、滋养了我们生命的人的名字。

第二步：把树干分为上下两个部分，请在树干下半部分写上你的优势和特长。

第三步：想一想，对未来，你有什么样的愿望或梦想呢？请在果实上写上你的愿望、梦想。

第四步：实现你的愿望、梦想，你需要做什么呢?请写在树干的上半部分。

2. 学习自信训练

活动目标：对消极的自我暗示进行挑战，帮助自己克服考试焦虑。

活动时间：25 分钟。

活动准备：纸和笔。

活动流程：

（1）学会察觉个人消极的自我意识。日常生活中，常可以发现考试焦虑的学生在临考前有着数不尽的担忧。请他们把一些朦胧的消极暗示用清晰的书面语言表达出来。坐在桌前，静下心来，在一张白纸上把自己对考试的所有担忧逐条记录下来，使自己清楚地意识到自己当前消极的自我暗示究竟体现在哪些方面。

以下是一些常见的例子。

"离考试时间越近，我越担心自己复习好没有，是否能通过考试。"

"如果没考好，同学一定会认为我很笨。"

"要是考试过不了关，以后的前途可就全完了。"

"如果学生不用参加考试，整天无忧无虑，那该多好啊！"

（2）向消极自我暗示中的不合理成分进行自我辩论或劝诫，指出这些消极暗示的非现实性和不必要性，阐明由此对个人造成的危害，并明确今后应采取的态度。下面，我们从前边所举的担忧例子中挑出一例加以示范说明。

例如，"离考试时间越近，我越担心自己复习好没有，是否能通过考试"。

自我辩论：这种担心有必要吗？这是没有必要的，我平时认真听讲，对于老师强调的重点，我已经复习了很多遍了，而且能够很清楚地复述，平时做的作业，还有老师对我的评价，都说明我是能通过考试的。

指出危害：如果再这样担心下去，对自己有百害而无一利。这将会使自己处于过高的焦虑水平，使自己把整个注意力都集中到对考试的焦虑上，而不能很好地理清自己的思路，进行复习。

对自己劝诫：现在自己要牢记，目前不应该担心这些，当前最紧要的是有条不紊地做好复习。当一位应试者充满担忧时，便会在大脑皮层产生保护性抑制，妨碍正常的认知活动，担忧也是多种心因性疾病产生的温床之一。

（3）明确今后应采取的态度，给自己积极的自我暗示。

3. 考试焦虑放松训练

活动目标：针对考试焦虑中的生理成分，进行放松训练，消除自己生理上的紧张反应。

活动场所：安静的室内环境。

活动时间：20分钟。

活动道具：舒缓的轻音乐。

活动步骤：

（1）首先进行身体的放松训练。人在肌肉放松条件下的情绪状态与紧张焦虑时的身心反应是相互对抗的，两者难以相容，一种状态的出现必然会抑制另一种状态。所以，可以通过训练诱发全身各部分的肌肉放松，以克制紧张焦虑的情绪反应，使身心达到一种泰然的境界。通过呼吸放松法练习，可以使自己在很短时间内得到放松。具体做法如下：

首先，做好准备姿势。松开个人所有的紧身衣物，轻松地坐在椅子上，也可以挺立，双臂和手自然平放。

其次，调整呼吸。用鼻子慢慢地吸入一口气，想象气流顺着气管进入肺部，再向下沉入腹部丹田处，你会感到腹部慢慢地鼓起来，继续吸气，直到腹部全部鼓起。将气体在腹部保持两秒钟。然后，缓慢地将腹中的气体送回肺部，再由气管经口中吐出，继续呼吸，直到吐完腹中所有的气体。

最后，身体放松。放松动作要领是，先使该部位肌肉紧张，保持紧张状态，然后慢慢放松，并注意体验放松时的感觉，如发热、沉重等。放松顺序：脚趾肌肉放松——小腿肌肉放松——大腿肌肉放松——臀部肌肉放松——腹部肌肉放松——胸部肌肉放松——背部肌肉放松——肩部肌肉放松——颈部肌肉放松——头部肌肉放松。

（2）运用系统脱敏法克服焦虑。其步骤和方法如下：

第一步，列出引起你考试焦虑反应的具体刺激情景，如"明天就要考试了""我走在去考场的路上""我被一道题难住了"等。

第二步，将上述刺激情景按照从弱到强的顺序排列"焦虑等级"。下面是假定的六个刺激情景的合理排列，他们引起的焦虑反应是依次增强的。

A. 明天就要考试了，我还有很多书没有看。
B. 我走在去考场的路上。
C. 我收到了试卷。
D. 我被一道题难住了。
E. 时间快到了，我根本做不完。
F. 考试后，我和别人对答案，发现自己的许多答案同他们不一样。

第三步，通过放松训练形成松弛反应。放松训练的方法前已述及。现在你假定已完成了全部放松步骤，机体正处于完全放松的状态。

第四步，按照焦虑等级，在大脑想象中循序，使松弛反应抑制焦虑反应。

当你完全放松时，开始想象"焦虑等级"中的第一情景，明天就考试了，可你还有很多书没有看。围绕这一情景，利用你的想象力在脑海中生动地加以描绘。这种描绘没有固定模式，可以尽情创造。你可以想象你手忙脚乱地翻书，可以想象同学问你问题你都答不出来……在想象过程中，如果你发现有些部位的肌肉开始紧张，身体开始出现一些焦虑反应，如心跳加快、出汗、呼吸急促等，就需要再次进行放松，直到你的想象结束后，同时感到所有的肌肉完全放松为止。这就说明对"焦虑等级"第一种情景的"脱敏"成功了，松弛反应已经抑制了想象中相应的焦虑反应。接下来对第二种情景进行"脱敏"，以此类推。

对所列"焦虑等级"的"脱敏"，每次数量不宜过多。一般每天进行一次，每次"脱敏"所包括的"焦虑等级"不宜超过三种。

假如每次这样想象之后，焦虑的程度没有减轻，则说明脱敏疗法效果不好，请咨询专业机构。

4. 时间管理训练

活动目标：掌握时间管理的方法，有效利用学习时间。

活动步骤：

（1）把该处理的事，依重要性依次排列。这项工作，你可以在每一天的晚上和每一个周末安排。俗话说"预则立，不预则废"，凡事要把握先机。

（2）开始学习前，应先准备好，把所有需要的资料、报告放在桌上，这样将避免为寻找东西浪费时间。

（3）把最困难的事搁在工作效率最高的时候做，而轻松的事则应在精神较差的时候处理。

（4）养成将构想、概念及资料记在记录本里的习惯。"好记性不如烂笔头。"虽然时过境迁，但翻出记录本回忆，仍是记忆犹新。

（5）训练速读。想想看，如果你的阅读速度增快2～3倍，那么学习效率该有多高？这并不难做到，书店、网络中都有提升这些能力的指导训练书籍。

（6）管制你的电话。电话虽然很必要，但在学习时间里应尽可能别让电话干扰你，这样你才可以专心致志的学习和工作。

（7）沉思。每天花片刻时间思考你的学习和工作状态，可以找到各种改变学习和工作状态及提升满意度的灵感，且受益匪浅。

5. 专注力训练

活动目标： 将时间分成像番茄瓣一样，将每一段的时间进行规划，更好地专注学习。

活动道具： 一个番茄计时器，三张表格。

活动步骤：

（1）一个番茄时间共30分钟，25分钟工作，5分钟休息。

（2）一个番茄时间是不可分割的。

（3）每4个番茄时间后，停止工作，进行一次较长时间的休息，15～30分钟。

（4）完成一个任务，划掉一个（图5-3）。

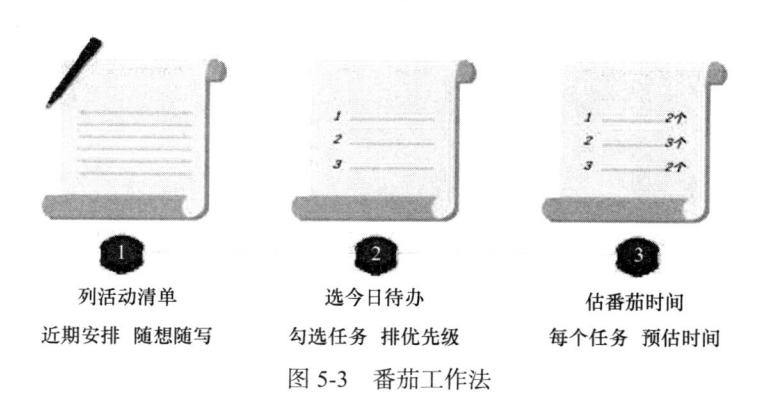

① 列活动清单　近期安排　随想随写
② 选今日待办　勾选任务　排优先级
③ 估番茄时间　每个任务　预估时间

图5-3　番茄工作法

番茄工作法的精髓：一次只做一件事，保持专注；按照轻重缓急程度分解目标任务，高效完成；做完一件划掉一件，增加成就感，避免半途而废；整理杂乱无序的工作事项，克服拖延症；持续性改善时间管理能力，让优秀成为一种习惯。

思考与练习：

1. 简述大学生学习的概念。
2. 你在学习上有哪些心理方面的问题呢？如果有，能想出什么方法来解决吗？
3. 分享你的学习方法。

推荐赏析：

1. 心理书籍：《认知心理学》

这是一本了解和认识思维运作过程的百科全书，研究感知、注意、记忆、语言和推理等思维的科学。通过阅读这本心理学基础入门教材书籍，可以了解人类社会思维心理学，并影响日常生活和工作中的决策与判断。

2. 心理电影：《风雨哈佛路》

这是2003年在美国上映的一部励志影片，根据真实事件改编。主要讲述的是利兹生活在一个风雨飘摇的家庭，父亲和母亲都是瘾君子，对她和姐姐的生活不管不顾，利兹一整年都没去上学，但是却在期末考试考了满分。后来利兹进入教养院，教养院的生活让她感到绝望，于是她到了外公的公寓，后来开始乞讨流浪。在母亲去世后，她觉得她再无依靠，但是又不想在这条路上一直向下，所以她想要为自己争取一个机会，于是利兹开始上学，开始了她的蜕变，利用两年的时间学完了四年的课程，获得了《纽约时报》的奖学金，得以顺利进入哈佛大学。

第6章 大学生的人际交往与沟通

名人名言：

岂曰无衣？与子同袍。王于兴师，修我戈矛，与子同仇！

——《诗经·秦风·无衣》

海内存知己，天涯若比邻。

——王勃《送杜少府之任蜀州》

本章要点：

1. 人际交往的含义。
2. 大学生人际交往的重要意义与特点。
3. 大学生人际交往中的心理问题及调适。
4. 大学生人际交往的原则与技巧。

【案例】

小芳是一个活泼、开朗的女孩子。一进大学校门，她就积极主动地与周围同学交往，她希望自己在大学期间广交朋友，从别人身上吸取优点充实自己，并且也让自己能获得别人的肯定、接纳与喜欢。于是，她不放过任何一个与别人交流、沟通的机会。无论在宿舍里、在课间休息的时候还是在结伴而行的途中，身边的任何一个话题她都会热烈地参与，而且她自己常常是各种话题的发起者。然而，随着时间的推移，她渐渐发觉最初同学们倾听她侃侃而谈时的专注、欣赏的表情消失了，代之以心不在焉、无动于衷，甚至不耐烦的表情。不止一次，当她的言谈暂告一段落时，其他人都奇怪得默不作声，使她体会到无人回应的尴尬。她自我检查并没有说错什么，推测是自己的话别人不感兴趣，于是就换一个新话题继续说下去。但是，这样做的结果更糟，她明显感觉到已经有人在故意回避她了，主动跟她交谈的人就更加稀少。她陷入了从未有过的孤独与困惑。

你认为引起小芳孤独和困惑的原因是什么呢？你是否也有类似的烦恼？

从走进大学校园那一天起，你就面临着新的环境和群体。据统计，大学生有70%左右的时间用于人际交往，然而，因为个别大学生对人际关系的理解不全面，导致有50%以上的心理问题都是在人际交往中产生的，所以培养大学生良好的人际交往能力、学习人际交往的技巧、建立和谐的人际关系，对于大学生的成长和发展都有着非常重要的作用。

6.1 人际交往概述

6.1.1 人际交往的含义

人际交往即人际沟通，是指在社会生活中，人与人之间的意见沟通，信息之间的交流以及之间的相互作用。它包括人际沟通、人际认知和人际互动。人际沟通是指交往主体之间的心理和行为的信息传达与接受；人际认知是指在沟通的基础上，通过信息交流实现互相了解和理解；人际互动是指双方在心理上和行为上的互相影响。

人际关系是人们在交往的过程中建立起来的人与人之间的心理的和社会的关系。人际交往与人际关系既有区别又有联系。人际交往是人际关系实现的前提，也是人际关系形成的途径；而人际关系则是人际交往的表现和结果。

大学生从踏入大学校门的第一天开始，无论是在教室、宿舍，还是在食堂、操场……几乎都是与同学们在一起学习生活，因此，对人际交往的认识，学习与人交往的能力是非常必要且非常重要的。

6.1.2 大学生人际交往的重要意义

知识框

什么使人幸福和健康

2015年11月，哈佛大学所做的一项长达75年的研究结果公布于世。该研究显示：幸福，与财富、名气和努力工作无关，良好的关系才能使人得到幸福与健康[①]。该项研究主要有三个启示：第一是社交关系对我们很有帮助，而孤独寂寞则相反；第二是良好的人际关系不在于你有多少朋友，也不在于你身边有无伴侣，而是在于这些关系的质量；第三是良好的人际关系不仅能保护我们的身体，还能保护我们的大脑。

人是社会化的动物，交往活动伴随人的一生，每个人都有交往的需要。美国比较心理学家和社会心理学家马斯洛把需求分成生理需求、安全需求、社交需求、尊重需求和自我实现需求五类，依次由较低层次到较高层次排列。每一种需要的满足都离不开人的交往活动，哪怕是较低层次的需要也同样不能脱离同他人的交往，人与人之间在不断交往中创造了丰富的物质产品和精神产品，推动了社会的发展，大学生的人际交往不仅影响到自身的成长和发展，而且对整个社会的发展起到一定的作用，主要体现在以下几方面。

1. 人际交往能促进大学生的社会化进程

沙赫特曾做过这样一个实验：他以每小时15美元的酬金聘人到一间没有窗户但有空

---

① "我不会离婚，也不想碰你"：揭开夫妻关系最致命的伤疤. https://www.sohu.com/a/424298733_492979, 2020-10-13.

调的房间去住。房内有一桌、一椅、一床、一灯、一马桶，此外别无他物。进餐由人送至门底下的小洞口，住在里面的人伸手就可拿进食物。一个人住进这房间后即与外界完全隔绝。

结果：有五名大学生应征参加实验。其中一人只待了20分钟就要求出来，放弃了实验；三人待了两天；最长的待了8天。这个待了8天的人出来后说："如果让我再在里面待一分钟，我就要发疯了。"

沙赫特的人际剥夺实验结果表明：作为社会性的人，离不开与别人的交往。人际交往是人的一种需要，具有重要的作用和价值。

人自出生后，就受到社会的影响，开始了一个漫长而不断发展的社会化进程，而人际交往则贯穿人的一生，随着交往范围的扩大、内容的深化、形式的多样化，这些都将对个体的社会化水平产生直接而深刻的影响。对于大学生来说，社会交往的广度、深度，都将直接影响个人对社会的认识与适应。

2. 人际交往有助于大学生心理健康的发展

心理健康是指一种持续的、积极的心理状态，个体在这种状态下能更好地适应环境、发展自我。这种基本的心理状态是良好的个性、良好的处世能力、良好的人际关系以及与环境保持良好的适应性。由此可见，人际关系在人的心理健康中的重要性。

沙赫特的人际剥夺实验还有进阶版以考察人际交往的作用：把二十几个被试者分成两组，让他们到一个漆黑的实验室里，分别接受电击。告知第一组要接受强电击，很疼痛，但对身体不会造成永久性伤害；第二组接受弱电击，只有"痒痒"的感觉。在实验开始之前请每个被试者把对实验的要求写到纸上：实验前是愿意单独等待，还是与其他被试者一起。实验发现，第一组有63%的人表示要和其他人一起等候，第二组要求这样做的人只有31%。实验说明，当个体对周围环境缺乏了解和把握，当个体心情紧张、有高恐惧感时，他们倾向于寻求与他人在一起，倾向于寻求他人伴同。而在低恐惧的情况下，这种合群的需要并不那么强烈。可见，与人交往能增加人的安全感，降低恐惧感。

人类的心理病态大多是由人际关系失调所致。和谐的人际关系有利于维护心理健康，而心理健康的人更善于人际交往。对于在校大学生来说，良好的人际交往是自身心理健康的表现，对于以后踏入社会，能够更好地适应社会，处理各种人际关系问题具有深远的意义。

3. 人际交往有助于大学生对自我的认识

"人贵有自知之明。"自我认识就是指人对自己及其外界关系的认识，包括正确、全面认识自己的特点和长处，正确认识自我与社会、个人与集体的关系这两个方面的内涵。俗话说，"要了解自己，别人就是一面镜子"，我们可以通过自我观察认识自己，也可以通过他人了解自己，我们在与他人的交往中，通过周围的人对我们的态度和评价能帮助我们认识自己、了解自己，交往越深入，对对方和自己的认识也就越深刻。也只有充分地认识和评价自己，我们才能更好地与别人交往。

4. 人际交往能有助于塑造大学生健康的人格

在大学生的人际交往中，由于人格因素而导致的交往障碍很常见，人格与人际交往是相辅相成的。人格是个体在行为上的内部倾向，它表现为个体适应环境，是能力、情绪、需要、动机、兴趣、态度、价值观、气质、性格和体质等方面的整合，是具有动力一致性和连续性的自我，是个体在社会化过程中形成的给人以特色的心身组织。人格是在实践过程中形成的，是在人与人交往的过程中形成的，个体通过与人交往满足自身的各种需要，不断认识自己、完善自己。所以一个人的成功、幸福都与人际关系密切相关，只有健康的人格才能形成健康的人际交往。

5. 人际交往有助于大学生学习知识、掌握技能

在我们的人际交往中，包括与老师、同班同学和其他学生友好和睦的相处，常常会涉及彼此的兴趣爱好、专业文化知识和人格等方面的东西，通过人际交往，大学生可以相互传递、交流信息和成果，获取知识、掌握技能、开阔视野、启迪思想。

6.1.3 大学生人际交往的常见类型与特点

1. 大学生人际交往的常见类型

大学生交往的对象主要是同学、老师，因此大学生人际交往的常见类型有以下几种。

1）师生关系

学生与老师是校园里的基本群体。教师是大学生人际交往的重要对象。教师是知识的传授者，是大学生人格模仿的对象。然而，由于大学授课的流动性，任课老师要面对许多班级授课，老师们上课来、下课走，交流也只是限于课堂的知识学习上，很少与同学有情感上的交流与沟通。班级辅导员算是与学生接触最多的了，他们与学生平等地交流，与学生是朋友关系，但是同样面对着太多的学生，除了日常事务外，与同学相处的时间也不是很多，有的同学大学的几年里，连自己所在系的办公室都找不到。大学生在遇到困难的时候，大多会想到与朋友、家长商量，这些都反映出个别师生的交往、交流不多，需要进一步加强。

2）同学关系

大学校园里的同学关系是大学生人际交往的主要内容。大学生年龄相仿，生活在一个集体，学习相同的专业，沟通与交往容易，总的来说是和谐、友好的。但是，部分同学之间由于家庭背景、生活习惯、兴趣爱好、性格等的差异，也容易产生矛盾，进而影响到自己的生活、学习。

大学生同学间关系有班级内的同学关系、宿舍关系与老乡关系、社团关系等。

3）网友关系

随着现代科学技术的发展，网络正在迅速地渗透到人们社会生活的各个方面，在这个空间不仅可以获得和发布信息，还可以通过微信、QQ、抖音、微博、游戏平台等网络虚拟社区方式进行聊天、交友、游戏、娱乐等网络人际交往。网络人际关系成为大学生人际交往的一个重要方面。

当然，网络对大学生也有积极和消极两方面的影响。一方面，网络使大学生有了更广泛的人际交往，获取更多的信息，丰富了日常的生活，有利于缓解紧张心理，舒缓学习和生活带来的压力。另一方面，我们也必须认识到它带来的负面影响。大学生几乎每天都会上网，但是有些人每天上网时间超过 4 小时，网上信息量大，人们对信息的接受也是被动的，个别大学生接受了负面的东西，弱化了道德意识。

2. 大学生人际交往的特点

大学生人际交往具有以下几个主要特点。

1）交往的迫切性

交往是人的需要。健康、正常的交往能满足人的各种需要，对人的生活、工作等起到促进作用。进入大学后，同学们远离家人，生活和环境的改变，让他们有强烈的人际交往的需要，迫切需要结识新的朋友，通过交往，得到周围同学的关心、理解，减少远离家人的孤独感和失落感。

2）交往的范围扩大

大学生的交往不局限于同班同学的交往，而是通过学生干部群体、学生活动、社会活动，结识更多的全校可认识的同学，与不同背景、不同阶层、不同行业的人建立联系，得到更多的信息。

3）交往的方式多元化

除了面对面的交往以外，大学还通过网络建立新兴的人际交往方式，网络为大学生提供了广阔的交往空间，他们通过网络，扮演不同的角色，宣泄情感，接触全国乃至国外的网络朋友。

知识栏

人际交往的安全距离

人际交往的安全距离是指个体之间在进行交往时通常保持的距离。这种距离受到个体之间由于相容关系不同而产生的情感距离的影响。人类学家霍尔认为"人际距离"可区分为四种：

（1）亲密距离（0~0.46 米）。通常用于父母与子女之间、情人或恋人之间。
（2）个人距离（0.46~1.2 米）。一般用于朋友之间。
（3）社会距离（1.2~3.6 米）。用于具有公开关系而不是私人关系的个体之间。
（4）公众距离（3.6~7.5 米）。用于进行正式交往的个体之间或陌生人之间。

资料来源：綦甲福. 人际距离的跨文化研究. 北京：北京外国语大学，2007.

6.2 大学生人际交往中的心理问题及其调适

人际交往障碍给部分大学生的学习、生活、健康等方面带来了不良的影响，怎样认识人际交往中的各种障碍,学会怎样去调适,对于大学生来说是非常重要的。下面就从对大学生人际交往影响较大的自卑、自负、嫉妒、孤僻、自我中心等几个方面来阐述大学生的人际交往的心理问题及调适。

6.2.1 自卑心理及调适

【案例】

张同学大学一年级学生,来自农村,自幼勤奋刻苦,成绩优秀。考入大学后,由于城乡环境的差异,他觉得自己在服饰、语言、动作,及至风度上都不能与城里的同学相比,内心产生了"先天不如人"的自卑感。但同时他也有不甘心、不服气的思想,想以优异的学习成绩来显示自己的才能。过分紧张的学习和沉重的心理压力导致他开始失眠了!

案例中的张同学,由于不能很好地认识自己,产生了自卑心理,影响了自己的生活。大学生中有很多这样的案例,我们应该认识自己,调节心理,走出自卑的阴影,树立信心。

1. 自卑心理

自卑是指自己瞧不起自己,它是一种消极的情感体验,表现为对自己的能力和品质评价过低。大学生产生自卑心理的客观原因包括以下几个方面:一是对自身条件的不满意,有的学生自觉身材矮小、体形不美、外貌不佳,或是生理上有某些缺陷而产生自卑;二是由于到了新的环境,周围有很多比自己更优秀的同学,个别同学不能很好地认识到这一点,便觉得事事不如别人而产生自卑;三是来自贫困家庭的孩子,由于经济困难,也容易产生自卑心理。自卑的人往往会减少与人的交往,最后就变得不与人交往,甚至产生严重的心理问题。

2. 自卑心理的调适

1)客观地认识自己

要正确认识自己,能够客观地评价自己和他人,找到自己的优点和缺点,坦然面对自己的不足和缺陷,针对自己不如别人的方面进行自我调整和改变。例如,对自己矮小的身材不满意,要认识到这是天生的,自己只有通过在其他方面的努力,才能弥补身材的不足。对于学习成绩差的同学来说,应借鉴别人的学习方法,制定学习目标,来提高自己的学习效果,以缩短与别人的差距。只要我们能够正视自己,并且接纳自己,就可以最大限度地减轻不必要的心理负担。

2)积极的心理暗示

暗示是用含蓄的间接的方式,对别人和自己的心理以及行为产生影响。在做一件事情的时候,心中默念"我可以,我一定能行"等以进行积极的暗示,则会信心倍增。积极的自我暗示对于提高人的自信心、克服各种心理不适有非常重要的作用。

3）积极参加各种活动

在学校，我们应积极参加各种学生团体，参加各种活动，不断发挥自己的优势，并总结成功的经验，这样也会使我们克服自卑，更加积极自信。

6.2.2 自负心理及调适

【案例】

陈同学是一名优秀的学生，人长得漂亮，能歌善舞，素质发展比较全面，在学校是名受欢迎的学生，老师视为得意门生，回到家里，爸爸妈妈又把她捧为掌上明珠，宠爱有加。老师一直都很重用她，凡事都让她管，可渐渐地她越来越自命不凡，和同学之间的矛盾也越来越大了。这学期开学初重新成立班委会，征求她的意见，她说这个"太笨"，那个"不会说话"，全班好像除了她没人能当班干部！她的这种态度，引起了同学们的不满，班干部竞选时，她落选了。

案例中的陈同学从小学习成绩好，各方面能力强，备受家长老师的宠爱，所以渐渐形成了自负心理，周围同学不喜欢这样的人，所以会对她不满，远离她。

1. 自负心理

自负的人往往只关心个人的需要，强调自己的感受，在人际交往中表现为目中无人。大学生自负心理产生的原因主要有：父母从小对他们百般宠爱，极力夸耀，认为他们只有优点、没有缺点；生活过于顺利，没受到过什么挫折；自我认识不全面，只看到自己的长处，以己之长比人之短。这些都是助长自负心理的原因。

个别大学生在交往中自负心理严重，总觉得自己优于他人，自以为是。还有极少数大学生在为人处世中只关心自己的利益，喜欢自吹自擂，固执己见，甚至明知别人正确时，也不肯接受别人的意见。长此以往，自负的人是不会被人接受的，甚至人们不愿与他们交往，这会给自负者的人际交往造成影响，严重的就会产生心理疾病。

2. 自负心理的调适

要想克服自负心理，除了要全面地认识自己，看到自己的缺点和不足，与人比较不能总拿自己的长处去比别人的不足，把别人看得一无是处外，还需做到以下几点：

第一，虚心接受意见。自负者往往不愿意改变自己的态度，不接受别人的意见、观点，但是别人的正确观点、意见应该虚心接受，通过接受别人的意见，改变自己固执己见、盛气凌人的形象。

第二，要尊重他人，与人平等相处。在交往中要尊重别人，只有尊重别人，才能平等地与人相处，交往双方才都有机会满足自己的需求。

第三，一切都要从零开始。自负的人过去是很辉煌，但是这都是过去，我们要正确看待过去的成绩，过去的只是历史，但它并不代表着现在，更不预示着将来，所以我们应该一切从零开始，调整好自己的心态。

6.2.3 嫉妒心理及调适

【案例】

小 A 与小 B 是某艺术院校大三的学生,同在一个宿舍生活。入学不久,两个人就成了形影不离的好朋友。小 A 活泼开朗,小 B 性格内向,沉默寡言。小 B 逐渐觉得自己像一只丑小鸭,而小 A 却像一位美丽的公主,心里很不是滋味。她认为 A 处处都比自己强,把风头占尽,时常以冷眼对待小 A。大学三年级,小 A 参加了学院组织的服装设计大赛,并得了一等奖,小 B 得知这一消息先是痛不欲生,而后妒火中烧,趁小 A 不在宿舍将小 A 的参赛作品撕成碎片,扔在她的床上。

案例中的小 B 就是没有很好地调整自己的心态,产生嫉妒的心理,才会这样对待自己的好朋友。

1. 嫉妒心理

嫉妒是一种负性情绪,是指自己的才能、名誉、地位或境遇被他人超越,或彼此距离缩短时,所产生的一种由羞愧、愤怒、怨恨等组成的情绪体验。这种体验很容易转化为对比较对象的不满和怨恨。因而在行为上冷嘲热讽,甚至不惜采取不道德行为,通过打击对方达到自我心理上的暂时平衡,最终导致人际冲突和出现交往障碍,甚至还会损伤自身。

2. 嫉妒心理的调适

(1) 正确认识和评价自己。我们要正确认识自己,当嫉妒心理萌发时,能够积极主动地调整自己心态,客观、冷静地分析自己,找出差距和问题。学会扬长避短,充分发挥自身的潜能,缩小与嫉妒对象的差距,减少或消除嫉妒的心理。

(2) 学会接受他人。对于他人的成功,我们应该去接纳、去认同,要去找自己与他人的差距,这是成熟与坚韧的表现。

(3) 充实自己,提高自己的能力。我们要学会多参加有益的活动,学习各方面的知识,充实自己,把精力投入到学习上,而不是嫉妒别人上。要不断树立目标,缩小与他人的差距,提高自己的能力。

6.2.4 孤僻心理及调适

【案例】

孔同学,大四男生,计算机专业,相貌俊朗,学业成绩优异,目标是考上清华大学的研究生,但性格极为内向、孤僻,不愿与人交往,有时甚至一天也不说一句话。孔同学来自一个问题很多的家庭,父母关系不和,家庭主要靠母亲支撑,兄弟姐妹中他是老大,所以特别努力,希望能减轻母亲的负担,但他性格像父亲,不愿谈话,喜欢封闭自己。

案例中的孔同学,由于自身家庭环境的原因,性格孤僻,封闭自己,妨碍人际交往,这样会产生严重的心理问题。

1. 孤僻心理

孤僻指不愿与他人接触、交往，喜欢单身一人，独来独往，却又时常感到寂寞、空虚的心理现象。这种人做事喜欢独来独往，缺乏与同学、朋友之间的交往，内心很苦闷、压抑，感受不到温暖，容易消沉，这种消极情绪长期困扰，对大学生身心健康十分有害。产生孤僻心理的首要原因是家庭教育环境，父母关系不和、离婚，以及教育方式粗暴的，容易产生性格孤僻；其次是在交往的过程中受到挫折，从此逃避与人交往。

2. 孤僻心理的调适

大学生孤僻心理的调适，首先应该正确认识孤僻的危害，正确评价和认识自己，找到自己的长处和缺点，不能只看到自己的长处、别人的短处，认为不值得和别人交往，也不能只看到自己的短处、别人的长处，总认为自己不如人，怕被别人嘲笑、拒绝，从而把自己封闭起来。这两种都需要正确地认识别人和自己，多与别人交流思想、沟通感情，体会人际交往中的温暖。除了正确评价和认识自己外还需要做到以下几点：

第一，主动与人交往。要学会人际交往中的技巧，要主动与人交往，克服心理障碍，多参加活动，与人接触，自己的优点、特长才会慢慢被他人了解、接受，从而获得信心，获得更多的朋友。

第二，提高受挫折的能力。遇到交往中的挫折时，我们应冷静分析，找出受挫的原因，并采取有效的补救措施。我们要悦纳自己和他人他事，要能容忍挫折，学会自我宽慰。

第三，学会与人交往的技巧。孤独者的一些行为，常常使他们处于一种不讨人喜欢的地位。比如，他们很少注意谈话的对方，在谈话中只注意自己，同对方谈得很少，常常突然改变话题，不善于及时填补谈话的间隙。如果学会了倾听的技巧，那么人际关系就会改善很多。

6.2.5 自我中心心理及调适

【案例】

杨同学是大三的一名学生。自进入大学以来，与宿舍其他同学难以共处，一年多时间里已换了七八间宿舍，每次共处时间一般不到两周，就开始与他人对立，以致矛盾重重，最终爆发冲突。但冲突的起因都是一些小事，如东西摆放的位置、开关门的声音、作息时间的不一致等。今年"五一"，杨同学又与宿舍其他同学闹矛盾了，原来，凌晨一点多，杨同学用手机接电话一个多小时，而且大声嬉闹，室友提醒她不要违反宿舍公约，她却无动于衷。早晨大家都起床了，她还在睡觉。上午9点，一位同学放音乐，她就破口大骂："神经病，二百五，去死。"同学回嘴，她竟跳下床冲过去打人，并对其他同学的物品又摔又砸。大家一致强烈要求刚搬过来一周的她立即搬出去。

案例中的杨同学，就是因为考虑问题以自我为中心，缺乏换位思考，导致和同学相处不好。

1. 自我中心心理

自我中心就是以我为中心的人，与人交往时总是处处为自己着想，只关心自己的需要和利益，强调自己的感受，不尊重他人的价值和人格，漠视他人的处境和利益。人际交往是双方的，在交往过程中双方都获得一定的满足，才有可能继续维持和发展交往。如果只想自己从交往中获得好处，而不顾及对方的意愿和利益，这种交往必定会失败。

2. 自我中心心理的调适

（1）学会关心他人。以自我为中心的人，从小受到宠爱，习惯处在别人的关心下，不懂得与他人分享，往往关注自己较多，这就需要学会关心他人、关注他人，要懂得从他人的角度出发，考虑到他人的需要、利益。

（2）接纳他人。要学会尊重、理解他人，学会欣赏、接纳他人，全面评价他人，既明确合理地表达自己的个人愿望，又尊重他人的需要。

（3）虚心接受他人意见。在与人产生分歧时，要学会求同存异，接受他人的意见并真诚善意地为他人提建议。

6.3 大学生人际交往技能的培养

6.3.1 人际交往的原则

在人际交往中，每个人都希望得到别人的尊重、认可，能够与别人友好相处，为此我们应遵循一定的交往原则，以指导我们更好地建立并维持良好的人际关系。人与人的交往应遵循如下原则。

1. 真诚原则

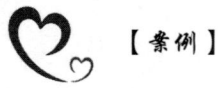

【案例】

我们在为人处世时要遵守诺言，言而有信，做到真诚做人做事。心理学家安德森对关于个性品质的喜爱程度进行研究时发现，最受人们欢迎的前六种品质是真诚、诚实、理解、忠诚、真实、可信。真诚是最受欢迎的个性品质，一个人想要与别人建立良好的人际关系，真诚是必须具备的品质，也是最基本的人际交往原则。

2. 尊重原则

美国心理学家马斯洛的需要层次理论中，把尊重放在人们的高级需要中，在人际交往中，我们对所有的人，不管其地位高低贵贱，都应该给予应有的尊重。我们要尊重他人的人格、个性习惯、权力地位、情感、兴趣和隐私。只有做到相互尊重，才能建立起平等友好的人际关系，才能满足我们的需要。

3. 宽容原则

宽容，就是在心理上能容纳各种不同特征的人。它是一个人乐观自信、意志坚定、胸怀宽广的表现，是人际交往中关键性的东西。宽容是在坚持原则和自爱的基础上，以宽广的胸怀接纳别人所表现出的品质。

俗话说，"尺有所短，寸有所长。"人的性格、特长各有差异，在处理人际关系中不能强求一致。人与人要和谐相处，就要求同存异、相互谅解。

4. 交换原则

美国社会学家霍曼斯（Homans）的社会交换理论指出：社会互动是一种商品交换，不仅是物质商品的交换，而且是诸如赞许、荣誉、声望之类的非物质交换。人与人之间的互动基本上是一个交换的过程。交往的双方在满足对方的需要同时，又得到对方的回报，这样双方的关系才能继续发展，在交换中互利性越强，双方关系就越稳定、越密切。

5. 适度原则

适度，即在人际关系中的一切行为都要得体，恰到好处。在交往中时间要适度，大学生的主要任务是学习，要防止因过于强调交往的重要性而投入太多的时间和精力；交往的距离要适度，朋友之间保持一定的距离是很有必要的，我们没有必要把自己的一切袒露给别人，也不能要求他人也向自己袒露一切；交往的频度要适度，有的同学交往，关系好时，形影不离，一朝不和，即互相攻击，这对双方的心理健康和人际关系发展都不利，人际交往应该疏密有度。

6. 理解原则

理解主要是指关系双方在人际行为中互相设身处地、互相同情和谅解，从而引起双方看法、意见的一致和情感的共鸣。人人都需要别人的理解，需要社会和他人对自己的选择、自己采取的行为方式给予一种肯定的评价。在交往中要学会换位思考，正所谓"己欲立而立人，己欲达而达人，己所不欲勿施于人"。

6.3.2 健康的人际交往模式

美国著名心理学家爱利克·伯奈（Eric Berne）提出了人际交往的四种模式[①]。

1. 我不好，你好；我不行，你行

这是一种自卑心理人的人际交往模式。交往中感到自己无能，没有自信，无论做什么都认为自己做不好，认为人人都比自己强，这种心态的人非常自卑，往往选择牺牲自己成全他人。

---

① 吴新业，詹晓青. 大学生心理健康：感悟·探索·成长. 上海：上海交通大学出版社，2017.

2. 我不好，你也不好；我不行，你也不行

这种人既不喜欢自己也不喜欢别人，既看不起自己也看不起别人，既不会去爱他人也不能体验和接受他人。

3. 我好，你不好；我行，你不行

这种人常常表现为骄傲自大，自以为是，总以为自己是对的，别人是错的，自己对别人好而别人对自己不好，为此愤愤不平，把人际交往中的挫折都归咎为他人的责任。

4. 我好，你也好；我行，你也行

这是一种理性、理解、宽容、接纳的心理，这种模式是成熟的、健康的人际交往模式，这种人相信自己也相信他人、爱自己也爱他人，能够悦纳自己和他人，正视现实，善于发现自己、别人和外部世界的光明面。

以上四种交往模式中，前三种都会妨碍人际交往，并且不利于心理发展和心理健康。

6.3.3 大学生人际交往的技巧

人际交往是一门艺术，建立良好的人际关系，还必须掌握一些人际交往的技巧，这对于大学生的成长和发展来说是必需的。

1. 建立良好的第一印象

第一印象是在与陌生人交往的过程中，所得到的有关对方的最初印象，第一印象主要是根据对方的表情、姿态、身体、仪表和服装等形成的印象。

心理学家阿希（Asch）1946年以大学生为研究对象做过一个实验。他让两组大学生评定对一个人的总的印象。对于第一组大学生，他告诉这个人的特点是"聪慧、勤奋、冲动、爱批评人、固执、妒忌"。很显然，这六个特征的排列顺序是从肯定到否定。对于第二组大学生，阿希所用的仍然是这六个特征，但排列顺序正好相反，是从否定到肯定。研究结果发现，大学生对被评价者所形成的印象高度受到特征呈现顺序的影响。先接受了肯定信息的第一组大学生，对被评价者的印象远远优于先接受了否定信息的第二组。这意味着，最初印象有着高度的稳定性，后继信息甚至不能使其发生根本性的改变。可见，建立良好的第一印象是很重要的。

那么我们怎样才能给别人留下良好的第一印象呢？首先我们要注重自己的仪表、仪态，穿着得体，仪态自然、大方、协调、规范、美观；其次在与人交谈时注意自己的语速、语气、音调；最后要注意自己的言谈举止，要表现出自己的友好和自信。

印象形成的数学法则

在交往过程中，我们会从别人的外貌、衣着、语言、行为、情绪等方面得到许多信

息，人们对这些信息的进一步加工和处理就形成了对别人的看法，或者可以说是印象。而我们是怎样利用每一次具体的信息从而形成完整的印象的呢？每一次交往对整体印象的贡献遵循什么样的法则呢？

（1）平均法则。平均法则就是我们把在每一次交往过程中收集到的信息加起来，再除以交往的次数，得到一个平均值，并以平均值来评价他人，从而形成对他人的印象。

（2）累加法则。累加法则就是我们把在每一次交往的过程中得到的信息求和，利用总值来形成对他人的总的印象。

（3）黑票作用。有时候，在对他人印象的形成过程中，既没有遵循平均法则也没有遵循累加法则，而其中的一种不良信息就可以动摇之前完整的印象，我们称之为黑票作用。

2. 增强有效沟通，学会倾听

良好的人际关系离不开良好的沟通，因此在人际交往中要增强有效沟通，学会倾听。苏格拉底曾说过："自然赋予人类一张嘴，两只耳朵，也就是要我们多听少说。"倾听占了沟通的40%，要想与他人进行有效的沟通，必须要学会积极地倾听别人的话语。因此有效的倾听，必须做到以下几点。

第一，要耐心地听。在倾听时，目光要与对方交流，不要左顾右盼，心不在焉，不要看书看报，更不要修指甲、剔牙、掏鼻孔、挖耳朵等，这类举止不仅不礼貌，而且也让对方觉得你不想听了。

第二，适当地回应。在倾听时要点头或发出"嗯"等声音，表示自己在听，鼓励对方继续讲下去。有时也要说出自己的看法和意见，让交谈继续深入。

第三，不要轻易打断别人的话题。要学会边听边想，思考别人说话的意思，记住别人说的要点，如果对方还在说话，即使你有话说，也要等对方表达完整，在说话时，随意打断别人的谈话，是非常不礼貌的。

良好的和不良的沟通行为区别，如表 6-1 所示。

表 6-1 良好的和不良的沟通行为区别

项目	良好的沟通行为	不良的沟通行为
具体	专心，有目光接触，面带笑容 有诚意，重视 说话清楚，声音适中 开放，坦诚地让人了解自己 尊重别人的意见，对事不对人 流露个人的感受 坐姿大方，保持适当的身体距离 多倾听	不专心，回避目光，缺乏笑容 无诚意，漠视 说话速度太快，声音太小或太大 封闭，隐瞒，不让人了解自己 强词夺理，不顾别人的感受 喜怒不形于色 坐姿不雅，没有保持适当的身体距离 经常插话，不让别人说完

3. 学会赞美他人

我们总希望得到他人的肯定、赞赏，这是一种赞许动机，人人都需要赞美，赞美不仅能化解矛盾，更能促进理解，增进沟通。

有这样一对姐妹，姐姐性情沉稳，妹妹则有强烈的表现欲，她特别渴望得到别人的赞许。爸爸约翰逊先生对她们的性情了如指掌。有一次，姐妹俩弹奏同一首曲子。姐姐技巧娴熟，节奏表现完美，在一旁听着的约翰逊不由得暗暗喝彩，情不自禁地点了点头。轮到妹妹弹奏了，只见她端正姿势，两眼平视，接着激情演奏了一曲。平心而论，妹妹的弹奏远远赶不上姐姐的弹奏。但是约翰逊却私下里表扬了妹妹，比姐姐更有激情、更有天分。一个月之后，受到赞许的妹妹凭借这首曲子在比赛中击败姐姐，获得了冠军。

妹妹后来的表现说明渴望获得赞美的人能够从赞美中获得力量，从而取得出人意料的成绩。所以，赞美的力量也是巨大的，当然赞美别人需要真诚，赞美的内容应该是对方拥有的、真实的，要真正发自肺腑，情真意切，要适度，恰如其分、点到为止，要善于发现别人的优点。

4. 记住他人的名字

其实，一种既简单又最重要的获取好感的方法，就是牢记别人的名字。记住别人的名字，会让对方觉得自己被重视，同时你在对方心目中的好印象就有了。我们在新的环境中，周围都是陌生的人，记住每一个人的名字是非常困难的，但是我们又必须要记住周围人的名字，因此下面的方法可以让我们记住名字：

重复这个人的姓名。在自我介绍时要清楚地听清别人的姓名，并且要立刻重复，以便记住。必要时将名字记下来，并且将本人的有关特征结合起来记忆。

5. 给人以友善的微笑

笑容是一种令人感觉愉快的面部表情，它给人一种乐观自信的感觉，是对人友善的表现，可以缩短人与人之间的心理距离，为交往创造温馨和谐的氛围。几百年来，人们欣赏、赞叹达·芬奇的名画《蒙娜丽莎》，就是因为画中人那神秘的微笑。真正的微笑应发自内心，是真诚的，渗透着自己的情感。

6. 学会换位思考

换位思考就是能设身处地为他人着想，理解他人当时的心情。无论做任何事，我们都要设身处地去为他人着想，正如孔子所言，"己所不欲，勿施于人"，如果我们不懂得换位思考，那么生活中便有许多责骂、埋怨和勾心斗角。我们在与同学的交往中，经常因为一些小事吵架，甚至打架，如果我们冷静下来，站在别人的角度想问题，体谅别人的难处，那么我们生活就充满了和谐的气氛。

知识框

学 会 拒 绝

1. 拒绝的艺术

补偿式拒绝：提出另一建议，以示诚意；先肯定后拒绝：以示其情非得已；爱护性拒绝：站在对方立场谈理由。

2. 说"不"五法

谢绝法：对不起，谢谢，这样做可能不合适。

婉拒法：哦，是这样，可是我还没有想好，我考虑一下再说吧。

不卑不亢法：哦，我明白了，可是你最好找对这件事更感兴趣的人吧，好吗？

幽默法：啊！对不起，今天我还有事，只好当逃兵了。

无言法：运用摆手、摇头、耸肩、皱眉、转身等身体语言和否定的表情来表示自己拒绝的态度。

6.4 心理测试与训练

人际交往是人们社会生活的重要内容之一，自我的发展、心理的调适、信息的沟通等，都离不开人际交往。每一个人都希望善于交往，通过交往建立和谐的人际关系。那么，你的人际关系如何呢？怎样才能拥有良好的人际交往能力呢？也许，下面的心理测试和行为训练可以帮助你。

6.4.1 人际交往心理测试

1. 人际关系综合诊断

下面的量表共 28 个问题，每个问题做"是"或"否"的回答。请你认真完成。然后参看后面的计分方法，对测验结果做出解释。

（1）关于自己的烦恼有苦难言（　　）。

（2）和生人见面时感觉不自然（　　）。

（3）过分羡慕和妒忌别人（　　）。

（4）与异性交往太少（　　）。

（5）对连续不断的会谈感到困难（　　）。

（6）在社交场合感到紧张（　　）。

（7）时常伤害别人（　　）。

（8）与异性来往感觉不自然（　　）。

（9）与一大群朋友在一起，常感到孤寂或失落（　　）。

（10）极易受窘（　　）。

（11）与别人不能和睦相处（　　）。

（12）不知道与异性相处如何适可而止（　　）。

（13）当不熟悉的人对自己倾诉他的生平遭遇以求同情时，自己常感到不自在（　　）。

（14）担心别人对自己有什么坏印象（　　）。

（15）总是尽力使别人欣赏自己（　　）。

（16）暗自思慕异性（　　）。

（17）时常避免表达自己的感受（　　）。

（18）对自己的仪表（容貌）缺乏信心（　　）。

（19）讨厌某人或被某人讨厌（　　）。
（20）瞧不起异性（　　）。
（21）不能专注地倾听（　　）。
（22）自己的烦恼无人可申诉（　　）。
（23）受别人排斥与冷漠（　　）。
（24）被异性瞧不起（　　）。
（25）不能广泛地听取各种意见、看法（　　）。
（26）自己常因受伤害而暗自伤心（　　）。
（27）常被别人谈论、愚弄（　　）。
（28）与异性交往不知如何更好地相处（　　）。

评分与解释：

"是"的给1分，"否"的给0分。

如果总分在0~8分，说明受测者善于交谈，性格开朗，主动，关心别人，对周围朋友很好，愿意与他们在一起，彼此相处得不错。

如果总分在9~14分，说明受测者与朋友相处有一定的困扰，人缘一般，与朋友的关系时好时坏，经常处于起伏变动之中。

如果总分在15~28分，说明受测者在与朋友相处时存在严重困扰。分数超过20分，则表明人际关系行为困扰程度很严重，而且在心理上出现较为明显的障碍：受测者可能不善于交谈，也可能是个性格孤僻的人，不开朗，或者有明显的自高自大、讨人嫌的行为。

人际关系综合诊断评分统计表，如表6-2所示。

表6-2　人际关系综合诊断评分统计表　　　　　　　单位：分

Ⅰ	题目	1	5	9	13	17	21	25	小计
	分数								
Ⅱ	题目	2	6	10	14	18	22	26	小计
	分数								
Ⅲ	题目	3	7	11	15	19	23	27	小计
	分数								
Ⅳ	题目	4	8	12	16	20	24	28	小计
	分数								
评分标准		打"√"的给1分，打"×"的给0分，总分：							

（1）记分表Ⅰ栏上的小计分数，显示出受测者在交谈方面的行为困扰程度。如果得分在6分以上，说明受测者不善于交谈，只有在极需要的情况下才同别人交谈，总难于表达自己的感受，无论是愉快还是烦恼；受测者不是个很好的倾听者，往往无法专心听别人说话或只对某些话题感兴趣。如果得分在3~5分，说明受测者的交谈能力一般，能

够诉说自己的感受，但不能讲得条理清晰。如果受测者与对方不太熟悉，开始时往往表现得比较拘谨与沉默，不太愿意与对方交谈。但这种状况一般不会持续太久。经过一段时间的接触，受测者可能会主动与人搭话，这方面的困扰也就会随之减轻或消除。如果得分在0~2分，说明受测者有较好的交谈能力和技巧，善于利用恰当的说话方式来交流思想感情，因而在与别人建立友情方面，往往更容易获得成功。

（2）记分表Ⅱ栏上的小计分数显示出受测者在交际与交友方面的行为困扰程度。如果得分在6分以上，说明受测者在社交活动与交友方面存在严重的行为困扰。例如，在正常集体活动与社交场合，比大多数同伴更为拘谨；在有陌生人或老师在场时，往往感到更加紧张；往往过多考虑自己的形象而使自己处于越来越被动和孤立的境地。如果得分在3~5分，说明受测者在社交与交友方面存在一定的困扰。受测者不喜欢一个人待着，需要和朋友在一起，但却不善于创造条件并积极主动地寻找知心朋友。如果得分在0~2分，说明受测者对人较为真诚和热情，不存在人际交往困扰。

（3）记分表Ⅲ栏上的小计分数，显示出受测者在待人接物方面的困扰程度。如果得分在6分以上，说明受测者缺乏待人接物的机智与技巧。在实际的人际交往中，受测者也许有意无意地伤害别人，或者过分羡慕别人以致在内心嫉妒别人。因此，可能受到别人的排斥，甚至愚弄。如果得分在3~5分，说明受测者是个多侧面的人，也许是一个较圆滑的人。对待不同的人，受测者有不同的态度，而不同的人对受测者也有不同的评价。受测者讨厌某人或者被某人讨厌，但却非常喜欢一个人或者被另一个人喜欢。受测者的朋友关系某些方面是和谐的、良好的，某些方面却是紧张的、恶劣的。因此，受测者的情绪很不稳定，内心极不平衡，常常处于矛盾状态中。如果得分在0~2分，说明受测者较尊重别人，敢于承担责任，对环境的适应性强。受测者常常以自己的真诚、宽容、责任心强等个性特点，获得众人的好感与赞同。

（4）记分表Ⅳ栏上的小计分数，显示出受测者同异性朋友交往的困扰程度。如果得分在5分以上，说明受测者在与异性交往的过程中存在较为严重的困扰。也许受测者对异性存有过分的思慕，或者对异性持有偏见。这两种态度都有片面之处。也许是不知如何把握好与异性同学交往的分寸而陷入困扰之中。如果得分在3~4分，说明受测者与异性同学交往的行为困扰程度一般。有时受测者可能觉得与异性同学交往是一件愉快的事，有时又可能觉得这种交往似乎是一种负担，不知道如何与异性交往最适宜。如果得分在0~2分，说明受测者知道如何正确处理与异性朋友之间的关系。受测者对异性同学持公正的态度，能大方自然地与他们交往，并且在与异性朋友交往中，得到了许多从同性朋友那里得不到的东西。受测者可能是一个比较受欢迎的人。无论是同性朋友还是异性朋友，多数人都比较喜欢和赞赏受测者。

2. 人际交往能力测试

请你根据自己的实际情况，认真考虑下列问题，从所给备选答案中选出最符合自己的一项。

（1）每到一个新的场合，我对那里原来不认识的人，总是（　　　）。

A. 能很快记住他们的姓名，并成为朋友

B. 尽管也想记住他们的姓名并成为朋友，但很难做到

C. 喜欢一个人消磨时光，不大想结交朋友，因此不注意他们的姓名

（2）我打算结识人、交朋友的动机是（　　）。

A. 我认为朋友能使我生活愉快

B. 朋友们喜欢我

C. 能帮助我解决问题

（3）你和朋友交往时持续的时间多是（　　）。

A. 很久，时有来往

B. 有长有短

C. 根据情况变化，不断弃旧更新

（4）你对曾在精神上、物质上诸多方面帮助过你的朋友总是（　　）。

A. 感激在心，永世不忘，并时常向朋友提及此事

B. 认为朋友间互相帮助是应该的，不必客气

C. 事过境迁，抛在脑后

（5）在我生活中发生困难或发生不幸的时候（　　）。

A. 了解我情况的朋友，几乎都曾安慰、帮助我

B. 只是那些很知己的朋友来安慰、帮助我

C. 几乎没有朋友登门

（6）你和那些气质、性格、生活方式不同的人相处的时候总是（　　）。

A. 适应比较慢

B. 几乎很难或不能适应

C. 能很快适应

（7）对那些异性朋友、同事，我（　　）。

A. 只有在十分必要的情况下才会接近他们

B. 几乎和他们没有交往

C. 能同他们接近，并正常交往

（8）你对朋友、同事们的劝告、批评总是（　　）。

A. 能接受一部分

B. 难以接受

C. 很乐意接受

（9）在对待朋友的生活、工作诸多方面我喜欢（　　）。

A. 只赞扬他（她）的优点

B. 只批评他（她）的缺点

C. 因为是朋友，所以既要赞扬他（她）的优点，也要指出不足或批评他（她）的缺点

（10）在我情绪不好、工作很忙的时候，朋友请求我帮他（她），我（　　）。

A. 找个借口推辞

B. 表现得不耐烦，断然拒绝

C. 表示有兴趣，尽力而为

（11）我在穿针引线编织自己的人际网络时，只希望把（　　）编入。
A. 上司、有权势者
B. 诚实、心地善良的人
C. 与自己社会地位相同或低于自己的人
（12）当我生活、工作遇到困难的时候，我（　　）。
A. 向来不求助于人，即使无能为力也是如此
B. 很少求助于人，只是确实无能为力时，才请朋友帮助
C. 事无巨细，都喜欢向朋友求助
（13）你结交朋友的途径通常是（　　）。
A. 通过朋友介绍
B. 在各种场合接触中结交
C. 只有经过较长时间相处、了解才结交
（14）如果你的朋友做了一件使你不愉快的事，你（　　）。
A. 以牙还牙也回敬一下
B. 宽容，原谅
C. 敬而远之
（15）你对朋友们的隐私总是（　　）。
A. 很感兴趣，热心传播
B. 从不关心此类事情，甚至想都没有想过，即使了解也不告诉旁人
C. 有时感兴趣，传播

评分与解释：

请根据你的选项在表 6-3 中找到所得分数，并将所得分数相加。

表 6-3　人际交往能力测试得分　　　　　　　　单位：分

题号	A	B	C	题号	A	B	C
1	1	3	5	9	3	5	1
2	1	3	5	10	3	5	1
3	1	3	5	11	5	1	3
4	1	3	5	12	5	1	3
5	1	3	5	13	5	1	3
6	3	5	1	14	5	1	3
7	3	5	1	15	5	1	3
8	3	5	1				

得分在 15～29 分：人际交往能力强；得分在 30～57 分，人际交往能力一般；得分在 58～75 分，人际交往能力较差。

6.4.2 人际交往行为训练

1. 热身活动：你拍拍，我拍拍

要求所有学员围成一个圆圈，再向同一方向侧身。以 8 拍节奏拍打前方学员从肩膀到背部，最后到腰部。之后，所有学员向后转，再以相同的节拍拍打上次拍打你的同学。

说明： 如果有人在活动中故意捉弄你，你可以在下次拍打中"还"给他。

此活动可告诉学员在交往中，你付出什么，就将收获什么。

2. 叠罗汉

活动目标： 准确地记住他人的名字是与陌生人交往的第一个技巧，因为它表达了你对他人的关心和重视。学会记住他人名字的方法有提问法、重复法、联想法等。

活动流程：

（1）给每位成员三分钟的时间，思考如何用最好记的方式介绍自己的名字和特点。领导者可以先进行自我介绍，作为示范。

（2）按顺时针方向，从某个成员（比如 A）开始介绍自己，要求：

先用一句话介绍自己，这句话中必须包含两个信息：姓名以及自己与众不同的特点，比如"我是活泼好动的周慧"。

从第二个成员开始，每个成员在用一句话介绍自己时都必须从上一个人开始讲起（如"我是坐在活泼好动的周慧旁边的内向害羞的王琳"），直到最后一个人都必须从上一个人开始讲起。

一句话介绍完自己后，再用一两分钟的时间对自己的名字和特点进行进一步的解释和说明。

在介绍的过程中，每位成员都要集中注意力听，努力记住该成员的名字，而且每个人都有协助他人完整表达的义务。

（3）当成员 A 做完自我介绍后，小组的其他成员依次向 A 提一个关于个人信息的问题。要求每个人提的问题不能与前面成员提的问题重复。对于其他成员提的问题，A 可以表示不回答，但不能说谎。当所有的成员都问完一个问题后，A 旁边的下一个成员再开始介绍自己。

讨论与分享：

（1）在刚才的游戏中，你说对了所有人的名字吗？你一共记住了几个人的名字？

（2）你采用了哪些方法来记住别人的名字？（或者你为什么没能记住别人的名字？）

（3）当别人准确地说出你的名字时，你内心的感受如何？当别人叫不出你名字时，你的感受又如何？

温馨提示：

（1）此项活动为团体活动，每次参与的人数在 10～15 人。

（2）活动时间为 50 分钟左右。

3. 爱在指

活动目标：学习在人际交往中应遵循交互原则。

活动步骤：

（1）将团体成员分成相等的两组，一组成员围成一个内圈，再让另一组成员站内圈同学的身后，围成一个外圈。内圈成员背向圆心，外圈同学面向圆心，即内外圈的成员两两相视而站。

（2）当领导者发出动作的口令时，每个成员向对方伸出1~4个手指：伸出1个手指表示"我现在还不想认识你"；伸出2个手指表示"我愿意初步认识你，并和你做个点头之交的朋友"；伸出3个手指表示"我很高兴认识你，并想对你有进一步的了解，和你做个普通朋友"；伸出4个手指表示"我很喜欢你，很想和你做好朋友，与你一起分享快乐和痛苦"。

（3）当领导者发出动作的口令，成员就按下列规则做出相应的动作：如果两人伸出的手指不一样，则站着不动，什么动作都不需要做；如果两个人都是伸出1个手指，那么各自把脸转向自己的右边，并重重地跺一下脚；如果两个人都是伸出2个手指，那么微笑着向对方点点头；如果两个人都是伸出3个手指，那么主动热情地握住对方的双手；如果两个人都是伸出4个手指，则热情地拥抱对方。

（4）每做完一组动作，外圈的成员就分别向右跨一步，和下一个成员相视而站，跟随领导者的口令做出相应的动作。以此类推，直到外圈的同学和内圈的每位同学都完成了一组动作为止。

讨论与分享：

（1）刚才自己做了几个动作？握手和拥抱的亲密动作各完成了几个？为什么能完成这么多（或为什么只完成了这么少）的亲密动作？

（2）当你看到别人伸出的手指比你多时，你心中的感觉是怎样的？当你伸出的手指比别人多时，心里的感觉又是怎样的？

（3）从这个游戏中你能够得到什么启示？

（4）成员分小组进行讨论："人际交往中，可以通过哪些方式来主动表达对他人的接纳、喜欢和肯定？"

领导者点评：在人际交往中，我们有一个共同的倾向——希望别人能承认自己的价值，支持自己、接纳自己、喜欢自己。但是任何人都不会无缘无故地喜欢我们、接纳我们，别人喜欢我们也是有前提的，那就是我们也要喜欢他们，承认他们的价值。也就是说，人际交往中喜欢与讨厌、接近与疏远是相互的。一般而言，喜欢我们的人，我们才会去喜欢他，愿意接近我们的人，我们才会去接近他；而对于疏远、厌恶我们的人，我们也会疏远、厌恶他。因此在人际交往中，应遵循交互原则。对于交往的对象，我们应首先主动敞开心扉，接纳、肯定、支持、喜欢他们，保持在人际关系的主动地位，这样别人才会接纳、肯定、支持、喜欢我们。

温馨提示：此项活动为团体活动，每次参与的人数在10人左右。

4. 交往观察力训练

活动目标：学习观察他人，掌握交往的方式和技巧。

活动时间： 40 分钟。

活动人数： 不限，8~12 人一小组。

活动道具： 纸和笔。

活动规则： 组织者向学员宣布训练的目的、方法及主要观察的内容，如每人需选择 3 人为对象，主要观察他（她）的身材、相貌、衣着、发型、饰品及打扮等。训练结束后，学员将观察到的结果写在一张纸上，要写出被观察者的姓名×××。

活动步骤：

（1）第一层观察。每位成员挑选 3 位对象，仔细观察，主要是观察外表，并将观察结果写在纸上。比如，观察对象是王老三，则学员要在纸板上写"王老三，我看到：他身穿……，梳的发型……；我觉得，他很……"

（2）每人写好后，在全组内分析讨论。观察者先说，而后其他成员一起讨论，看他观察的准确度，并分析影响其观察的因素。

（3）第二层观察。观察你所关注的几个对象与他人互动中的状况，并用小组内最短的语言进行描述。

（4）请被观察者谈感想，主要是看观察者的观察力及分析水平如何。

（5）观察者进一步分析为什么自己观察的情况与被观察者本人感觉的一样（或不一样）。

讨论与分享：
请小组内的成员交流此次训练的体会，并对提高观察力的技巧做分析与总结。

5. 学会赞美

活动目标： 发现他人的优点，加以欣赏，促进相互肯定与接纳。

活动时间： 30 分钟。

活动人数： 10 人一组。

活动步骤：

（1）10 个人一组，围成圈坐。

（2）成员轮流坐在中间，向大家介绍自己。

（3）其他同学根据自己对他的了解，注视着对方，实事求是地赞扬他的优点。句式是："你是一个……样的人，我欣赏你的这点。""我喜欢你的……，你真棒。"

讨论与分享：

（1）与小组成员分享别人赞扬自己时的感受。

（2）自己是否发现了这些优点？当别人说出自己没有发现的优点时，有什么感受？

（3）讨论赞美在人际交往中的作用及赞美的技巧。

6. 自我剖析

活动目标： 在人际交往中，促使个人对自己的性格、品质等特质进行自我反思，继续发扬优点，改进不足。

活动时间： 20~30 分钟。

活动人数：8~10人每组。

活动道具：镜子、白纸和笔。

活动步骤：

（1）用照镜子的办法，对照别人反省自己的人缘怎么样？为什么？

原因1：

原因2：

其他：

（2）我的哪些品质让我获得好人缘？我的哪些品质使我人缘不好？

好品质1：

好品质2：

好品质3：

不好品质1：

不好品质2：

（3）我该怎样成为一个受欢迎的人？

办法1：

办法2：

办法3：

7. 人际矛盾 AB 剧

活动目标：引导学员对待人际冲突。

活动时间：30分钟。

活动人数：每小组10人左右。

活动步骤：

（1）根据成员在分享"解开千千结"活动体验时谈到的人际矛盾问题，选取其中最具普遍性的情境，请两三位成员来表演。比如室友很懒，每次值日都不打扫卫生，引起了全寝室同学的不满；好朋友向你借作业抄，你不想借，但又碍于情面；同学未经你的同意就翻看了你的日记。

（2）其他成员则分小组讨论解决这些人际矛盾的方法，并用小品的形式把它表演出来。

（3）所有成员一起来讨论以上各种解决方案的可取之处和不合理之处。

讨论与分享：

（1）怎样改变对人际冲突的消极看法。

（2）出现人际冲突时，有什么办法来沟通和解决。

小结：领导者总结建设性管理人际冲突的基本方法，如改变对人际冲突的消极看法；以合作代替竞争，实现双赢；学会换位思考，宽以待人；积极地进行沟通；真诚地表达自己的意见和需求；等等。

8. 沟通能力训练：我说你画

活动目标： ①引导组员认识良好的沟通、人际互动的重要性。②让组员领悟积极有效的沟通所需具备的要素。③引导组员清晰表达、准确回应以及学会全局思维。

活动时间： 25分钟。

活动道具： 样图两到三张，图形可以多样，但不要太复杂，一般选用几何图形组成的图案。每个组员派发两张A4白纸和一支笔。

活动步骤：

（1）请一位组员上台（由组员推选或者自愿报名），单独看完样图。
（2）该位组员担当"传达者"，对台下的组员描述图形的样子。
（3）其他组员根据他的描述画出自己理解的图形，其间不允许提问。
（4）公布图样，比较组员们画的图和样图的差别。
（5）再请另一位同组员上台来，单独看完另一张样图。
（6）接下来由这位组员担当"传达者"向其他组员描述出图形的样子。在他描述的过程中，其他的组员可以随时提问，然后再画出理解中的图形。
（7）公布样图，比较组员们画的图和样图的差别。
（8）组员们比较自己前后画的两张图形的差别，分享感受。

9. 绘制自己的"人际财富图"

活动目标： 通过活动了解自己的人际关系现状，反思自己在人际交往中所体现出来的性格特点。

活动时间： 20分钟。

活动道具： 一张白纸，一支笔。

活动步骤：

（1）给每个成员分发一张白纸、一支笔。然后请成员跟着领导者的指导语和示范，绘制自己的人际财富图：首先在白纸的中央画一个实心圆点代表自己。然后以这个实心圆点为中心，画三个半径不等的同心圆，代表三种人际财富或者人际圈。同心圆内任意一点到中心的距离表示心理距离。将亲朋好友的名字写在图上，名字越靠近中心圆点，表明他与你的关系越亲密。

写在最小同心圆内的属于你的"一级人际财富"。你们彼此相爱，你愿意让对方走进自己心灵的最深处，分享你内心的秘密、痛苦和快乐。这样的人际财富不多，却是你最大的心灵慰藉，也是你生命中最重要的成长力量。

写在第二大同心圆内的是你的"二级人际财富"。你们彼此关心，时常聚在一起聊天、戏耍、一起分享快乐、一起努力奋斗。虽然你们之间有些秘密是无法分享的，但这类朋友让你时常感到人生的温馨。

写在最大一个同心圆内的属于你的"三级人际财富"。这些朋友，可以是平时见面打个招呼，但是需要帮助时也愿意尽力帮忙的朋友；可以是曾经比较亲密但渐渐疏远，却仍然在你心中占有一席之地的朋友；也可以是平时难得见面，却不会忘记在逢年过节问候一声的朋友。

同心圆外的空白处代表你的"潜在人际财富",尽量搜索你的记忆系统,把那些虽然比较疏远但仍属于你的人际财富的人的名字写下来。

(2)领导者引导成员进行思考和分享。我的"人际财富图",如图6-1所示。

一般而言,一个成年人需要与大约120人维持不同程度的人际关系,其中包括2~50个心理关系比较密切的人。如果人际关系过疏或过密,都容易引发个体的心理问题,或孤独无助,或自我迷失。你的人际关系现状如何?是否合适?你认为是自己身上什么性格品质给你带来了好人缘?或者你的人缘不太好是什么原因导致的?

试着一边整理自己的人际财富,反思自己在人际交往中所体现出来的性格特点(比如,是否因一时愤怒的情绪而失去了曾经的知己;是否因太自我中心忽略他人的感受而被周围的朋友渐渐疏远),找出自己需要继续发扬和改进的地方。

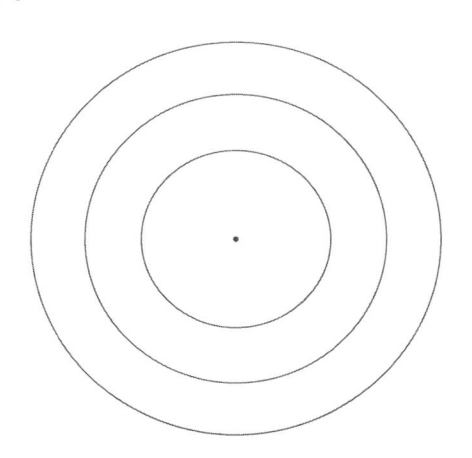

图6-1 我的"人际财富图"

思考与练习:

1. 结合自身,谈谈人际交往的意义。
2. 正确处理人际关系的原则有哪些?
3. 结合自己的情况,谈谈你是如何调适人际关系中的心理问题的?
4. 分析你的人际交往模式,怎样改进?
5. 怎样提高大学生人际交往的艺术?

推荐赏析:

1. 心理书籍:《非暴力沟通》

《非暴力沟通》是美国作者马歇尔·卢森堡所著,刘轶翻译,由华夏出版社出版。"非暴力沟通"是一种沟通方式,也被称为"爱的语言"。它是一种持续不断的提醒,提醒我们专注于彼此的观察、感受、需要和请求。它希望达成的是:帮助我们在诚实和倾听的基础上与人发生联结。

2. 心理电影:《阳光姐妹淘》

《阳光姐妹淘》是由姜炯哲导演执导,由沈恩京、姜素拉、闵孝琳等主演,于2011年上映的一部韩国喜剧电影。该片讲述的是曾经是中学"七公主"Sunny小团体的成员,25年后再次重逢相聚,寻找属于那个时代的青春记忆的故事。

总说朋友是一辈子的,而能称得上是朋友的,也只有那么几个。也许不能陪伴你一辈子,却能在有限的生命里,为你的生活增添一份与众不同的色彩。

第 7 章　大学生情绪的自我调节与管理

名人名言：

　　一切对人不利的影响中，最能使人短命夭亡的，就算不好的情绪和恶劣的环境。

——胡夫兰德

　　良好的健康状况和由之而来的愉快的情绪，是幸福的最好资金。

——斯宾塞

本章要点：

1. 情绪的含义及影响因素。
2. 大学生情绪的特点。
3. 大学生情绪的自我管理与调节。

【案例】

　　古时候，有一个少年，自幼失去双亲，靠人施舍接济过日子，屡遭他人歧视。某一天，一群恶少当众羞辱他，其中有一个屠夫对他说："你虽然长得又高又大，喜欢带着剑，其实你胆子小得很！有本事的话，你敢用你的佩剑来刺我吗？如果不敢，就从我的裤裆下钻过去。"听到这话，这个少年深感屈辱，怒火中烧，但他自知形单影只，硬拼只有吃亏，甚至招来杀身之祸。于是，他便当着许多围观人的面，从那个屠夫的裤裆下钻了过去。这个少年就是西汉开国功臣韩信。

　　韩信之所以能在那样的情景之下做出明智之举，是因为他的理性占据了上风，没有被愤怒的情绪控制，可谓情绪管理的典范。

　　试想，韩信这次的遭遇发生在你身上，你会怎么办呢？

　　情绪健康是衡量一个人身心健康的重要指标之一，它与一个人能否适应社会、顺利开展工作、正常进行人际交往和安排生活有着紧密的联系。因此，情绪管理是大学生心理素质教育与训练的重要内容。

7.1　情绪概述

情　商

　　情商，即情绪智力。哈佛大学心理学家高曼（Goleman）把情商定义为：了解自身感受，控制冲动和恼怒，理智处事，面对考验时保持平静和乐观心态的能力。这些能力可概括为五个方面：①认识自己情绪的能力；②管理自己情绪的能力；③自我激励的能力；④认知他人情绪的能力；⑤妥善处理人际关系的能力。

7.1.1 情绪的含义

情绪是指伴随着认知和意识过程产生的对外界事物的态度体验，是人脑对外界客观事物与主体需求之间关系的反应，是以个体需要为中介的一种心理活动。情绪是人生的重要组成部分，不管什么样的情绪，对人生都有重要意义。

一般来讲，每种情绪都包含四个主要组成部分：生理唤醒、认知解释、主观感受和行为表现。

假设你中了1亿元的大奖，公布结果的那一刻很可能你会跳起来，手舞足蹈，非常激动，心跳加速，一股非常开心的感觉充满了你的全身。恭喜你，刚才你产生了一种情绪！

生理唤醒部分包括一个能同时贯穿自主神经系统和内分泌系统的预警广播。它会带来一个广泛意义上的内脏反应，包括心跳加速、肌肉紧缩、脸色苍白、出汗、呼吸仓促等。

情绪的第二个组成部分是对刺激的认知解释，包括对情境的认识和评估。是好是坏？是吸引人的还是可怕的？毫无疑问，你会把中奖的消息解释为好的。

第三个部分，通过傅小兰领衔翻译的《津巴多普通心理学》一书可以看出，关于情绪的主观感受部分，可能主要有两个来源：一种是大脑感知身体当前的唤醒状态；另一种是来自身体对过去类似情况的记忆。对于每一种令人难忘的感觉，大脑都会储存一种情绪上的"具身印象"，也可以叫做身体标记。例如，当一只饥饿的熊追赶你时，你的大脑会恢复你过去遭遇危险时的具身情绪记忆，包括心跳加速、出冷汗和逃跑时的肌肉震颤；此外，还有一种情感受来源是镜像神经元系统。例如，在被熊追赶的例子中，你的镜像神经元可能反映了你之前看到熊的同伴时的情绪。

情绪的第四个部分是行为表现。所以，当你得知自己中了大奖时，你可能会大笑欢呼，甚至还会狂欢，手舞足蹈，把这个好消息告诉你的亲朋好友。而被饥饿的熊追赶时，它很可能会激起你是战斗还是逃跑的行为反应，以及充满恐惧情绪的面部表情和声音。

7.1.2 情绪的分类

情绪的分类标准有很多，按照不同的标准可以分成不同的情绪类型。

1. 从生物进化的角度可分为基本情绪和复合情绪

基本情绪是人和动物共有的、不学而会的，也可以叫原始情绪。比较通用的基本情绪是快乐、愤怒、悲哀、恐惧四种，与个体的生理需要是否满足密切相关。快乐是个体精神上的一种愉悦，是心灵上的满足，也是个体由内到外感受到的一种非常舒服的感觉；愤怒是指由于其他人或事妨碍目标达到时产生的情绪体验；悲哀是指在失去自己所爱的人和物或自己的愿望破灭时所产生的情绪体验；恐惧是指企图逃避某种危险情景时产生的情绪体验。

但是，人作为高等动物，除了自然属性和生物属性外，还有更多的社会属性。在社会生活中，人会接受更多的文化教育和社会磨砺，所体验到的情绪就更加复杂和多元。复合情绪就是四种基本情绪不同成分、不同比例混合派生出来的复杂情绪，如惊讶、委屈、敌意等，又称次级情绪，与人的社会需要的满足密切相关。

2. 按功能可分为积极情绪和消极情绪

积极情绪是指个体由于体内外刺激、事件满足自身需要而产生的伴有愉悦感受的正向情绪体验，包括快乐、满意、兴趣、自豪、感激和爱等。积极情绪可以扩展思维、增进人际交往，让人更健康、更坚韧、更有创造力；消极情绪是指外界刺激或事件不能满足个体内在需要而产生的负性情绪体验，包括焦虑、紧张、愤怒、沮丧、悲伤、痛苦等情绪。消极情绪会引起身体不适感，甚至影响工作和生活的顺利进行，进而有可能造成对身心的伤害。

3. 根据情绪发生的强度、速度、紧张度和持续性，可分为心境、激情和应激

心境是一种比较微弱、持久且具有渲染性的情绪状态。积极乐观的心境可以提高人的活动效率，有助于身心健康；消极悲观的心境会降低人的活动效率，不利于身心健康。

激情是一种强烈、短暂且具有爆发性的情绪状态。激情也有积极和消极之分，积极的激情能激励人全身心地投入到实现目标的活动中去，而消极的激情则会冲昏头脑，产生很大的破坏性和危害性。

应激是出乎意料的紧急情况所引起的高度紧张的情绪状态，如火灾、大地震。在遇到出乎意料的紧急情况时，人可能有积极和消极两种反应，积极反应表现为思维清晰、动作敏捷，从而化险为夷；消极反应表现为思维迟钝、动作惊慌，正常处理事件的能力被大大削弱。在危急状态下的应激反应会击溃人的生物保护机制，导致适应性障碍。

7.1.3 情绪的影响因素

面对同样的事情，不同的人会有不同的情绪体验。一个人的情绪受到情景、认知、需要和行为等因素的影响。

1. 情景对情绪的影响

人的情绪总是在一定的情景之下产生的，而所处的情景必然会对人的情绪产生一定的影响。"人逢喜事精神爽，月到中秋分外明"说的就是这个道理。取得优秀的成绩、得到领导的认可、得到他人的欣赏甚至秋高气爽的天气都可能会让人感到十分开心，充满力量；反之，遭遇考试失败、同学误会、老师批评甚至天气阴沉可能会让人感到沮丧、失望，甚至乏力。

2. 认知对情绪的影响

俗话说："仁者见仁，智者见智。"说的就是每个人对任何事物都有自己的认知。即使面对同样一件事情，因各人有不同的认识，随后产生的情绪也可能不一样。比如，等待一位没有按时赴约的朋友时，有人可能会想对方是不是遇到意外或者有困难不能按时来，就会产生担心的情绪；有人可能会想他竟然随意浪费我的时间，就会产生愤怒的情绪；有人可能会想他说话不算数，不值得交往，就会产生轻视的情绪；等等。

3. 需要对情绪的影响

情绪背后是需要，即每一种情绪都是个体内心需要的特殊表达，情绪是内心需要是否得到满足以及满足程度的一种信号。失恋时，可能会感到痛苦、难过，因为尊重、接纳、自我价值、爱等需要得不到满足；恋爱时，可能会感到开心、幸福，因为爱、尊重、接纳、价值感等需要得到了满足。

4. 行为对情绪的影响

常识告诉我们，某些事件和想法会让人产生某种情绪，而这种情绪反过来会影响人的行为，即我们常常只注重"情绪→行为"，而忽略了"行为→情绪"。《正能量》一书通过很多的心理学实验告诉我们，情绪和行为相互影响，行为也可以塑造情绪，当走上讲台时双臂自然展开可以使人放松；当眉心展开，嘴角上扬时也可以使人开心。

7.1.4 情绪的功能

在我们的生活中，情绪不是一种毫无目的、没有任何意义的伴随体验。相反，它是在适应外界变化的过程中产生的具有重要作用的工具，情绪具有自我保护、社会适应、自我激励、信息传递等功能。

1. 自我保护功能

在最简单水平上，情绪能够帮助我们做出更迅速的反应。当身体或人的其他方面受到威胁时，人产生恐惧以应对；当发生利益或权利上的冲突时，人产生愤怒以应对；当吃到不适的食物或污物时，会产生厌恶感。这些情绪反应表现出非常明显的自我保护倾向。

2. 社会适应功能

情绪导致个体对不同的事件产生不同的应激性反应，并且利用这种反应来调整或保持自身与环境之间的关系。情绪具备的这种灵活多变的特征，是因为情绪的机能除了来源于个体所蕴含的类似于条件反射的先天机能之外，还来源于个体后天的所有学习及认知活动。很多类型的情绪都具备调节群体间关系的作用。例如，当个体对他人造成各种伤害时，罪恶感可以重新构建社会平等；羞怯感则可以使个体加强与社会习俗的一致性。诸如此类可以调节个体与群体关系的情绪还有同情、怜悯、责任感等，都能起到构建及保持社会关系的作用，不但可以增强群体的凝聚力，还可以在一定程度上提高个体的社

3. 自我激励功能

人在紧张情绪产生时会表现出一系列生理变化，如血压升高、呼吸加快、肾上腺素分泌增加等，这一切都有助于一个人充分调动体力去应对紧急状况。适度的情绪反应能够激励人的活动，提高人的活动效率，进而推动人们有效地完成工作任务。

当出现紧急情况时，消极的情绪（如愤怒和恐惧）能够提高大脑的警觉水平；积极的情绪能使一个人的感知觉变得敏锐，记忆得到增强，思维更加灵活，有助于一个人内在潜能的充分展示。

4. 信息传递功能

情绪和语言一样，具有服务于人际互动的信息传递职能，是人际通信交流的手段。一个人不仅能凭借表情传递情感信息，而且也能凭借表情传递自己的某种思想和意愿，如微笑表示赞赏，点头表示默认，摇头表示反对。情绪通过独特的无词通信手段，即由面部肌肉运动模式、声调和身体姿态变化所构成的表情来实现信息传递和人与人之间的相互了解。人们通过表情反映自己的意愿，也通过对他人表情的观察和体验来了解周围人的态度和意愿。

7.2 大学生情绪的特点和常见问题

7.2.1 大学生情绪的特点

大学时期是青年人心理走向成熟的重要时期，也是情绪丰富多变、相对不稳定的时期。随着知识素养的提升以及所处特定年龄阶段的变化，大学生的情绪带有鲜明的群体特征，具体表现在以下几个方面。

1. 敏感性

同样的刺激情景或事件，其他年龄段的人可能不会引起什么情绪反应，但年轻的大学生可能就会有强烈的情绪体验。一句善意的话语，一个感人的故事，一支动听的歌曲，一首情理交融的诗歌，都可以使得大学生情绪发生骤然变化。特别是在当前社会变化发展快、网络传播迅速、价值选择更加多元的社会大背景下，如校园内的一件小小的事情就可能在大学生中引起轩然大波，种种社会现象很容易使大学生产生情绪困惑与波动。

2. 丰富性

大学生情感体验丰富，并随着自身发展、环境变化及自我意识的迅速发展而表现为情绪情感更加深刻、敏感、细腻、复杂。例如，时而兴高采烈、踌躇满志，时而悲观沮丧、斗志全失，时而心静如水、无欲无求，时而热血沸腾、心高气盛。

3. 冲动性

大学生正值精力、体力旺盛的时期，他们血气方刚、激情四射，情绪反应快而强烈，易受某事件或者环境氛围的影响。他们对一些问题的认识不够成熟，辨别是非的能力还比较有限。有时会因一点小事振奋不已、豪情万丈，有时也会因为一个微小的社会刺激而怒发冲冠、言行过激。例如，个别大学生对于网络上的一些负面信息未经证实就愤怒地转发就属于此类。

4. 掩饰性

随着年龄的增长，大学生的情绪自我控制和调节能力逐步提高，情绪表现有时也会带有掩饰性和压抑性的特点。大学生会根据不同的情境表现出不同的情感，也会有外在表现和内在体验不一致的情况。例如，当获得一等奖学金的时候，他们可能内心十分骄傲，但是因为顾及其他同学的感受，往往不会轻易表露出来。

7.2.2 大学生常见的情绪困扰

大学生正处于生理、心理及思想变化时期，心理状态及情绪波动较大，且缺乏社会生活的磨砺，心理承受能力相对薄弱，在各种冲击面前缺乏恰当的适应能力，较易导致自卑、焦虑、抑郁、愤怒等情绪问题的产生。

1. 自卑

【案例】

小兰，女，18岁，大一学生。她身高1.47米，体形微胖，自认为长相一般，没有任何才艺。她很少参加班级活动，上课从不主动回答老师的问题，常常独来独往。自认为室友们瞧不起自己，甚至还在背后议论自己。她感到非常难过，问自己："我可以退学吗？我为什么要上大学？我为什么样样都不如人？为什么命运对自己这么不公平，既然让我来到这个世界，为什么又什么都不给我呢？"

该女生面临的情况就是由于自我认知不清、适应环境不良而导致的自卑心理。你觉得你有不如别人的地方吗？如果有，这种情绪体验令你感到困扰吗？

自卑是由于个体生理、心理的因素或其他原因的认知偏差而导致的轻视自己的消极情绪体验。自卑通常表现为对自己评价过低，轻视或瞧不起自己，担心失去他人的尊重的心理状态。

大学生的自卑主要表现为：自我评价过低，认为自己明显不如他人；敏感和掩饰，具有自卑心理的学生往往对自己的不足和别人对此的评价很敏感，常把别人与自己无关的言行看成对自己的轻视，并且对自认为的缺陷进行掩饰；封闭、逃避现实，具有自卑心理的大学生常采用回避与别人交往的方法来避免别人看出自己的缺陷和不足，把自己封闭起来。

要克服自卑感，首先要持有正确对待自卑的态度，分析产生自卑的原因，正确地认识它，继而通过建立合理、积极的自我评价来克服和消除自卑感。

2. 焦虑

【案例】

张宇，男，20岁，大一学生。自述：临近考试了，我反而看不进去书了，有时坐在那儿也没什么效率，心里想着那么多门功课要复习，该怎么办？别的同学都复习好了，如果在班上不能取得好名次该怎么办？中学的时候自己一直都是班上前三名，如果这次考不好父母会怎么说？他们最近还打电话来让我好好复习，如果哪门功课再考不好的话，我都不能想象后果会怎样。想着这些，我就着急，可越急我就越是看不进去书。

焦虑是人们在面临威胁或预料到某种不良后果时产生的情绪体验，是一种紧张、害怕、担忧、焦急等混合交织的情绪体验。案例中的小张是因为担心考不好而出现的考试焦虑。

焦虑是大学生常见的情绪状态，当他们在学习、工作、生活各方面遭遇挫折或需要付出巨大努力的事情来临时，便会产生这种体验。大学生常见的焦虑有自我形象焦虑、学习焦虑、情感焦虑与就业焦虑。适度的焦虑具有积极作用，可提高人们的警觉水平，充分发掘身心潜能，注意力会更加集中，思维更加活跃，心理反应加快，从而能更好地解决问题。不适当或过度的焦虑，可使人心情过度紧张，情绪不稳定，注意力难以集中，不能正确地推理判断，以致影响学习、人际关系及日常生活。

3. 抑郁

抑郁是一种感到无力应对外界压力而产生的持续时间较长的低落、消沉的情绪体验，它常常与苦闷、烦恼、焦虑、厌恶、自卑等情绪交织在一起。这种情绪状态的显著表现：一是情绪低落，意志消沉、忧郁、沮丧，感到前途渺茫，悲观厌世；二是兴趣降低，什么事都提不起兴趣；三是思维迟缓、活动减少，常感到精力不足、注意力不集中，思维迟钝。有抑郁情绪的人常常静坐在一边，独自伤心，回避亲友和同事，别人的欢笑只会增加其痛苦。

一方面抑郁情绪的产生与大学生的情绪特征有关，在对人和事情进行评价时，容易片面化，多看到其消极、黑暗面，陷入悲观沮丧的抑郁状态；另一方面，与大学生的挫折承受力有关，特别是遭受重大不幸事件及重大挫折后，长期的努力不能得到相应的回报，容易让大学生陷入抑郁状态；此外还与大学生的个性特征有关，性格内向、敏感多疑、依赖性强、易悲观的大学生较其他同学更易陷入抑郁状态。

长期处于抑郁情绪状态，对大学生的学习、工作和生活会产生较大的影响。这些大学生往往对学习、交往和活动失去热情与兴趣，体验不到生活的乐趣，学习效率大大降低，由于自我评价偏低，常常自怨、自责，认为自己无能无用，愧对父母师友，对生活失去信心，对前途悲观失望，甚至产生自杀的念头和行为。持久的严重抑郁情绪还可能导致抑郁症、胃溃疡、肿瘤等身心疾病。

4. 愤怒

愤怒是人类情绪系统中最基本的情绪之一。当人感觉愤怒时，身体会释放肾上腺素，肌肉会紧绷，心率和血压都会升高。这时人的感官可能变得更加敏锐，甚至有的人面部和手发红，脸色铁青，身体的力量变得强大起来，当我们的祖先在生命安全受到威胁时，愤怒成为一种重要的情绪表达，为祖先提供了必要的原始驱动力和生存力。

情绪心理学家发现每个人对愤怒的感知（包括频率、强度、持续时间）都不同。也就是说，有些人会比别人更经常地感到愤怒，有更强烈的愤怒感，或保持更长时间的愤怒状态。造成这种差异的原因是多种多样的，如遗传的原因、家庭环境的原因，甚至是社会文化的原因。总是发脾气对于人际关系具有较强的破坏性，无论是每一次朝孩子怒吼，朝爱人发火，还是对同事恶语相向，都会像一把利刃一样给对方造成伤痕。

所以大学生要学会接受现实，理性面对生活事件，管控愤怒。在其他水平相当的情况下，接受现实，管理好愤怒情绪的人，比那些总是与现实较劲、容易产生强烈愤怒情绪反应的人更容易取得成功与圆满。

5. 冷漠

冷漠是一种对人、对事漠不关心的消极情绪体验。有着冷漠情绪的大学生，在行为上常表现为对生活缺乏热情，对集体活动漠不关心，对周围的同学态度冷漠，对学习应付了事、缺乏兴趣，大多独来独往，十分孤僻。产生冷漠的主要原因往往与个人经历和自身性格特点有关，如从小缺乏父母关爱，与家人关系冷漠，自己的努力得不到承认、善意得不到理解等。片面、固执的思维方式，心胸不够开阔，耐受力较差，过于内向的个性特点等都容易使人产生冷漠情绪。表现冷漠的人往往内心很痛苦、孤寂，具有强烈的压抑感，而过分的压抑又会破坏心理平衡，影响身心健康。

培养良好的个性品质，正确对待挫折、积极参加各种有益的活动都有助于改变冷漠情绪。

7.2.3 情绪对大学生的影响

在我们的生活中，情绪不是一种毫无目的、没有任何意义的伴随体验。相反，它们是在适应外界变化的过程中产生的，是具有重要作用的工具与信号。

艾尔玛生理情绪实验

美国生理学家艾尔玛（Elmar）的实验研究将人在不同情绪状态下呼出的气体收集在玻璃试管中，冷却后变成水，他研究发现：在心平气和的状态下呼出的气体冷却成水后，水是澄清透明的；在悲伤状态下呼出的气体冷却成水后，水中有白色沉淀；在愤怒、生气状态下呼出的气体冷却成水后，将其注射到大白鼠身上，几分钟后大白鼠死亡。

艾尔玛教授经过分析计算得出结论：①人生气时会耗费大量精力（生物能量），如果一个人生气10分钟，其所耗费的精力不亚于一次3000米的赛跑；②生气时，人体生理反应十分剧烈，很难保持心理平衡，体内各种生物分泌物比其他任何情绪下所产生的分泌物都复杂、多样，且更具有一定程度的生物毒性！对健康十分不利。

1. 影响大学生的身心健康

现代医学心理学研究表明，情绪影响神经调节、内分泌和免疫系统的功能，进而对全身机能带来影响。积极的情绪可使神经调节和内分泌平衡，免疫力增强，各器官的活动适度、协调，有利于提高健康水平。消极的情绪则使神经调节和内分泌紊乱，免疫力下降，某些器官活动过度、失衡，导致疾病发生。

大学生处于血气方刚、精力充沛、生命力旺盛的青年时期，在情绪表现上具有易怒、冲动、敏感、波动大等特点，情绪管理不当容易造成失眠、紧张、神经性头痛、消化系统疾病等状况。在大学中常见的抑郁症、恐惧症、强迫症等心理障碍和疾病，也大都与不良情绪密切相关。因此，保持良好的情绪状态，是大学生身心健康的重要方面。

2. 影响大学生的学习效率

良好的情绪对人的行为起着积极的促进作用，可使人思维敏捷，大大提高学习效率；不良的情绪对人的行为起着消极的阻碍作用，让人思维迟缓、学习效率降低。再聪明的人，如果没有一个好的心态，就不能最大限度地发挥自己的能力和潜能。

3. 影响大学生的人际交往

大学生的情绪状态直接影响到大学生的人际交往。情绪积极乐观的人往往比较受人欢迎，人际关系较好；情绪消极悲观的人大多人际关系较差。人们通过语言信息和非语言信息进行交往，55387法则告诉我们，语言信息对人际交往的影响在7%左右，非语言信息对人际关系的影响在93%左右。非语言信息包括语音语调、身体动作、精神状态等信息。积极的面部表情和精神状态、良好的身段表情和言语等可以促进我们更好地进行人际交往，改善人际关系。

4. 影响大学生的自身成长

情绪不仅影响大学生的身心健康，而且对于大学生的人格发展具有同等重要的作用。良好的情绪有助于增强学习兴趣，提高学习效率，促进潜能开发，并有助于人的自信心的建立。培养积极健康的情绪，是大学生心理素质教育的重要内容。

7.2.4 大学生情绪健康的参考标准及表现

健康的情绪是指一个人的情绪发展、反应水平和自我控制的能力与其年龄、社会角色相适应，并为社会所接受。但健康情绪与不健康情绪之间的区别是相对的，很难有严格的界线。

1. 大学生情绪健康的参考标准

在不同的心理专家看来，情绪健康的标准略有差异。我们认为，健康情绪应当符合以下几个标准。

1）接纳自己的情绪变化

情绪是一种心理能量，它就像一条河流一样是流动变化的，会有涓涓细流的时候，也有波涛汹涌的时候。无论喜怒哀乐，当我们觉察到自己有情绪的时候，都要欣然接受它，尤其是当出现负面情绪的时候，我们要用平常心来接纳它，不苛求完美，假以时日我们会发现每一种情绪都有它的正面意义。

2）情绪是由适当的原因引起的

情绪反应都是有原因或对象的，当事人一般都能觉察到，并且周围的人也能觉察到或赞同其对情绪原因的解释，毫无原因的情绪反应不是健康的情绪反应。

3）情绪反应适时、适度，表达方式恰当

情绪反应的强度应与引起情绪的情境相符合，反应的时间与反应的强度相适应。情绪反应能够随着客观情境的变化而转移，而且能通过语言、仪表和行为准确表达情绪，表达方式为社会所接受。

4）积极情绪多于消极情绪

情绪健康并不是否认消极情绪存在的合理性和它的意义，但情绪健康者应该是积极情绪多于消极情绪，而且消极情绪持续时间较短、程度较轻，不涉及与产生消极情绪无关的人和事。

2. 情绪健康的具体表现

不同年龄阶段的人，情绪健康的具体表现也不同。我们认为大学生情绪健康的具体表现包括：

（1）情绪的基调是积极、乐观、愉快、稳定的。
（2）及时、准确、适当地表达自己的主观感受。
（3）善于寻找快乐、创造快乐，对不良情绪具有自我调控能力。
（4）善于把个人需要与社会的需求协调起来，高级的社会情感得到良好的发展。

7.3 大学生情绪的自我管理与调节

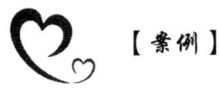

【案例】

小江，男，20岁，大专学历，机电一体化专业毕业，曾就职于某机械制造公司的产品质量管理岗位。工作3个月后，因为一次未对产品质量严格把关，受到质检部领导的批评，当月月奖也被以一定比例扣除。小江觉得自己很委屈，也很愤怒，觉得自己在工作上勤勤恳恳，肯学肯做，积极努力，为什么只因一次小小的差错就扣除自己的奖金呢？一怒之下，小江就辞职了。

如果你是小江，你会有什么感受，你会怎么处理自己的情绪呢？

有些人在面对情绪时，完全被情绪控制，任由情绪牵制他们的思想、感受和行为。轻者导致心情不愉快，重者导致不能正常生活、人际关系出现问题，甚而因一时冲动，做出危害生命和财产的严重行为。那么怎样调节自我情绪、培养良好的情绪管理能力呢？下面将从情绪的认知、表达和调适这三个方面介绍情绪管理三步法。

7.3.1 有意识别情绪

情绪认知是情绪管理的基础与前提，也可以说是情绪管理的第一步。情绪认知包括觉察自己的情绪和识别他人的情绪两个方面。

1. 觉察自己的情绪

首先，应能及时觉察自己所处的情绪状态。也就是说，应适时提醒自己，把注意力从外界收回来留意自身的内在状态：我现在有情绪吗？我现在的情绪是什么？一旦有负面情绪升起，先从情绪中跳出来反观自己的内心，让自己先能察觉自己的情绪，再诚实面对，由衷接纳：是高兴还是生气？是舒服还是不舒服？如当你因为朋友约会迟到而对他冷言冷语时，就应问问自己现在有什么感觉，应自我确认冷言冷语背后的情绪是生气、失去耐心还是担心或者失望等。只有当我们认清自己的情绪，知道自己现在的感受时，才有机会去掌握情绪和管理情绪。

其次，应分化、辨识表面情绪背后的真实情绪感受。由于情绪本身的复杂多变，我们所直接感受或表现出来的可能是已经包装或伪装的情绪，如以生气的方式来掩藏内心受伤的感觉等，所以我们要学习分化并辨识我们真正感受到的情绪，而不被表面情绪所局限。比如，有时候我们只能粗略地感受到不舒服、不愉快，至于"不舒服"是什么，却说不上来，这时候我们就需要进一步探索情绪，试问是什么让自己感到不舒服，这不舒服是愤怒、悲伤、挫折、害怕、羞耻还是罪恶感受？如果是接近愤怒的感觉，是不平、不满、有敌意、生气还是愤慨呢？如果是羞耻类的情绪，是觉得愧疚、尴尬、懊悔还是耻辱呢？这样一步一步引导自己，就可以将原本模糊、笼统的情绪，分化成比较具体、明确的情绪，也才可能进一步利用表面情绪所带来的线索去探索内心深处的真实情绪。

最后，还要通过分析法认清引发情绪的原因。情绪是外界刺激通过人们的认知评价产生的一种主观体验。影响情绪的因素既有外界刺激方面的原因，即客观原因，更有自身认知评价方面的原因，即主观原因。艾利斯的 ABC 理论认为，情绪并非直接源自外在诱发事件，而应该归因于个体对于这件事的观念和想法。所以探讨原因、了解情绪背后的想法和信念，可以帮助我们弄清楚是哪些想法或思考方式让我们产生了负向的情绪。只有认清了引发情绪的原因，才能了解自己情绪发生的来龙去脉，真正觉察自己的情绪。

2. 识别他人的情绪

提高对他人情绪的识别能力，包括对他人面部表情、语音语调和身段表情的识别。

首先，要了解人类情绪的外显行为——表情。表情是情绪的外在表现，是脑和躯体神经系统支配的骨骼肌运动，表情既具有先天遗传性，又受后天的社会文化因素的制约，它包括面部表情、言语表情和身段表情。我们的情绪表现能被别人识别，所以情绪表现具有一定的社会价值。因此，在什么情况下表示何种情绪是人们后天学会的。情绪识别实际上并不是针对表情本身的，而是针对它背后的意义。情绪识别是一种复杂的认知过程，包含观察、分析、判断、推理等。

其次，要把握情绪识别的规律性。情绪识别的准确度受多种因素的影响，一般可以从以下几个方面进行识别。一是从面部表情中识别。从面部识别情绪的主要线索并不局限在"眉目之间"，也可以借助面部那些活动性更大的肌肉群的运动来识别；二是从情绪行为的前后关系中识别情绪，准确度高，而孤立地识别情绪，准确度低；三是面部表情的识别如果能和身段表情结合起来，那么就更有利于准确地判断情绪状态；四是言语表情的重要性也不可低估，同样一句话，由于说话者语音语调的不同，往往可以使人就说话人的情绪做出相当准确的识别，而听话人的感受也因之而有很大差异；五是要准确地识别一个人的情绪单凭表情是不充分的，正常成年人的情绪表现是可以随意调节的，情绪可以在没有表情的情况下产生，表情也可以在没有情绪体验的情况下出现。因此，必须结合其他指标（如当时的情境、个体的性格特征等）综合判断。

知识栏

情绪的外部表现——表情

表情主要有三类：面部表情、言语表情、身段表情。

（1）面部表情。面部表情是情绪在面部肌肉上的表现。由于面部表情能精确、准确地反映人的情绪，所以它是人类表达情绪最主要的一种表情动作，如高兴时眉开眼笑，生气时怒目圆睁，紧张时张口结舌。

（2）言语表情。言语表情是情绪在言语的声调、速度和节奏上的表现，如喜悦时音调高昂、语速较快，音高差别大，悲哀时音调低沉，速度缓慢。

（3）身段表情。身段表情是情绪在身体动作上的表现，头、手、脚的动作都能传达情绪。例如，人在欢乐时手舞足蹈，悔恨时捶胸顿足，羞怯时扭扭捏捏。

7.3.2 有效表达情绪

当我们觉察了自己的情绪后，下一步将是接纳、面对和表达情绪。

第一，平静地接受自己的情绪。情绪的能力是整体的，只有自由地体验各种情绪，才能感受更多流畅的情绪。一个心理健康的人并不否定自己负向情绪的存在，而且会给它一个适当的空间，绝不压抑或控制，而是能够去了解、接受自己的情绪，并学习如何与它相处，这远比压抑、否认有益得多，只有接受自己内心感受的存在，才能谈及有效管理情绪。

第二，恰当表达自己的情绪。恰当的表达不仅可以为我们内心的感受找到出口，而且可以让对方多了解我们，因此在觉察、接受自己真正的感受后，要把握良好的时机，以恰当的方式表达自己的情绪。有效的情绪表达是平静地叙述出真实的情绪体验，而不是发泄。所以，情绪表达的方式非常重要。在表达情绪时应以平静、非批判的方式叙述情绪的本质，且情绪的言语表达要清楚、具体。在表达情绪时，要清楚地告诉对方你产生这一情绪的原因和当时特定的情境，这样别人才可能真正了解你的状况。如果你还没有更娴熟的表达技巧，不妨使用如下公式来表达情绪："当……的时候（引发情绪的具体情境或事实），我感到……（情绪），因为我认为……（引发情绪的认知和观念）。"

7.3.3 积极调适情绪

情绪对人的发展影响极大，情绪的调控不仅与身心健康密切相关，而且与一个人能否适应社会、获得事业成功和更好地享受生活有紧密联系。但是对于情绪的调节和控制，并不等于简单的压抑。要做到自如地调控自己的情绪，经常处于良好的情绪状态，可以通过了解情绪管理的来龙去脉，并学习一些情绪自我调控的方法与技巧来实现。情绪不易控制，但可以管理。我们可以从以下影响情绪变化的因素中来把握情绪调控的可能性。

第一，从影响情绪的主观因素和客观因素来看。情绪是由客观刺激引起的主观体验，可见客观的事物与主观的信念同时影响着人们情绪的变化。因此，要改变一种情绪，便可以从两个方面入手——要么改变客观事物的性质，要么改变内心主观认知的倾向。客观事物的性质，有的是能被人们改变的，而有的是不能被人们改变的；主观认知和理念则是可以改变的。如把失败当做为成功"交学费"，沮丧的情绪就会转为振奋；把沉重的任务、艰难的工作看做锻炼自己的机会，压抑的情绪就会变为兴奋。

第二，从影响情绪的先天因素和后天因素来看。每个人的确存在被先天因素所决定的比较稳定的情绪反应倾向，同时也有在后天环境中通过学习获得的、可以加以改造的情绪反应倾向。影响情绪的先天因素主要有两种。一种是人的气质类型，它决定着人们的情绪反应倾向，这是不易改变的，正如俗语所说，"江山易改，本性难移"。但人们可以通过了解自己的情绪倾向，接纳自己的现状，并设法扬长避短。另一种是与情绪有关的一些生理需要和感官刺激，影响情绪的后天因素则完全可以被人加以利用或改变。有很多情绪都是后天习得的，如乐观、沉稳、奋发、同情、勇敢、自豪、嫉妒、恐怖等。后天人们所处的环境、受到的教育、社会家庭的影响、个人的生活经历，都可能导致人们情绪倾向的明显改变。

第三，从情绪发生时的身体内在变化和外在表现来看。心理学家通过实验手段研究证实，与情绪有关的生理变化主要有循环系统、呼吸系统、腺体、肌肉变化等，这些身体的内在变化有的是无法改变的，有的则可以通过深呼吸、放松训练等加以改变。面部表情、身体姿态、肢体动作、语音语调等大部分情绪的外在表现是可以通过训练得到改变的。

由此可见，在情绪变化所依赖的主观因素与客观因素、先天因素与后天因素、内在变化与外在表现等各种因素中，有些是不易改变的，而相当部分是可以通过努力改变的，这就为我们进行情绪调控提供了可能性。

对情绪的自我调节是需要学习、需要锻炼的，除了要从根本上完善自己的个性，培养良好的意志品质外，还要学习一些调控情绪的方法。下面将介绍一些常见的调控情绪的方法。

1. 放松训练法

放松训练的方法包括呼吸放松训练、渐进式肌肉放松训练、想象放松训练、冥想放松训练等，这里介绍呼吸放松、渐进式肌肉放松和想象放松三种训练方法的具体操作。

1）呼吸放松训练

（1）准备工作：找一个安静、干净的场所；学生以舒适的姿势坐着，无其他特别要求。

（2）指导语。请大家以舒服的姿势坐着，后背挺直，不要靠着椅背，双手放在自己的膝盖上，闭上双眼，双肩自然下垂，用鼻子深深地吸气，凉凉的气体通过鼻腔来到咽部、胸腔、腹腔，直到吸满胸腔，下沉丹田，腹部向两侧鼓起来，屏住五秒，五、四、三、二、一，用嘴巴缓缓地吐气，腹部也要跟着伸缩，温暖的气流从体内呼出（声音轻柔，语速舒缓，如此反复 10～15 次，很快就能起到放松的效果）。

2）渐进式肌肉放松训练[①]

情绪紧张往往伴随着肌肉紧张，一般肌肉紧张的反应多为眼睛疲劳，背和腰部疼痛，腿僵直，颈部僵直，嗓子嘶哑和胸部疼。渐进式肌肉放松方法对那些感受到特殊肌肉组织群紧张的人来讲是十分理想的。下面介绍渐进式肌肉放松训练的具体操作方法。

（1）准备工作：在一个比较开阔的地方，学生可以自由伸展手脚，以防成员之间相互碰撞。告诉学生：我们要一起来做一个放松训练，你现在找一个舒服的姿势坐好坐正，后背放松坐直，手和手、脚和脚都不交叉，手放在大腿上。如果戴眼镜，就把眼镜摘下来放在旁边。

（2）指导语。为了更好地进入状态，请大家闭上眼睛，我们一起做三次深呼吸，深深地吸气，保持五秒，五、四、三、二、一，缓缓地吐气；深深地吸气……如此重复三次。（可以根据现场情况决定是否需要多做几次深呼吸）

一会儿我说用力，你要用最大的力量，听到我说"放松"之后，你迅速地把力量释放掉。通过肌肉紧张和松弛的对比，就能让身体找到放松的感觉。依据身心一体原

[①] 方舟. 成就完美孩子的 30 节亲子课. 北京：台海出版社，2020.

则，肌肉越松弛，心理、情绪就越松弛，这种松弛能帮助你的潜意识充分开展工作。

下面伸出两只手，我说用力握拳的时候，你就用力握，直到我说放松，你就一下子尽快把手上的力气全部释放掉，越迅速越好。现在用力握拳，坚持住，用力！十、九、八、七、六、五、四、三、二、一，放松。好的，刚刚手的那种感觉叫作紧张，现在这种感觉叫作松弛，体会这种松弛的感觉。（注意：只要学生领会得不那么清晰，就要继续重复手部的动作。握拳，数到十，放松，直到所有的学生都清楚要领，在手部可以找到放松的感觉之后，才可以继续。）

接着两手握拳举到肩膀。动作不重要，重要的是体会小臂和大臂肌肉的紧张。现在两手握拳举到肩膀。把注意力放在小臂和大臂上，充分体会小臂和大臂肌肉的紧张，用力，坚持住。十、九、八、七、六、五、四、三、二、一，一下子把两条手臂上的全部力量全部释放掉，体会两条手臂的那种松弛的感觉。

下面把注意力转移到双肩，用肩膀去够耳朵，能不能够得到不重要，重要的是体会肩部肌肉的紧张。好，现在用肩膀去够耳朵，用力，坚持住。十、九、八、七、六、五、四、三、二、一，放松，让自己的肩膀松弛一下，体会一下肩膀松弛的感觉。

下一个动作是用下巴去够前胸，能不能够得着不重要，最重要的是体会脖子肌肉的紧张。好，现在用下巴去够前胸，用力，体会脖子肌肉的紧张，坚持住。十、九、八、七、六、五、四、三、二、一，放松，体会脖子肌肉的松弛。

下面把注意力放到面部。舌头顶住上颚，牙咬紧，嘴唇闭紧，用你的方式收紧面部的肌肉，同时用力闭眼。用力，坚持住。十、九、八、七、六、五、四、三、二、一，闭着眼睛放松，就这样闭着眼睛，一直闭着眼睛，感受舌头软软的，脸颊也松松的，整个面部都变得非常非常地松弛。用你的方式让这种松弛顺着头皮向整个头部蔓延开，整个头部的皮肤都变得非常非常地松弛。允许这种松弛向大脑、小脑蔓延，在整个头部蔓延，蔓延到的地方都变得松弛、舒服。你越注意体会这种松弛，这种松弛就变得越清晰。

下面把注意力转移到后背，收紧后背的肌肉。用力，坚持住，收紧后背的肌肉，坚持。十、九、八、七、六、五、四、三、二、一，放松，体会整个后背的松弛，每一条肌纤维都松松的、软软的，每一条肌纤维都那么松弛。

下面把注意力转移到腹部，用你的方式把腹部的肌肉收成一个团，用力，坚持住。十、九、八、七、六、五、四、三、二、一，放松，体会腹部松松软软的感觉，试着去寻找腹部温热的感觉，你越注意这种温热的感觉，就越能感受到这种温热在变清晰。用你的方式允许这种温热向全身蔓延开。

下面把注意力转移到臀部，收紧臀部的肌肉，用力，坚持住。十、九、八、七、六、五、四、三、二、一，放松，体会臀部松松软软的感觉。

下面把注意力转移到两个膝盖上，假想用两个膝盖夹住了一枚硬币，体会大腿、小腿肌肉的紧张，用力，坚持住。十、九、八、七、六、五、四、三、二、一，放松，体会两条腿的肌肉变得松松的、软软的。

下面把注意力转移到两只脚上，用脚趾用力抠地，体会脚掌、脚背肌肉的紧张，用力，坚持住。十、九、八、七、六、五、四、三、二、一，放松，扫描自己的脚趾、一根一根地、慢慢地扫描，每扫描到一根，那根脚趾就变得很松弛、很舒服。

下面充分体会两只脚的这种松弛，用你的方式，任由这种松弛向两条腿蔓延，和两条腿上的放松融为一体，继续向上身蔓延，两条手臂，整个身体，都变得非常非常地松弛，所有的肌纤维都松松的、软软的，舒服极了。

接下来，深深地吸气，保持五秒，五、四、三、二、一，缓缓地吐气，轻轻地动动手指；深深地吸气，保持五秒，五、四、三、二、一，缓缓地吐气，带着满身轻松，慢慢地睁开眼睛（静默半分钟后结束）。

3）想象放松训练——宁静的海滩

（1）准备工作：准备好比较轻松、舒缓的背景音乐；学生以舒适的姿势坐着或者躺着（有条件的情况下）。

（2）指导语。我仰卧在水清沙白的海滩上，沙子细而柔软。我躺在温暖的沙滩上，能感受到阳光的温暖，耳边听到海浪的声音，感到温暖而舒适。微风吹来，使我有说不出的舒畅感。微风带走我的思想，只剩下一片金黄阳光。海浪不停地拍打海岸，思绪随着节奏飘荡，涌上来又退下去。温暖的海风吹来，又离去，带走了我心中的思绪。我感到细沙柔软，阳光温暖，海风轻暖，只有蓝色天空和大海笼罩我的心。

阳光照着我全身，身体感到暖洋洋的。阳光照着我的头，感到温暖与沉重。轻松的暖流，流进我右肩，感到温暖与沉重。呼吸变慢、变深。轻松的暖流，流进我右手，感到温暖和沉重。呼吸变慢、变深。轻松的暖流，又流回我右臂，感到温暖与沉重。又流进我后背，感到温暖与沉重。从后背流到脖子，脖子感到温暖和沉重。我的呼吸变慢、变深，轻松的暖流，流进左肩，感到温暖和沉重。呼吸变慢、变深。轻松的暖流，流进了左手，感到温暖和沉重。我呼吸变慢，变得越来越轻松。心跳变慢，越来越有力。轻松的暖流，流进右腿，感到温暖和沉重。呼吸变慢、变深。轻松的暖流，流进左腿，感到温暖和沉重。呼吸变慢、变深。轻松的暖流，又流回右腿，感到温暖和沉重。呼吸变慢，越来越深，越来越轻松。轻松的暖流，流进腹部，感到温暖而轻松。轻松的暖流，流到胃部，感到温暖而轻松。轻松的暖流最后流到心脏，感到温暖而轻松。心脏又把暖流送到全身，全身感到温暖而轻松。呼吸变深，越来越轻松。整个身体变得平静。

心里安静极了，已经感觉不到周围的一切。周围好像没有任何东西，我安然躺在大自然中，非常轻松，十分自在。

（静默几分钟后结束）

2. 理性情绪疗法

理性情绪疗法（rational-emotive therapy，RET）是美国著名心理学家艾利斯（Ellis）于20世纪50年代首创的通过改变认知来解决情绪问题的一种心理治疗方法。情绪ABC理论是理性情绪疗法的理论基础。情绪ABC理论中，A（activating event）表示诱发事件；B（belief）表示个体对诱发性事件的认知、解释和评价，即信念；C（consequence）表示由此引发的个体的情绪行为后果。

艾利斯认为，信念（B）可分为理性和非理性两类。理性信念能够促进自我提高并能帮助人们达成目标,这种理性的思维和认知是对现实的合理认识,通常会引发建设性的行为模式;而非理性信念则是不合逻辑且错误的思维和认知,容易引发武断或绝对性的评价,最后不仅不能达成目标,而且还会造成负面的情绪以及退缩、逃避、暴力与拖延等不适应行为。

该理论强调情绪行为后果（C）并非由诱发事件（A）本身直接引起的,而是由个体对这些事件的认知、解释和评价,即信念（B）直接造成的。诱发事件（A）在某种程度上属于外界不可控的生活事件,而信念（B）属于内在可控的认知系统,所以,通过改变个体的非理性信念,就可以达到情绪改善的目的。

人的非理性信念导致了人许多的痛苦,到底这些信念是什么呢？艾利斯通过个人的临床经验,找出了非理性信念的三个典型特征,它们分别是绝对化要求、过分概括化和糟糕至极。

3. 适当宣泄法

知识栏

非理性信念的特征

（1）绝对化要求。以自己的意愿为出发点,认为某一事物必定会发生或不会发生。这种特征通常与"必须"和"应该"这类词联系在一起。

（2）过分概括化。以某一件或某几件事来评价自身或他人的整体价值,是一种以偏概全的不合理的思维方式。

（3）糟糕至极。这是一种认为事物的可能后果是非常可怕、非常糟糕,甚至是一种灾难性的预期的非理性观念。

情绪得不到适当的宣泄,就会日积月累,造成身心处于紧张状态甚至致病。我们可以采用适当宣泄的方法来畅通神经通路和调节情绪情感。宣泄的方法有很多,如倾诉、哭泣、大笑、大喊、散步、运动、写日记、美容美发、购物、听音乐等。根据宣泄的具体方法是否有利于个体成长,我们把宣泄法分为三类:第一类是建设性的情绪宣泄方法,如写日记、运动、画画、练琴、整理内务、学做手工等,这些方法不仅可以调节情绪,还对个体的身心发展,包括能力提升、素质提高、人格完善等方面都有帮助;第二类是中性的情绪宣泄方法,如吃东西、睡觉、发呆、哭泣、购物、倾诉等,这些方法主要可以起到缓解情绪的作用,对个体成长没有明显的帮助;第三类是破坏性的情绪宣泄方法,如迁怒、扔东西、骂人、自残等,这些方法伤人伤己或者伤害关系、规则。

宣泄的方式多种多样,若方式选择不当,不但不能促进心理健康,反而会带来新的情绪困扰。因此,要注意正确选择宣泄方式,应以不妨碍他人和社会利益为原则,同时,宣泄时也要注意不损害自己。所以,我们建议多采用建设性的情绪宣泄方法,适当采用中性的情绪宣泄方法，不用破坏性的情绪宣泄方法。

4. 自我激励法

自我激励是个体精神生活的动力源泉之一，主要指用生活中的哲理、榜样的事迹或明智的思想观念来激励自己，同各种不良情绪进行斗争。经常使用的自我激励方法包括以下几种。①保持坚定的信念。信念在人的积极性情绪中占据着重要地位，有信念的人，情绪就稳定而明确。信念能使人迸发出积极性和坚强的毅力，会通过热情、勤奋、高度的责任感和自信心以及创新精神发挥出自己的创造力。②在绝望中寻找希望。希望是一种巨大的力量，它能改变恶劣的现状，给人带来令人难以想象的结果，所以，当我们身处逆境时，只要稍加等待，就会找到希望。③勿中批评之箭，理性对待别人的批评和非议。④向挫折宣战。在逆境中保持良好的、积极的、健康的心态，以生命的勇气和对生活的热情迎接痛苦的挑战，在自己的成长中获得坦然和诚实的精神鼓励。

7.4 心理测试与训练

7.4.1 情绪测试

通过量表我们可以对情绪有所评定，常用的情绪测量表有抑郁自评量表和焦虑自评量表。

1. 抑郁自评量表

下面有 20 道测试题，请仔细阅读，每一题有 4 个选项，分别表示没有或很少时间、有时、经常、总是如此，请根据你最近一个星期的实际感受，做出选择。

（1）我感到闷闷不乐，情绪低沉（　　）。
A. 没有或很少时间　　　　　　　　B. 有时
C. 经常　　　　　　　　　　　　　D. 总是如此

（2）我感到一天中早晨心情最好（　　）。
A. 没有或很少时间　　　　　　　　B. 有时
C. 经常　　　　　　　　　　　　　D. 总是如此

（3）我一阵阵哭出来或想哭（　　）。
A. 没有或很少时间　　　　　　　　B. 有时
C. 经常　　　　　　　　　　　　　D. 总是如此

（4）我夜间睡眠不好（　　）。
A. 没有或很少时间　　　　　　　　B. 有时
C. 经常　　　　　　　　　　　　　D. 总是如此

（5）我吃得跟平时一样多（　　）。
A. 没有或很少时间　　　　　　　　B. 有时

C. 经常 　　　　　　　　　　　D. 总是如此

（6）我与异性密切接触时和以往一样感到愉快（　　）。
　　A. 没有或很少时间　　　　　B. 有时
　　C. 经常　　　　　　　　　　D. 总是如此

（7）我感到体重减轻（　　）。
　　A. 没有或很少时间　　　　　B. 有时
　　C. 经常　　　　　　　　　　D. 总是如此

（8）我为便秘烦恼（　　）。
　　A. 没有或很少时间　　　　　B. 有时
　　C. 经常　　　　　　　　　　D. 总是如此

（9）我的心跳比平时快（　　）。
　　A. 没有或很少时间　　　　　B. 有时
　　C. 经常　　　　　　　　　　D. 总是如此

（10）我无故感到疲劳（　　）。
　　A. 没有或很少时间　　　　　B. 有时
　　C. 经常　　　　　　　　　　D. 总是如此

（11）我的头脑像往常一样清楚（　　）。
　　A. 没有或很少时间　　　　　B. 有时
　　C. 经常　　　　　　　　　　D. 总是如此

（12）我觉得经常做的事情并没有困难（　　）。
　　A. 没有或很少时间　　　　　B. 有时
　　C. 经常　　　　　　　　　　D. 总是如此

（13）我坐立不安，难以保持平静（　　）。
　　A. 没有或很少时间　　　　　B. 有时
　　C. 经常　　　　　　　　　　D. 总是如此

（14）我对未来感到有希望（　　）。
　　A. 没有或很少时间　　　　　B. 有时
　　C. 经常　　　　　　　　　　D. 总是如此

（15）我比平时更容易生气激动（　　）。
　　A. 没有或很少时间　　　　　B. 有时
　　C. 经常　　　　　　　　　　D. 总是如此

（16）我觉得做出决定是容易的（　　）。
　　A. 没有或很少时间　　　　　B. 有时
　　C. 经常　　　　　　　　　　D. 总是如此

（17）我感到自己是有用的和不可缺少的人（　　）。
　　A. 没有或很少时间　　　　　B. 有时
　　C. 经常　　　　　　　　　　D. 总是如此

（18）我的生活过得很有意思（　　）。

A. 没有或很少时间　　　　　　　　B. 有时
C. 经常　　　　　　　　　　　　　D. 总是如此
（19）我认为我死了别人会过得更好（　　　）。
A. 没有或很少时间　　　　　　　　B. 有时
C. 经常　　　　　　　　　　　　　D. 总是如此
（20）平常感兴趣的事我仍然照样感兴趣（　　　）。
A. 没有或很少时间　　　　　　　　B. 有时
C. 经常　　　　　　　　　　　　　D. 总是如此

评分与解释：

第（2）、（5）、（6）、（11）、（12）、（14）、（16）、（17）、（18）和（20）题反向计分，即选"没有或很少时间"计 4 分，选"有时"计 3 分，选"经常"计 2 分，选"总是如此"计 1 分；其余题目选"没有或很少时间"计 1 分，"有时"计 2 分，"经常"计 3 分，"总是如此"计 4 分。

将各题目分数加总为总分。抑郁指数=总分/80。

抑郁指数在 0.49 以下者为无抑郁；0.50～0.59 为轻微至轻度抑郁；0.60～0.69 为中度抑郁；0.70 以上为重度抑郁。

2. 焦虑自评量表

下面有 20 道测试题，请仔细阅读，每一题有 4 个选项，分别表示没有或很少时间、有时、经常、总是如此，请根据你最近一个星期的实际感受，做出选择。

（1）我感到比平常容易神经过敏和焦虑（　　　）。
A. 没有或很少时间　　　　　　　　B. 有时
C. 经常　　　　　　　　　　　　　D. 总是如此
（2）我无缘无故地感到担心（　　　）。
A. 没有或很少时间　　　　　　　　B. 有时
C. 经常　　　　　　　　　　　　　D. 总是如此
（3）我容易心里烦乱或觉得惊恐（　　　）。
A. 没有或很少时间　　　　　　　　B. 有时
C. 经常　　　　　　　　　　　　　D. 总是如此
（4）我觉得可能要发疯（　　　）。
A. 没有或很少时间　　　　　　　　B. 有时
C. 经常　　　　　　　　　　　　　D. 总是如此
（5）我觉得一切都很好，也不会发生什么不幸的事情（　　　）。
A. 没有或很少时间　　　　　　　　B. 有时
C. 经常　　　　　　　　　　　　　D. 总是如此
（6）我手脚发抖、打颤（　　　）。
A. 没有或很少时间　　　　　　　　B. 有时
C. 经常　　　　　　　　　　　　　D. 总是如此

（7）我因为头痛、颈痛和背痛而苦恼（　　）。
　　A. 没有或很少时间　　　　　　　　B. 有时
　　C. 经常　　　　　　　　　　　　　D. 总是如此
（8）我感觉容易无力和疲乏（　　）。
　　A. 没有或很少时间　　　　　　　　B. 有时
　　C. 经常　　　　　　　　　　　　　D. 总是如此
（9）我觉得心平气和，能安静地坐下来（　　）。
　　A. 没有或很少时间　　　　　　　　B. 有时
　　C. 经常　　　　　　　　　　　　　D. 总是如此
（10）我觉得心跳得很快（　　）。
　　A. 没有或很少时间　　　　　　　　B. 有时
　　C. 经常　　　　　　　　　　　　　D. 总是如此
（11）我因阵阵头晕而不舒服（　　）。
　　A. 没有或很少时间　　　　　　　　B. 有时
　　C. 经常　　　　　　　　　　　　　D. 总是如此
（12）我有要晕倒的感觉（　　）。
　　A. 没有或很少时间　　　　　　　　B. 有时
　　C. 经常　　　　　　　　　　　　　D. 总是如此
（13）我吸气呼气都感到很容易（　　）。
　　A. 没有或很少时间　　　　　　　　B. 有时
　　C. 经常　　　　　　　　　　　　　D. 总是如此
（14）我手脚麻木和刺痛（　　）。
　　A. 没有或很少时间　　　　　　　　B. 有时
　　C. 经常　　　　　　　　　　　　　D. 总是如此
（15）我因为胃痛和消化不良而苦恼（　　）。
　　A. 没有或很少时间　　　　　　　　B. 有时
　　C. 经常　　　　　　　　　　　　　D. 总是如此
（16）我常常要小便（　　）。
　　A. 没有或很少时间　　　　　　　　B. 有时
　　C. 经常　　　　　　　　　　　　　D. 总是如此
（17）我的手常常是干燥、温暖的（　　）。
　　A. 没有或很少时间　　　　　　　　B. 有时
　　C. 经常　　　　　　　　　　　　　D. 总是如此
（18）我觉得脸发红、发热（　　）。
　　A. 没有或很少时间　　　　　　　　B. 有时
　　C. 经常　　　　　　　　　　　　　D. 总是如此
（19）我容易入睡并且睡得很好（　　）。
　　A. 没有或很少时间　　　　　　　　B. 有时

C. 经常 D. 总是如此

（20）我做噩梦（　　）。
A. 没有或很少时间 B. 有时
C. 经常 D. 总是如此

评分与解释：

第（5）、（9）、（13）、（17）和（19）题反向计分，即选"没有或很少时间"计4分，选"有时"计3分，选"经常"计2分，选"总是如此"计1分；其余题目选"没有或很少时间"计1分，"有时"计2分，"经常"计3分，"总是如此"计4分。

将各题目分数加总为总分。总分超过40分考虑有焦虑存在，分数越高，焦虑程度越严重。

7.4.2 情绪识别

1. 制作"情绪词典"

活动目标： 通过制作"情绪词典"，提高自我情绪表达能力和识别他人情绪的能力。

活动人数： 宜50人以内，每5～8人为一组。

活动道具： 每组一本便笺，一张大白纸和数支彩色笔。

活动步骤：

（1）邀请组员填写一张便笺：在你的认知里，表达情绪的词汇都有哪些呢？请每个人将自己知道的情绪词汇写在一张便笺上。

（2）邀请组员依次向组内其他成员分享自己的情绪词汇，可以结合实例说明某种情绪体验。

（3）依次分享完后，在小组长的组织下，邀请一人将组内所有的便笺贴到一张大白纸上，形成"情绪词典"，并为每一种情绪配上插图，作为每一种情绪的提示。

（4）分享与讨论：每组派一个代表，向全班同学分享"情绪词典"制作过程中的想法、感受、收获和启发。

（5）总结：储备足够多与情绪相关的词汇是识别、表达和管理情绪的基础，让我们有意识地去积累情绪词汇。

2. 我演你猜

活动目标： 通过观察他人的身段表情，提高情绪识别能力。

活动人数： 宜50人以内。

活动道具： 情绪脸谱卡或者自制情绪文字卡片若干。

活动步骤：

（1）邀请全班同学离开座位，在教室围成一个大圆圈，讲台上间距大一些，把表演的位置空出来。

（2）从讲台上的某位同学开始，单独向他展示一张卡片，确认看清楚后，把卡片收起来,请他把刚才看到的情绪通过非语言或者哑剧的方式表现出来,全班同学一起来猜,有人猜对后,表演即完成。

(3)接着,按照顺时针方向的顺序轮流让每个同学上来表演,其他同学猜。直到最后所有人都参加了表演,活动结束。

(4)分享与讨论:在做这个活动时,你是如何表现的;这个活动给你的启发是什么;以后你会怎么办。

(5)活动总结:自己感受到的情绪和表达出来的情绪有差异,自己表现出来的情绪和传递出去的情绪也有差异,恰当地表达情绪需要系统学习和刻意练习。

3. 话里有情

活动目标: 通过情景表演,训练说话人的情绪表达能力和听话人的情绪解读的能力。

活动人数: 宜50人以内。

活动道具: 情景对话若干(以下情景对话可参考使用;准备的情景个数至少是参与活动人数的一半)。

情景一:逛街

小丽正在逛街,到了一家店一直试衣服,也没有决定买哪件。

a:不耐烦型

b:热情型

店员:哎,您身材真好,穿哪件都好看。

小丽:我再试试,挑一件最好看的。

情景二:扔垃圾

打扫完寝室卫生,室友A对室友B说把垃圾提出去扔了。

a:委屈

b:抱怨

室友A:你一会儿把垃圾提出去扔了。

室友B:天天都做卫生,还得扔垃圾,我这一天累死了。

情景三:八卦

小红听说闺蜜小兰喜欢小绿,问小兰有没有这个事。

a:反问型

b:肯定型

小红:听说你喜欢小绿,是不是啊?

小兰:额,我喜欢他。

活动步骤:

(1)全班同学自由组合,两人一组,每人任意抽取一个情景。

(2)自愿或者按顺序邀请一组到讲台上来。

(3)两人迅速确定角色后,先发言的人说:"同学们好,我抽到的情景是×××,请大家根据我的表达猜情景中某某的语气是什么。"接着模拟对话,先后按a、b两种情绪状态完成卡片上的情景对话。

（4）直到各小组都完成表演。

（5）分享与讨论：在刚才的活动中，你有什么感受，有什么想法，这个活动给你的启发是什么，以后你将怎么办。

（6）活动总结：情绪的恰当表达需要练习，真正的感同身受同样需要练习。

7.4.3 情绪调适

1. 认知重构法

活动目标：通过改变认知，达到调节情绪的目的。

活动人数：不限。

活动道具：每人一支笔、一张纸。

活动步骤：

（1）确定你认为的诱发事件（A），客观描述事情本身。

（2）向内觉察正在体验着的情绪行为后果（C），需要在当事人内心完成，需要把注意力集中在自身的感受和行为反应上。

（3）找出导致情绪行为后果（C）产生的信念（B），即当下自身对诱发事件（A）的理解、解释和想法，要对自己的认知系统完成审核与检验。

（4）最后，展开自我对话：这样的认知是事实吗？这样的理解正确吗？只有这一种理解吗？还有没有其他可能呢？还可能是什么呢？……仔细倾听自己内心的回答，把各种可能性一一罗列出来，具体如图7-1所示。

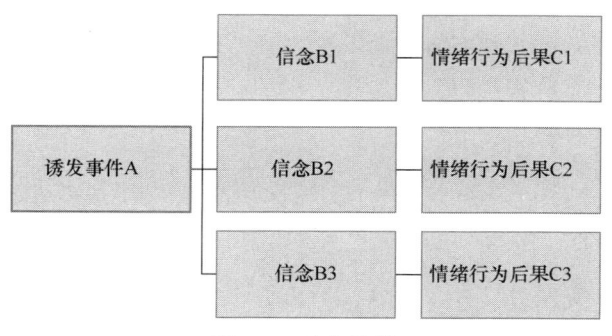

图 7-1　认知重构

（5）分享与讨论：通过认知重构，你有什么发现与想法，得到了什么启发，以后你将怎么办。

（6）活动总结：克里西那穆提认为，在刺激与反应之间有一个空隙，所有的幸福与自由都在那里。说的就是诱发事件（A）与情绪行为后果（C）之间存在无数的可能性。运用理性情绪疗法的步骤刻意训练自己的认知模式，丰富自己认知系统，将有助于自身情绪调节。

2. 角色扮演法

活动目的：通过角色扮演，能辨认各种情绪并了解它发生的原因，知道各种情绪反应对身心行为的影响，并学习管理情绪、宣泄情绪的正确方法。

活动准备：准备好角色扮演用的题目、个案和誓词；桌椅安排成几个小组讨论的形式。

活动步骤：

1）创设情景：

（1）有人弄坏了你的自行车。

（2）有个同学告诉你，放学后他要找几个人一起来揍你一顿。

（3）当你正在看你喜欢的电视节目时，有人把它调到了别的节目。

（4）你把妈妈省吃俭用给你买书的100元钱弄丢了。

（5）你在公共汽车上被人踩了一脚。

（6）同学们喊你的绰号。

（7）在某次竞赛或考试中你获得了第一。

2）讨论：在碰到以上各情景时，你会有何种情绪产生？如果你有不适当的情绪反应，会有什么结果（每组讨论一个情绪）。

3）能就自己在日常生活中因不适当的情绪反应造成不良后果的情形举例吗？

4）根据各组讨论的情景进行角色扮演表演。

5）大家逐个观看并进行评论。

6）结束语：当你碰到困难时，可能会一时情绪低落，但我相信大家一定能尽快适应并调整好。请大家和我一起满怀激情地朗读一段誓词：

我的心理能量我捍卫！

情绪自由的人才是真正拥有自由的人！

我要积极行动，勇敢实践！

我乐观、自信、自强！

我将不断超越自我，走向辉煌！

7.4.4 积极情绪培养

1. 发现生活之美

每人对生活的感受都来源于自己独特的生活经验，生活并不缺少美，缺少的是我们发现美的眼光，感受美的心灵。

活动目的：通过记录"好事"，悦纳生活，培养积极情绪。

活动人数：不限。

活动道具：一张纸和一支笔。

活动步骤：

（1）留意自己生活中的"小确幸"。

（2）每天写下两三件感觉开心、温暖或喜悦的生活事件，可以是小事、小小事，比如一个鼓励的微笑、一个善意的眼神、邻居的帮助等。

（3）一周后，邀请2～4名同学来分享过去一周记录下的事件，以及这个过程中的感受、想法、收获、变化、启发等,每周重复。

2. 感恩的心

活动目标:通过梳理生命中的重要他人,体验积极情绪,学会珍惜和感恩。
活动人数:不限。
方式一:
活动道具:一张大白纸和一支笔。
活动步骤:
(1)邀请回顾过往,梳理自己的重要他人;
(2)完成表7-1"生命中的贵人"的填写。

表 7-1 生命中的贵人

人物	我欣赏你……	你(做了什么)……,谢谢你
爸爸		
妈妈		
老师		
同学		
其他		

(3)完成表7-1后,你的感受是什么?对你有什么启发呢?
方式二:
活动道具:一个专用小本子和一支笔。
活动步骤:
(1)以感恩的心态回顾每天的经历。
(2)每天至少用一分钟去对当事人说出感恩的话。句式:(对方做的)事情+自己的感受或满足的需要,谢谢你。
(3)坚持一些时日后,觉察并分享自己的身心、生活状态以及对你的启发。

3. 正念生活

正念的"正"不是正能量的"正",是正在发生的"正",可以理解为此时此刻,当下;念就是你的精神、想法、主意。简单来说,正念就是保持觉知、活在当下。比如,你感受到早上的阳光暖暖地洒在你的脸上,感受春风轻轻吹着你的头发,感受你的汗水从额头冒出来,这都是正念。专注地活在当下是一种与生俱来的能力,根据用进废退的原理,很多人越来越缺乏这种能力,以至于失去了对生活的感知和热爱。将正念融入生活的方方面面,有意识地去正念睡觉、正念行走、正念阅读、正念运动、正念工作、正念交际、正念饮食等,以此来提高自身对生活的积极体验和主观幸福感。

思考与练习：

1. 积累情绪词汇，提升情绪识别和情绪表达能力。
2. 通过本章的学习，挑选出适合自己的情绪调节方法并加以应用。
3. 记录生活中的小确幸，每天至少三件事。
4. 训练自身的正念生活能力，提升积极情绪体验。

推荐赏析：

1. 心理书籍：《愤怒，爱的另一面》

人人都会生气，但是绝大多数人不知道如何正确地表达愤怒，更不会正确地处理愤怒。该书将帮助我们发现怒火的根源，学会积极地面对愤怒这一强烈情感，进而修复破碎的人际关系。

2. 心理电影：《头脑特工队》

这部影片形象化了个人成长过程中的喜、怒、哀、厌、怕等五种情绪，让人们认识到学会管理情绪是每个人成长的一部分。

第 8 章　大学生的挫折与应对

名人名言：

　　世上的事情，永远不是绝对的，结果完全因人而异。苦难对于天才来说是一块垫脚石，对于能干的人是一笔财富，而对于弱者是一个万丈深渊。

　　　　　　　　　　　　　　　　　　　　　　　　　　——巴尔扎克

　　故天将降大任于是人也，必先苦其心志，劳其筋骨，饿其体肤，空乏其身，行拂乱其所为，所以动心忍性，曾益其所不能。

　　　　　　　　　　　　　　　　　　　　　　　　　　——《孟子》

本章要点：

1. 认识挫折及挫折反应。
2. 大学挫折心理的成因分析。
3. 如何积极提升大学生的挫折承受能力。

【案例】

"百米飞人"苏炳添

　　苏炳添，1989 年 8 月 29 日出生于广东省中山市古镇，男子 60 米、100 米亚洲纪录保持者。2021 年，苏炳添以 32 岁的年龄，备战东京奥运会，成为中国首位闯进奥运男子百米决赛的运动员，最终跑出 9 秒 83 的成绩，获小组第一，"百米飞人"世界排名高居第 8 位。

　　苏炳添超越了年龄，超越了伤病，超越了自己，被称为"中国飞人""亚洲之光"。一路高歌猛进的获奖背后，是毫无保留的付出和累累的伤病；是他的踏实勤奋、低调内敛，造就了"中国飞人"的神话，打破自我限制的心理，鼓舞着我们不断超越、不断突破。

　　从苏炳添身上，你得到的启发是什么？

　　"人有悲欢离合，月有阴晴圆缺，此事古难全。"在人的一生中，只要有追求、有欲望、有需求，就会有失望、失落和失败。挫折与成功一样，是一个人成长与发展不可缺少的，是人一生的伴侣。不经历化蝶前的阵痛，哪来展翅后的欢颜与美丽。从主观上看，挫折带给人们的心理感受大多是消极、不愉快的，一些重大的挫折还会使人产生极大的痛苦，大学生中不少心理健康问题，也与挫折有关。挫折会引起消极身心反应，甚至还导致心理障碍的形成。但从客观上分析，挫折对一个人既可能产生消极影响，也可能产生积极作用。"挫折是人生一大财富""不幸是最好的大学""奇迹多是在厄运中出现",人的许多心理品质,尤其是良好意志品质的形成和发展,是以适应挫折经历为基础的。"任何足以妨碍心灵活动的事物,都会被心灵转变而成为助长心灵活动之事物,障碍能转变而成为助力,我们途中的阻碍反倒可以使其变得格外平坦。"马可·奥勒留在《沉思录》中的这段话说得十分形象。因此,对挫折的心理反应和应对挫折的能力,在很大程度上反映了一个人的心理素质和心理健康水平。

8.1 挫折概述

8.1.1 认识挫折

1. 挫折的含义

让我们闭目静思,什么样的情境算是挫折?考试考得不好,与室友大闹矛盾,谈恋爱失败,因生病错过了期待了很久的旅游? 生活中各种各样的灾难、疾病等不幸事件,对人生来说都是挫折,但这并不是心理学意义上对挫折的定义。

在心理学上,挫折是一种情绪状态,是指个体在从事有目的活动过程中,遇到障碍或困难致使目标不能实现、需要不能满足时产生的紧张状态或情绪反应。当一个人顺利达到目标时,或者在追求某个目标的过程中,遇到障碍放弃了原定目标,选择了另外目标,这些情况可能都不会存在挫折问题。只有在个人没有放弃目标,但由于各种阻碍或干扰,使人无法达到目标时,才会产生挫折感。例如,一个大学生为了取得优异成绩,平时认真学习、认真听课、认真整理笔记、按时完成作业,还阅读参考书,但期末考试成绩却不及格,就会产生挫折感。因此,从心理学角度理解,挫折是由影响目标实现的情况所引起的一种主观感受,而不能只简单地将挫折理解为客观事件本身。

2. 挫折的分析

从挫折的定义看,其包括三方面的含义:第一,挫折的情境,即挫折源,指对个体有动机、有目的的活动造成内外障碍或干扰的情境状态或条件。一般而言,社会环境因素较自然因素的影响更大、更深远,如考试不及格、人际敏感、失恋等。第二,挫折的反应,也即挫折感,是对自己的需要不能满足时产生的情绪和行为反应,常见的有焦虑、烦恼、困惑等负面情绪。第三,挫折的认知,指对挫折情境的知觉、认识和评价。其中,挫折认知是核心因素。在生活中经常可见的是,面临同一挫折情境,有的人反应轻微、持续时间短,而有的人则反应强烈、持续时间长。可见,个体对挫折反应的性质及程度,主要取决于对挫折的认知。挫折情境、挫折认知、挫折体验与挫折反应四者之间的关系,如图 8-1 所示。

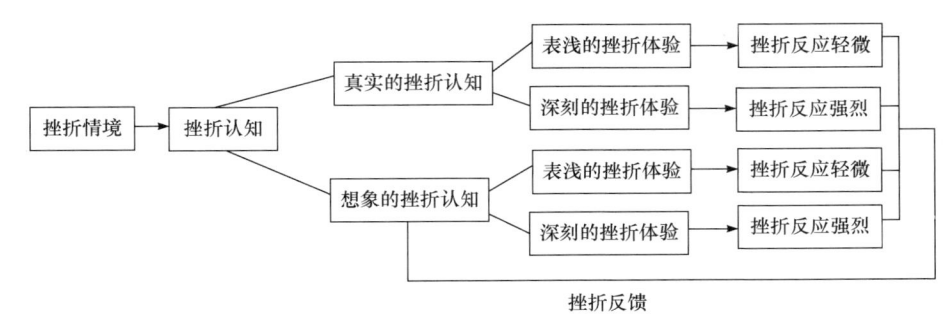

图 8-1 挫折情境、挫折认知、挫折体验、挫折反应四者之间的关系

例如，某天在学校遇到辅导员迎面走过来，你满脸堆笑，赶紧打招呼："老师好！"可对方置之不理，毫无表情地与你擦肩而过。有的同学可能会想半天："我得罪老师了吗？"随之产生懊恼之心；有的人可能会生气："干吗这么大的架子，我又不求你，为什么瞧不起人，我还不甩你呢！"于是误会产生。如果换个角度，这样去想："老师在想什么这么入神？"然后大声喊道："老师啊！"可能老师从深思中惊醒，定睛一看，原来是"××"啊，心中的不愉快与误会全部消除。这就是不同的挫折认知所产生的不同的心理反应与体验。

8.1.2 挫折反应

挫折是一种客观存在。个体的心理挫折不论是由什么原因引起，不管是否愿意，都会对其生理、心理与行为带来一系列的反应和影响。这些反应可能是积极的，也可能是消极的，或者积极与消极共存。所以，人们常说挫折具有两重性，对人既有利也有弊。一般来说，人们对挫折的反应主要表现在以下三个方面。

1. 挫折的情绪性反应

挫折的情绪性反应是指个体在受到挫折时伴随着强烈的紧张、愤怒、焦虑等情绪所做出的反应，可能表现为强烈的内心体验，也可能表现为特定的表情或行为反应。情绪性反应多为消极性反应。

1）焦虑

焦虑是一种模糊的、紧张不安的综合性负性情绪，常常伴随焦急、忧虑、恐惧等感受，甚至可能会出现出冷汗、恶心、心悸、手颤、失眠等神经生理反应。挫折是引起焦虑的重要方面，人们遇到挫折时一般都会表现出某种程度的焦虑情绪。适度焦虑，如考试前适度焦虑可以使学生更集中精力去准备；当众演讲时适度的焦虑可以使人的思维更敏捷，发挥得更好。而过度焦虑则会使人情绪很不稳定、心情烦躁、神经过敏，对生活事件反应过度，致使认知能力、思维能力、对外界的适应能力和自信心显著降低。因此，持续、过度的焦虑对人们的身心健康是有害的。

2）冷漠

冷漠是指当一个人遇到挫折时，表现出一种无动于衷和漠不关心的态度。这是一种复杂的挫折反应。表面上看，冷漠似乎是逆来顺受，毫无情绪反应，而事实上并不意味着当事人没有反应，而是对挫折有着更加痛苦的内心体验，只是以被压抑或以间接的形式表现出来了。一般情况下，对挫折的冷漠反应是一个人长期遭受挫折或感到没有任何希望摆脱或消除困境时产生的。如某些学生第一次出现考试不及格时，一般会感到难过、自责或抱怨，接下来会更积极努力地去学习；但当第二次、第三次，甚至十几次考试都不及格时，他们就会变得对学习和考试漠不关心，不再努力学习，甚至不上课、不做作业、不参加考试，对老师、家长的劝说、批评、鼓励也无动于衷。

3）退化

退化是指当人们受到挫折时所表现出的与自己年龄和身份不相称的幼稚行为。通常，人们在适当的场合和适当的时候，表现出与自己年龄相符的情绪反应和行为。当人们遇到挫折后，一些人在一定程度上会失去对自己的控制，以低于自己年龄的简单、幼稚的方式应对挫折，以求得别人的同情和照顾，而当事人自己往往不能清醒地意识到。如有一位平时学习成绩不错的学生，在考试过程中，每当感觉考得不理想时就会"生病"，并告诉别人自己是带病参加考试，甚至申请不参加后面的考试。可见，退化是一种由成熟向幼稚倒退的反常现象，不但不能有效地应对挫折，反而会使人的判断能力降低和工作效率下降，甚至使人缺乏主见、脱离现实、意志衰退。

4）幻想

幻想是指一个人在遇到挫折时企图以自己想象的虚幻情境来应对挫折。任何人都有幻想，大学生又处在多幻想的年龄段。应该说，当人们遇到挫折时，暂时的幻想可以使人在一定程度上缓冲挫折情绪，偶尔为之也是正常的。但如果用幻想来应对现实中的挫折，特别是长期处于幻想状态，或养成了从幻想中实现现实生活中实现不了的目标的习惯，就会使人降低对现实生活的适应能力和严重脱离现实生活，甚至可能导致精神疾病。如有些学生在幻想中想象当自己在事业上获得了巨大成功时，如何受到世人的敬仰，如何风流潇洒的情景，而在现实中对身边的同学颐指气使。

5）逃避

逃避是指一个人在遇到挫折或感到可能面临挫折时，不能面对现实、正视挫折，而是以消极的态度躲开挫折现实的一种挫折反应方式。逃避虽然可以使人们降低因挫折产生的紧张感，或者避免再次受到挫折的伤害，但当事人面对的现实问题并没有解决，而有些问题又是不能回避的，所以，逃避常常使人害怕困难，不求进取，长期下去将大大降低人们的适应能力和自信力，甚至可能会导致适应不良。人们逃避挫折的方式各种各样，消极防御也可以看做一种典型的、特殊的逃避方式。比如，有些学生谈恋爱失败后就不敢再谈恋爱；有些学生当众演讲失败受别人嘲笑后再也不参加集体活动等。

6）固执

固执是指一个人在受到挫折后，采取刻板的方式盲目地反复进行某种单调、机械的无效动作，尽管知道这些动作对目标的达成、需要的满足并无帮助。通常，固执是在一个人遭受挫折而又一时无法克服或回避的情况下产生的，过多、过严的惩罚和指责，或者当人处于惊慌失措的状态时也容易产生固执行为。如有些学生考试失败后，受到家长的责备，几经努力后仍没有效果，于是就丧失信心、破罐子破摔，不再进行新的努力和尝试，茫然地按照往常已被证明是无效的做法刻板地反复去做，无论家长再怎样责备也无济于事。固执行为的特点是呆板、无弹性，具有很大的强制性，是在人们遇到挫折后感到无能为力和不知所措时产生的反应方式,所以,这种挫折反应方式并不是不可改变的,当人们一旦获得了更适当的反应方式,就会取代固执行为。

7)攻击

攻击是指当一个人受到挫折时,为了将愤怒的情绪发泄出去,或者对构成挫折的对象进行报复而产生的攻击性行为。攻击性行为的对象可能是人或物,也可能是其他替代物,还有可能是受挫者自身。攻击性行为的表现形式多种多样,一般分直接攻击和转向攻击两种。直接攻击是指受挫者将愤怒的情绪直接指向构成挫折的人或物上,通过动作、表情、言语、文字等形式表现出来。转向攻击是指受挫者感到引起挫折的真正对象不能直接攻击或不便攻击,或者挫折的来源无法确定时,将愤怒的情绪发泄到其他人或物上的一种变相的攻击方式,如有些学生在比赛时没有获得期望中的名次,便乱砸乱摔东西等,这就属于转向攻击。

2. 挫折的理智性反应

挫折的理智性反应是指人们在受到挫折后,采取积极进取的态度,在理智的控制下所做出的反应。通常,人们在遭受挫折后都会出现紧张状态,都会在某种程度上做出某种情绪性反应。其中,有些人始终被情绪控制,而有些人则能够及时调整,保持冷静,面对现实,审时度势,采取积极的态度和方式对待挫折。所以,理智性反应是对挫折的积极反应方式,主要表现在以下两个方面。

1)坚持目标,逆境奋起,矢志不渝

当人们遇到挫折后,经过客观冷静的分析,发现自己所追求的目标是现实的和正确的,当前的挫折只是暂时的,是在实现目标的道路上遇到的一些曲折,经过努力是可以克服和逾越的,所以,应设法排除障碍,克服困难,坚持不懈,朝着既定目标矢志不渝地迈进,直至最终实现自己的愿望和目标。

2)调整目标,循序渐进,不断努力

由于自身条件或社会因素的限制,人们的需要和目标并不是都能满足和实现的,或者在目前的条件下是不可能满足和实现的。因此,人们在实现目标过程中,几经努力和尝试都失败后,就要冷静下来,认真客观地分析导致失败的真正原因,并根据实际情况对自己的奋斗目标进行适当的调整。一方面,可能自己定的目标太高,不符合目前自己的实际情况,或实现目标的条件尚不具备;另一方面,人们满足需要和实现愿望的途径和方式是多种多样的,一旦遇到挫折,发现原定的目标难以实现时,还可以更换目标,寻找新的能够实现的目标取而代之,同样可以达到满足自身需要的目的。调整目标并不是害怕困难的表现,而是实事求是的表现,是一个人成熟和理智的表现,还可以降低和避免由于目标选择不当而难以实现,对人们自信心造成挫伤和由此产生的挫折感与焦虑情绪。

3. 个性的变化

通常情况下,挫折对人的影响都是暂时的,随着具体挫折情境和条件的改变,以及时间的推移或受挫者认识上的变化,受挫者在受到挫折后所感受到的紧张状态会逐渐消失。但人们在受到挫折后,除了上述直接表现出的挫折反应外,还会出现间接的反应,并对受挫者产生久远的影响,甚至影响到个性的形成与发展。

挫折对个性的影响一般是在人们连续经历挫折,或者遭受特别重大挫折的情况下产生的。一方面,由于导致挫折的情境和条件相对稳定并长期持续,由此产生的紧张状态和挫折反应就会反复出现,久而久之这些反应方式就会逐渐固定下来,形成受挫者的一些行为习惯和个性特征。如有些人在儿童时期长期受到父母过分严厉的管教甚至责难和打骂,就易形成畏缩拘谨、胆小怕事、逆来顺受或者倔强执拗、偏执敌对等不良的个性特点;有些人长期处于紧张的人际关系状态之中,就易养成多疑、多虑、孤僻、狭隘、情绪不稳定等个性特点。另一方面,挫折对个性形成与发展也可能产生积极的影响,如经历了重大挫折后,或者长期身处逆境之中,使人养成了坚强、刚毅和不屈不挠的个性特点。

总之,挫折对个性的影响在很大程度上取决于人们对挫折的适应情况,对挫折的消极反应如果得不到及时纠正,并在心理和行为上固定下来,就会形成对挫折的适应不良,对受挫者的个性形成与发展就会带来不利的影响。

8.2 大学生挫折心理的常见类型及成因

8.2.1 大学生的挫折类型

大学生处在人生发展的关键时期,一方面,他们精力充沛,思想活跃,自我意识强,发展欲望高,需求广泛;另一方面,他们人格发展尚不够成熟,社会阅历浅,挫折经验不足,又面临一个充满竞争的环境,遇到挫折是必然的,甚至遭遇挫折的频率相对还会更高一些。大学生的挫折类型可以归纳为以下几种。

1. 学习挫折

学习是大学生的首要任务和主要活动,也是大学生活的主旋律,学习方面的问题成为大学生产生挫折的首要因素并不意外,因而它对大学生心理健康和心理成长会产生很大影响。首先,从中学升入大学后,学习环境、学习内容、学习办法等发生了很大变化,面对大学课程多、难度大,特别是知识经济对大学生综合素质的较高要求,一些大学生产生了适应性不良的反应。这在大学一年级新生中表现得尤为突出。其次,学习与其他活动的关系处理不当,有的学生不能合理分配学习时间,或不能正确认识学习知识与能力培养及其他社会活动之间的关系,如忙于参加各种社团、兴趣小组,增加自己的社会阅历,更有甚者学习上被动,思想上松懈,经常沉溺于网吧或者寝室打游戏,大量宝贵的时间被"挪用",学习成绩也是江河日下,于是不可避免地产生学习挫折。最后,大学学习的竞争日趋激烈,而大学生自信、好强、富于挑战的心理特征,使不少大学生对"强手如林"的大学环境产生严重的危机感和恐惧感,精神压力很大。

2. 人际交往挫折

现代人最大的挫折是感到孤独无力与被疏远。绝大多数人都希望拥有知心朋友,被人理解和接纳，有与人交往的需要。当人际交往和谐、有效时，它给人以愉快、满足、成功、光明；而当人际交往失调、受挫时，它给人以烦恼、失望、痛苦、阴影。虽然大学生活为同学们创造了一个可以让其充分展现自我个性和风采的小社会环境，但是部分同学由于缺乏人际交往的经验，缺乏在公共场合表达自己的能力和勇气，面对丰富多彩的活动，充满了兴趣，渴望交往，但又担心失败，久而久之，开始回避参与，既封闭了自己的心扉，又常常被人误解，甚至导致心理障碍。有时同学之间又存在多方面的竞争，因此，同学之间不易吐露真情、交换思想，自然产生一种孤独的感觉，产生难以排解的内心冲突，久而久之，很容易在心理上产生挫折感。

3. 就业挫折

就业问题是每一位大学生从入校开始就必须考虑的问题。当前，"双向选择，自主择业"的大学生就业机制的实施，使大学生面临参与社会竞争的机遇和挑战。此外，由于部分大学生对社会了解不够，不能正确认识自己、认识社会，职业理想没有建立在正确的自我评价基础之上，所以不能选择适合自己成长的择业目标，导致个人职业理想的实现困难重重，挫折感的产生也就无法避免了。

4. 生活挫折

部分学生高考前以学习为主要目标，生活上主要依靠家长，生活适应能力较差，因此，面对一切完全需要自理的大学生活，有些大学生无法适应，从而产生心理压力。在经济方面，大学生来自不同的省（自治区、直辖市），家长从事不同的行业，家庭条件差别较大，个别学生和同学、室友比较，会因为经济缘故而存在心理上的落差。

5. 恋爱挫折

大学生正值青春期阶段，是性机能成熟与性意识觉醒而引起心理上微妙变化的时期。高校是青年人相对集中的地方，男女交往有较为宽松的环境。他们在学习、生活中朝夕相处，交往密切，异性之间容易产生感情，大学阶段成为青年人恋爱心理的"活跃期"。有恋爱就有可能有失恋，当双方因为社会现实、他人干预、情意不和等因素而感情破裂时，失恋的挫折会一定程度上影响大学生的心理、生活和正常的学习活动。从热恋关系中断裂出来，一下子失去了与自己关系比较亲密的人，对大多数人来说是痛苦的。失恋者经常表现为逃避现实，缩小人际交往圈，精神生活上既折磨自己又影响旁人的情绪。

8.2.2 大学生挫折心理的成因分析

导致大学生产生挫折的原因是多方面和复杂的，具体可以从客观和主观两方面加以分析。

1. 客观因素的影响

1）自然因素

自然因素的影响包括各种非人力所能及的一切客观因素，如台风、地震、酷热、洪水、疾病、事故等。自然因素造成的挫折每个人随时都可能遇到，其后果可能不严重，对人只产生暂时性的影响，如大学新生的水土不服、不习惯食堂的饭菜等；也可能很严重，对人的影响很大，如经历过海啸之后，不愿意再靠近海边等。

2）社会因素

社会因素的影响包括个人在社会生活中受到的各种人为因素，如来自政治、经济、法律、道德、宗教、风俗习惯等方面的限制与阻碍。任何人都生活在一定的社会历史条件下，社会生活及其变化对人的影响和限制是无处不在的，因而人们因社会因素而产生的挫折是普遍存在的。大学生进入大学之后，不仅要受自然环境的影响，更多的是受到社会环境的影响，如学业、人际、就业等。

3）学校因素

学校文化对青年学生心理健康的影响直接而深远，"培养什么样的人，如何培养人，为谁培养人"是学校的重要课题。培养德、智、体、美、劳全面发展的社会主义建设者和接班人，完善青少年理想信念教育齐抓共管机制，增强学生文化自信，提升学生的认同感、归属感和成就感，对学生的身心发展有重要意义。

4）家庭因素

家庭环境的影响表现为家庭生活经历的失范与角色转换的冲突。家庭是人才的启蒙学校，可以说，一个人心理的奠基阶段就在于幼时家庭教育。家庭的教育方式，家长的教育态度与内容，家庭成员间的关系亲疏，对青年学生的心理状况都有重要影响。大学生在入学之前，往往以学习为重，生活上父母"包办"居多，生活自理能力不足，缺乏自我服务意识。如果缺乏必要的生活实践磨砺，在由接受他人服务向自我服务、服务他人的角色转换过程中，个别学生无法完全依靠自己的力量来处理好一系列复杂的实际问题，而陷入苦恼和矛盾冲突中。

2. 主观因素的影响

1）生理因素

生理因素是指个体与生俱来的身体、容貌、健康状况、生理缺陷等所带来的限制，导致活动的失败，无法实现既定目标。如一位体质弱势的学生，在体育考试中补考了三次都未能及格，影响了期末的评优评先，感到非常沮丧。

2）心理因素

在构成挫折的主观因素中，大学生自身条件和能力与自我期望之间的矛盾是产生挫折的重要原因。有些大学生自我估计不当，要么过于自信引起自负，要么过于自卑导致自贬；或者对自我发展的预期和要求不是从自身客观情况出发，而是从主观愿望出发，常常对自己提出不合理、不切实际的要求，制定过高甚至无法达到的目标和计划，一旦无法实现而自己又不能清醒地认识到这一点，就会产生强烈的挫折感。

3）动机冲突

在现实生活中，人们的需要是多种多样的，常常会因多种需要而产生多个动机，并指向多个目标。当这些并存的动机相互排斥，或同时存在难以取舍时，就形成了动机冲突。动机冲突常常导致部分需要与目标不能满足和实现，于是就造成了挫折。动机冲突也是大学生的重要挫折源，其表现形式如下。

（1）双趋冲突。双趋冲突是指人们在有目的的活动中，同时有两个并存的具有同样吸引力的目标，而这两个目标因条件所限又无法同时实现，从而产生难以取舍的冲突情境，即"鱼和熊掌不可兼得"。如有些学生既想多参与社会锻炼，做好社会工作，又不想影响学习，想取得好成绩。

（2）双避冲突。双避冲突是指人们同时遇到两个具有相同威胁性的目标，两者都想躲避，但因条件所限而必须选择其一，从而产生左右为难的冲突情境。如有些学生既不想用功学习，觉得读书太苦，又怕考试不及格被退学而丢面子。

（3）趋避冲突。趋避冲突是指人们在面对同一目标时产生的相互矛盾的心态，即这一目标的实现既可能满足个体的某些需要，同时也构成某些威胁，既有利又有害的选择，由此产生既有吸引力又有排斥力的矛盾心理。如有些学生既想涉足爱情领域体会其美好，又担心花费时间影响学习。

（4）双趋避冲突。双趋避冲突是指人们同时遇到两个或两个以上的目标，而每一个目标各有所长、各有所短。如一位大学生同时面临两个各有千秋的异性追求时，就有可能会陷入这种心理冲突中。

8.3 积极提升大学生的挫折承受能力

挫折承受力指的是抵抗挫折而没有不良反应的能力，即个体适应挫折、防御和应对挫折的能力。每个人的挫折承受力是不同的。如果问你，当代大学生的挫折承受力如何，你的回答是什么？当前，00后的学生生长在物质富足、经济飞速发展的网络化时代，在成长过程中较少经历挫折，有些大学生在遇到挫折后容易一蹶不振，甚至走极端，面对挫折选择"佛系"或者直接"躺平"，缺乏奋斗精神和坚韧性。从本质上说，不同时代心理健康教育的最终目的都是一致的，那就是提高人的适应能力，而挫折承受力标志着一个人适应环境的能力。这种能力不是先天的，是后天学习、实践和锻炼的结果。挫折是人生的必修课，我们可以选择痛苦抗拒，也可以选择积极应对。我们可以将挫折视为成长的契机，充分利用挫折带来的机遇，让自己在挫折中成长得更加坚强。积极心理学是挫折教育的重要内容，也是提升学生抗挫折能力的基础。

8.3.1 正确认识挫折，树立科学的挫折观

一个人越是能够获得与挫折事件相关的信息，就越能够有效地处理它，越是参加到其怕面对的挫折情境中去，就越能够有效地应对这种情境。个体对挫折的反应和承受能力不仅取决于挫折情境本身，更重要的是取决于其对挫折的认知。由于认知方式的差异会引起不同的心理反应，因此面对挫折，要有接纳的心态。有这样一个故事：鸡蛋落在地上，它悲伤地哭道："我完了，我这只倒霉的蛋。"接着就粉身碎骨，壮烈"牺牲"了。石头落在地上，它愤怒地大叫："谁敢和我作对？你硬，我比你更硬！"它把地面砸了个坑，但它自己也永远待在那个坑里出不来了。它气急败坏，但又无能为力。皮球落在地上，它轻巧地换了一个姿势，在地上打了个滚，就又蹦蹦跳跳地走了。鸡蛋、石头和皮

球的遭遇，反映了生活中人们对待挫折的不同态度。有的人遇到挫折，暴跳如雷，继续以硬碰硬；有的人遇到挫折，一败涂地，再也站不起来；有的人遇到挫折，轻轻一笑，改变方向，又可以上路了。我们也许会认为应付挫折是一件困难之事，其实困难在于自己内心。

大学生对于挫折常见的不合理认知方式往往具有以下特征。

1. 不应该发生

大学生缺乏一定的社会经验和受挫经验，往往对许多未知事物持乐观态度，很难对某些事物进行客观公正的评价。对于挫折，他们往往缺乏心理准备，因而当挫折来临，如出现成绩滑坡、考试不及格、竞选学生干部失败、与同学发生矛盾等情况时，即以自己的意愿为出发点，对某一事物怀有必定会发生或不该发生的绝对化倾向，它通常与"必须""应该"这类词联系在一起，如"我必须成功""他应该这样做"等。持有这种认知的人往往把生活看成非黑即白的单色调，没有中间色，因而极易陷入情绪困扰中。

2. 过分概括化

这是一种以偏概全、以点概面的不合理的思维方式。一次遇到挫折，便认为自己"没用"，是"失败者"；一次遇到不幸，就认为"一切都完了"；把某一件事的失败看成整个人生的失败，导致对自我价值的全盘否定；别人稍有过失就认为无一可取，一味责备他人，甚至产生愤怒、敌对情绪。

3. 夸大后果

这种不合理的认识以夸大失败或痛苦的体验为特征，认为某一事情发生了必定非常糟糕、非常不幸，后果不堪设想。如某次考试失败，便认为自己没脸见人；一次失恋，便认为从此不会有幸福，这种认识方式会使人陷入严重的不良情绪体验之中。

因此，面临挫折而出现情绪困扰时，应该检查一下自己是否存在认知方面的偏差，是否存在消极思维。若能改变不合理的观念，以积极思维替代消极思维，从"不可能"转变到"我能做什么""能从中学到什么"，则可能减少挫折感，增强挫折承受能力。

要培养我们的积极思维，必须树立科学的挫折观。

第一，要树立挫折不可避免观。在人生成长发展的过程中，不可能总是一帆风顺、尽如人意。挫折是生活的组成部分，随时随地都可能发生，每个人都会遇到。从某种意义讲，人的一生就是不断战胜困难、化解挫折从而获得发展的过程。

第二，要树立挫折辩证观。挫折有消极的一面，也有积极的一面，挫折对人既是威胁，又是机遇。挫折给人带来失败、造成损失，给人打击，产生痛苦；但挫折对人生也具有多方面的积极意义：挫折有助于我们认识自己的弱点、长处和发展潜力；挫折可以使人展现出个人能力的极限，激发出个人的生命活力；挫折让人增长人生经验，增强自信，学会对自己负责，变得更加成熟；挫折经验充实了多姿多彩的人生，是构成有意义的生命历程的华彩乐章。当重大挫折或灾难是由集体承担的时候，便能激发出人性的光辉，显露出平常人的美好品质。

【案例】

江梦南，女，瑶族，1992年出生，湖南省郴州市宜章县人。父母为她取名的寓意是梦里江南，岁月静好。然而在半岁时，由于耳毒性药物导致极重度神经性耳聋，她失去了几乎所有的听力。为了让江梦南更好地融入社会，父母坚持教她学习发音和唇语，一个发音、一个字，她都需要上万遍的练习，才能学会和掌握。江梦南坚强地跨过了人生中一道道看似不可逾越的山峰。她以615分的成绩考入吉林大学药学院，并多次获得奖学金，在吉林大学攻读完研究生学位，2018年9月，江梦南正式进入清华大学开始她的博士生学业。同年，她的右耳成功植入人工耳蜗，重获了失去26年的听力。2022年，江梦南被评为"感动中国2021年度人物"。

资料来源：感动中国 2021 年度人物——江梦南. https://news.cctv.com/2022/03/03/ARTIYCSpaNcUPWOMZYCY3wQo220226.shtml，2022-03-03，有改动。

第三，要树立挫折可控观。挫折情境多数是可以控制的，主观努力即使不能战胜挫折，至少也能减轻挫折造成的损失程度。可以通过问卷测试，积极探索自己应对挫折的方式，掌握自己面对挫折时的特点。要抛弃无能为力的外控观念，勇敢地面对挫折。善用各种有利因素，是有效地应对挫折环境的先决条件。

第四，要树立挫折承受观。当挫折过大、个人一时无法抗拒时，不妨抱着"豁"出去的态度，把挫折、困难当做"自然灾害"，坦然承受之。暂时放弃无谓的忙乱，减少精力的损耗，不失为一项明智之举。任何挫折与困难的破坏力和持续时间总是有限的，一旦挫折过去，有利条件具备时，总可以采取积极措施予以补救。

知识栏

积极思维 VS 消极思维

项目	积极思维	消极思维
感情、性格	宽厚、热情、自尊、自爱、快乐、勇敢	有偏见、嫉妒、孤独、冷漠、自卑、伤感、胆怯
行为方法	独立、自行负责、积极行动、广交朋友	依赖、行动懒惰、受制于人、缺少朋友
思想方法	开放、接受变化、前进、发展	封闭、抵制变化、墨守成规
对自身的理念	热爱自己的生命，确信个体生命的价值，相信自己与许多有成就的人一样有很多潜力可以挖掘，不相信命运，不屈从环境	忽视、轻视个体生命的价值，不相信自身拥有巨大的、可供挖掘的潜能，屈从于命运和环境的压力
对社会（人际）的理念	接受他人，能与人进行有效合作	拒绝他人，很难与人合作

续表

项目	积极思维	消极思维
对现实世界的理念	接受现实，在其中寻求和谐，能在适应环境的过程中发现积极的变化，并在改造环境的过程中发展自己	因无法适应现实而拒绝现实，又因无法超脱现实而感到痛苦
对未来的理念	面向未来，承认相对真理，乐于不断更新知识，适应变化	抱有"绝对真理"理念，拒绝接受发展变化中的"真理"，适应不了社会的进步

8.3.2 培养意志品质，做好挫折预防

有些大学生常常这样说："老师，我知道自己的问题在哪里，也尝试用不同的办法去改变自己，提高自己的心理承受能力，但坚持不下去，我该怎么办？"他们提到的就是意志。

意志是人自觉地确定目标，并根据目标调节、支配自身行为，克服困难，实现目标的心理过程。意志力是人们为达到既定目的而自觉努力的程度或展现出的坚强的意志品质。意志力常被理解为"控制人的冲动和行动的力量"，其中最关键的是"控制"和"力量"这两个词，也即"人对自己行为的控制力"。在遇到挫折时，意志力强的人控制力强，能够自觉控制和调节自己的心理与行为，面对现实，找出失败的原因，施展所有的本领来对付困难，善始善终地将计划执行到底，直至目标实现。意志力强的人对挫折的适应能力、承受能力都较强；相反的，意志力弱的人控制力弱，往往不能控制自己的行为，在遇到挫折时，容易改变行为的方向，回避现实，采取消极的应对方式。例如，沉迷上网而无法自拔的大学生，大多意志力薄弱，一面痛恨自己的不能自拔，一面因此而自信不足，甚至出现意志消沉和精神障碍。

意志品质是一个人在生活中形成的比较稳定的意志特征，是个性的重要组成部分。人的意志力并非生来就有或者不可能改变的特性，它属于人性中后天的成分，我们完全可以通过一些途径来培养它。

1. 明确人生目标

明确了一生朝哪个方向走，决心成为一个什么样的人，就能够控制自己，使言行服从和服务于自己的人生目标，而排斥同目标相对立的各种诱惑；反之，连人生目标是什么都不知道，那么，在诱惑面前，就不会有坚强的意志力。

2. 坚持执行计划

培养坚强的意志力，还必须矢志不渝地坚持完成既定的计划安排，当然，为保证计划的可行性，在做决定时要三思而后行。但一旦在深思熟虑的基础上做出计划，就要坚定不移地付诸实施，不能轻易改变和放弃。

3. 决不迁就自己

一旦意识到某件事情或行为是不对的，不管它是多么强烈的诱惑，对我们的吸引力

有多大，都要坚决克制，决不做半点让步和迁就。培养意志力，要有毫不含糊的坚定信念和顽强的意志。

4. 从小事做起

人的意志力是在学习、工作、生活中的千千万万件小事中培养和锻炼起来的。对做任何小事，注意意志力的训练，都会使人变得更加坚强。不要以为培养意志力一定要有特殊的条件和不平常的际遇。比如，早晨是按时起床，还是在被窝里再躺一会儿，对自己的自制力就是一个小小的考验，积小成大。

5. 经常反省

反省就是自我检查和审视，甚至是自我惩罚。如当个体在困难面前想退却时，不妨责备自己的懦弱。也许这样能够唤起自尊，并战胜怯懦，成功地控制自己。当你做错事时，对自己说："活该，你做错了事，该罚。"实践证明，这对于帮助培养意志力也是有好处的。生活中不要总是出现"不行"这两个字。因为这是培养意志力的第一道防线，这道防线守不住，培养意志力的计划就会"全线崩溃"。

8.3.3 采用有效方法，提升应对能力

面对挫折，除了应有正确的认识、积极的思维和坚强的意志力外，还需要学习克服挫折心理的方法。

1. 代偿迁移法

当一个人不能达到既定目标而受到挫折时，可以用另一种目标来代替，通过另一种活动来弥补心理的创伤，驱散内心的忧愁和痛苦，增强前进的信心和勇气。生活中"失之东隅，收之桑榆""勤能补拙"的事实屡见不鲜。通过阅读名人的传记，我们可以学到，他们的优秀和一生的成就并非偶然，而是源于对知识的渴望、对真理的追求、对挑战的勇敢面对，以及对个人信念的坚定持守。这些故事激励着后来者，在各自的领域内勇于探索、不断突破，书写属于自己的奋斗史。

2. 宣泄疏导法

挫折往往会给当事者带来激烈的情绪反应，会导致出现不理智的攻击行为，因此会造成新的问题，或人际关系紧张。但是，如果强压心理的悲愤，长时期地压抑自己的情绪则会导致不良后果。人所能够承受的心理压力总有一定的极限，当心理压力超过这个极限时，心理发展便出现一系列困扰，同时身体健康也会受到危害。但是，如果我们在适当的时机（即适当的时间与场所）打开自己的"心理控制阀"，进行适当的宣泄，将积累起来的不良情绪以适当的方式发泄出去，犹如洪水上涨，危及堤坝而开渠泄洪一样，它能有效地缓解心理压力和心理紧张度，恢复心理的平衡。比如，当人们遇到突然发生的、意外的精神打击后，别人往往劝他，"你痛痛快快地哭一场吧！不要憋在心里，以防得病！"这就是在日常生活中，人们经常采用的宣泄不良情绪的方法。

宣泄疏导法是一种效果十分显著的排除不良情绪的方法，它具有简单、易操作、收效迅速的特点。对于情绪变化剧烈、心理反应敏感的青年朋友来说，宣泄疏导法是一种更容易接受的，短、平、快的方法。对不良情绪的宣泄有很多方法，如语言倾诉、找人交谈、写作、看电影、画画、旅游等。

但还有一些方法，如愤怒时砸东西、攻击别人，烦闷时酗酒解"愁"等，这些方法虽然能够将不良情绪发泄出去，但却是暂时的，反而会为以后带来新的更大的烦恼，甚至引起更严重的挫折。因此，在运用宣泄疏导法时，要根据实际情况，通过正常的途径和渠道，采用适当的宣泄方式，控制宣泄的程度，这样才能取得良好的宣泄效果。

3. 注意转移法

当遭到挫折而使紧张情绪无法排除时，可以暂时离开挫折情境，转移自己的注意力，或散步游玩，听听音乐，看看电影，上网找人聊天或打会儿游戏，或从事体育运动，都会使消极的挫折心理得到缓解或消除。

你习惯采用什么方式来应对挫折和困难？下文的测试问卷可以帮助你更好地了解自己。

8.3.4 和谐人际关系，建立社会支持系统

友情是一种来自心底的力量，别人的认同和友善也是一种肯定力量。俗话说："一个篱笆三个桩，一个好汉三个帮。"要克服挫折，增强对挫折的适应能力，离不开和谐的人际关系。当一个人在遭遇挫折之际，得到朋友和周围人的同情、理解、关心、鼓励和支持时，就会降低挫折反应的强度，增强对挫折的承受力和适应性。因此，大学生必须学会与人交往，努力拓展自己的交往空间，建立广泛而和谐的人际关系，这既是心理健康的基本要求，也是增强挫折承受力的重要途径。当挫折来临时，和谐的人际关系和良好的社会支持就像一张"保护网"，能够令我们的心灵得到修复和鼓励，并重整旗鼓。

8.3.5 主动寻求帮助，有效战胜挫折

我们也需要认识到，个人的能力是有限的，也许采用了以上所有的办法，都无法应对我们遇到的挫折。的确，有些挫折是我们现阶段无法征服和超越的，这时，我们需要合理地寻求帮助。意识到自身能力的局限性，并不代表我们弱小，而是成熟的标志。当经过我们客观评估，发现遇到的挫折或困难超出了我们的承受范围时，请积极地向家长、老师或者专业人士寻求帮助，只有这样才能更好地克服困难，战胜挫折。

8.4 心理测试与训练

人生之路，成功是由无数失败构成的。在生活中有很多压力和困难，有些是你必须要克服的，有些是你必须要忍受的。未雨绸缪并能坚持到底的人往往在将来的岁月里更容易取得成功。"工欲善其事，必先利其器。"本节的心理测试与训练就是为了锻炼大学生面对逆境的承受能力。

8.4.1 心理测试

1. 意志力测试

测试导语：坚强的意志是一个人成功的必要素质，只有坚持不懈、持之以恒，才能圆满地实现自己的人生目标。下面的问卷将测试你的意志力，请选择适合自己的答案。

（1）我决心办成的事情（如练长跑、爬山、游冬泳），不论遇到什么困难，都会坚持。
A. 完全符合　　　B. 比较符合　　　C. 无法确定　　　D. 不太符合　E. 完全不符

（2）生活中遇到复杂的事情时，我常常举棋不定，拿不定主意。
A. 完全符合　　　B. 比较符合　　　C. 无法确定　　　D. 不太符合　E. 完全不符

（3）我做一件事的积极性，主要取决于这件事情的重要性，即该不该做；而不在于对这件事是否有兴趣，即不在于想不想做。
A. 完全符合　　　B. 比较符合　　　C. 无法确定　　　D. 不太符合　E. 完全不符

（4）我的兴趣多变，做事情常常是"这山望着那山高"。
A. 完全符合　　　B. 比较符合　　　C. 无法确定　　　D. 不太符合　E. 完全不符

（5）对别人的意见，我从不盲从，总喜欢分析、鉴别一下。
A. 完全符合　　　B. 比较符合　　　C. 无法确定　　　D. 不太符合　E. 完全不符

（6）我认为做事不必太认真，做得成就做，做不成便罢。
A. 完全符合　　　B. 比较符合　　　C. 无法确定　　　D. 不太符合　E. 完全不符

（7）如没有特殊原因，我每天都按时起床，从不睡懒觉。
A. 完全符合　　　B. 比较符合　　　C. 无法确定　　　D. 不太符合　E. 完全不符

（8）有时我躺在床上，下决心第二天要干一件重要事情，但到了第二天，这种劲头又消失了。
A. 完全符合　　　B. 比较符合　　　C. 无法确定　　　D. 不太符合　E. 完全不符

（9）学习和娱乐发生冲突的时候，即使这种娱乐很有吸引力，我也会马上决定去学习。
A. 完全符合　　　B. 比较符合　　　C. 无法确定　　　D. 不太符合　E. 完全不符

（10）我常因读一本引人入胜的小说或看一档精彩的电视节目而忘记时间。
A. 完全符合　　　B. 比较符合　　　C. 无法确定　　　D. 不太符合　E. 完全不符

（11）我很喜爱长跑、远足、爬山等体育活动，并不是因为我的身体条件适合这些项目，而是因为这些活动能锻炼我的体质和毅力。
A. 完全符合　　　B. 比较符合　　　C. 无法确定　　　D. 不太符合　E. 完全不符

（12）我在学习和工作中遇到了困难，首先想到的就是问问别人有什么办法。
A. 完全符合　　　B. 比较符合　　　C. 无法确定　　　D. 不太符合　E. 完全不符

（13）我能长时间做一件重要而枯燥无味的工作。
A. 完全符合　　　B. 比较符合　　　C. 无法确定　　　D. 不太符合　E. 完全不符

（14）我的作息没有什么规律性，经常随自己的情绪、兴致的变化而变化。
A. 完全符合　　　B. 比较符合　　　C. 无法确定　　　D. 不太符合　E. 完全不符

（15）我决定做一件事，常常说干就干，绝不拖延或让它落空。
A. 完全符合　　　B. 比较符合　　　C. 无法确定　　　D. 不太符合　E. 完全不符

（16）我办事喜欢拣容易的先做，难的能拖则拖，实在不能拖时，就赶时间做完算数，所以别人不大放心让我干难度大的工作。
A. 完全符合　　B. 比较符合　　C. 无法确定　　D. 不太符合　E. 完全不符

（17）我信奉"凡事不干则已，若干必成"的格言，并身体力行。
A. 完全符合　　B. 比较符合　　C. 无法确定　　D. 不太符合　E. 完全不符

（18）凡是比我能干的人，我不太怀疑他们的看法。
A. 完全符合　　B. 比较符合　　C. 无法确定　　D. 不太符合　E. 完全不符

（19）遇事我喜欢自己拿主意，当然也不排斥听取别人的建议。
A. 完全符合　　B. 比较符合　　C. 无法确定　　D. 不太符合　E. 完全不符

（20）给自己制订的计划，常常因为主观原因不能如期实现。
A. 完全符合　　B. 比较符合　　C. 无法确定　　D. 不太符合　E. 完全不符

（21）我不怕做我从来没有做过的事情，也不怕一个人独立负责重要的工作，我认为这是对自己很好的锻炼。
A. 完全符合　　B. 比较符合　　C. 无法确定　　D. 不太符合　E. 完全不符

（22）我生来胆小，没有十二分把握的事情，就从来不敢去做。
A. 完全符合　　B. 比较符合　　C. 无法确定　　D. 不太符合　E. 完全不符

（23）我和同事、朋友、家人相处时，很有克制能力，从不无缘无故发脾气。
A. 完全符合　　B. 比较符合　　C. 无法确定　　D. 不太符合　E. 完全不符

（24）和别人争吵时，有时虽明知自己不对，却忍不住要说一些过头话，甚至骂对方几句。
A. 完全符合　　B. 比较符合　　C. 无法确定　　D. 不太符合　E. 完全不符

（25）我希望做一个坚强的、有毅力的人，因为我深信"有志者事竟成"。
A. 完全符合　　B. 比较符合　　C. 无法确定　　D. 不太符合　E. 完全不符

（26）我相信机遇，很多事实证明，机遇的作用有时远远超过人的努力。
A. 完全符合　　B. 比较符合　　C. 无法确定　　D. 不太符合　E. 完全不符

评分标准：

选择单数题号，A记5分，B记4分，C记3分，D记2分，E记1分；选择双数题号，A记1分，B记2分，C记3分，D记4分，E记5分。然后将各题所得的分数相加。

测试结果：

（1）总得分为111分及以上，说明你意志坚强。
（2）总得分为91～110分，说明你意志较坚强。
（3）总得分为71～90分，说明你意志只是一般。
（4）总得分为51～70分，说明你意志比较薄弱。
（5）总得分在50分及以下，说明你意志很薄弱。

2. 应对方式测试

遇到挫折时，我们每个人都有自己习惯性的防御机制，即应对方式，来应对面临的压力和困难，通过测试（表8-1），了解自己的应对方式，是理解和提升自己抗挫折能力的第一步。

请你好好想一想，在过去几周内自己所遭遇到的最大的生活变化或对自己有压力的事件。这种压力情景或事件可能牵涉你的家庭、工作，或者你的朋友或亲人，或者对你来说很重要的事情。在回答前，你可以仔细回想一下这种情景，它发生在何处、何时，涉及谁，为何对你重要。或许你仍然身处这种情景之中，或许这种压力发生在最近几周之内，请你在自己心中想着这些压力情景，并标明当你处于这种压力情景时，最可能使用或采用的表达方式。请在以下四种答案（0分表示不用或者没有用过，1分表示有时使用，2分表示使用很多，3分表示使用特别多）中选择最符合自己的实际情况。

表 8-1 应对方式评定量表①

项目	是	否	有效	比较有效	无效
1. 能理智地应对困境					
2. 善于从失败中吸取经验					
3. 制订一些克服困难的计划并按计划去做					
4. 常希望自己已经解决了面临的困难					
5. 对自己取得成功的能力充满信心					
6. 认为"人生经历就是磨难"					
7. 常感叹生活的艰难					
8. 专心于工作或学习以忘却不快					
9. 常认为"生死有命，富贵在天"					
10. 常常喜欢找人聊天以减少烦恼					
11. 请求别人帮助自己克服困难					
12. 常只按自己想的做，且不考虑后果					
13. 不愿过多思考影响自己的情绪的问题					
14. 投身其他社会活动，寻找新寄托					
15. 常自暴自弃					
16. 常以无所谓的态度来掩饰内心的感受					
17. 常想"这不是真的就好了"					
18. 认为自己的失败多系外因所致					
19. 对困难持等待观望任其发展的态度					
20. 与人冲突，常是由对方性格怪异引起的					
21. 常向引起问题的人和事发脾气					
22. 常幻想自己有克服困难的超人本领					
23. 常自我责备					
24. 常用睡觉的方式逃避痛苦					
25. 常借娱乐活动来消除烦恼					
26. 常爱想些高兴的事来自我安慰					
27. 避开困难以求心中宁静					

① 该表由肖计划等参照国内外应对研究的问卷内容以及有关应对理论，根据我国文化背景编制而成。

续表

项目	是	否	有效	比较有效	无效
28. 为不能回避困难而懊恼					
29. 常用两种以上的办法解决困难					
30. 常认为没有必要那么费力去争成败					
31. 努力去改变现状，使情况向好的一面转化					
32. 借烟或酒消愁					
33. 常责怪他人					
34. 对困难常采用回避的态度					
35. 认为"退后一步天地宽"					
36. 把不愉快的事埋在心里					
37. 常自卑自怜					
38. 常认为这是生活对自己不公平的表现					
39. 常压抑内心的愤怒与不满					
40. 吸取自己或他人的经验去应对困难					
41. 常不相信那些对自己不利的事					
42. 为了自尊，常不愿让人知道自己的遭遇					
43. 常与同事、朋友一起讨论解决问题的办法					
44. 常告诫自己"能忍者自安"					
45. 常祈祷神灵保佑					
46. 常用幽默或玩笑的方式缓解冲突或不快					
47. 自己能力有限，只有忍耐					
48. 常怪自己没出息					
49. 常爱幻想一些不现实的事来消除烦恼					
50. 常抱怨自己无能					
51. 常能看到坏事中有好的一面					
52. 自感挫折是对自己的考验					
53. 向有经验的亲友、师长求教解决问题的方法					
54. 平心静气，淡化烦恼					
55. 努力寻找解决问题的办法					
56. 选择职业不当，是自己常常遭遇挫折的主要原因					
57. 总怪自己不好					
58. 经常是看破红尘，不在乎自己的不幸遭遇					
59. 常自感运气不好					
60. 向他人诉说心中的烦恼					
61. 常自感无所作为而任其自然					
62. 寻求别人的理解和同情					

指导语：本问卷的每个条目有两个答案"是""否"。请您根据自己的情况在每一条目后选择一个答案，如果选择"是"，则继续对"有效""比较有效""无效"做出评

估。在每一行的方框中打"√"。

1. 计分方法

（1）条目计分方法：应对方式评定量表包含有6个分量表（表8-2），每个分量表由若干条目组成，每个条目只有两个答案计分，"是"和"否"。各分量表条目前没有"—"者，选"是"得1分，有"—"者，选"否"得1分。

表8-2 应对方式评定分量表及计分

分量表	分量表条目构成编号	条目数	得分
1.解决问题	1、2、3、5、8、−19、29、31、40、46、51、55	12	
2.自责	15、23、25、37、39、48、50、56、57、59	10	
3.求助	10、11、14、−36、−39、−42、43、53、60、62	10	
4.幻想	4、12、17、21、22、26、28、41、45、49	10	
5.退避	7、13、16、19、24、27、32、35、44、47	10	
6.合理化	6、9、18、20、30、33、38、52、54、58、61	11	

（2）计算各分量表的因子分。因子分计算方法如下：分量表因子分=分量表单项条目分之和/分量表条目数

（3）"有效"、"比较有效"和"无效"的回答不计分，供该项应对行为对受检者的价值和意义分析解读。

2. 结果解释

个体应对方式的使用一般都在一种以上，有些人甚至在同一应激事件上所使用的应对方式也是多种多样的。但每个人的应对行为类型仍具有一定的倾向性，这种倾向性构成了应对方式在个体身上的不同组合形式。将各分量表的因子分标注在雷达图上（图8-2），可以看到个体不同的应对倾向，这些不同形式的组合与解释为：

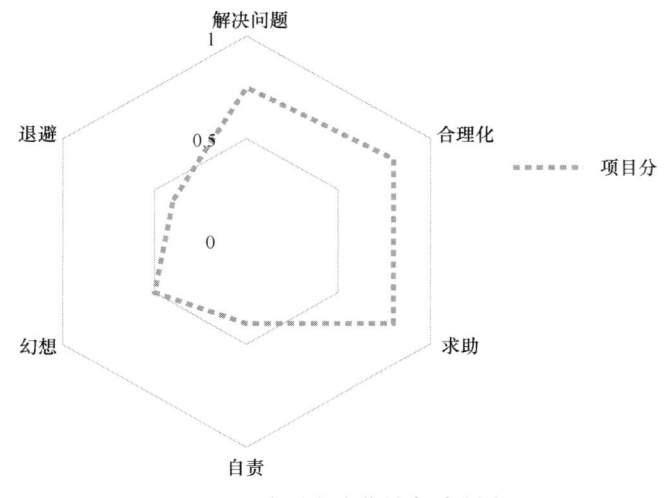

图8-2 应对方式分量表雷达图

"解决问题-求助"（成熟型），这类受试者在面对应激事件或环境时，常能采取解决问题和求助等成熟的应对方式，而较少使用退避、自责和幻想等不成熟的应对方式，在生活中表现出一种成熟稳定的人格特征和行为方式。

"退避-自责"（不成熟型），这类受试者在生活中常以退避、自责和幻想等应对方式应对困难和挫折，而较少使用解决问题这类积极的应对方式，表现出一种神经症性的人格特点，其情绪和行为均缺乏稳定性。

"合理化"（混合型）：这类受试者的应对行为集成熟与不成熟的应对方式于一体，在应对行为上表现出一种矛盾的心态和两面性的人格特点。

8.4.2 心理训练活动

1. 热身活动：人生五部曲

活动目标：活跃气氛，为后面的活动营造良好的氛围。
活动场所：平坦的室外。
活动人数：不限。
材料道具：无。
活动步骤：全体同学参加，从蛋到小鸡，到小鸟，到猴子，最后进化到人。开始所有的同学都是平等的"蛋"，请所有的"蛋"就近找人猜拳，赢者进化成小鸡，输者仍然是蛋。再以猜拳者的身份，继续寻找同类猜拳，赢者进化、输者退化。最后一轮猴变人的过程中，赢的进化为人，退出活动坐回座位，输者被打回为蛋，从头再来。

分享与讨论：
（1）在做这个活动时，你是如何表现的？
（2）这个活动给你的启发是什么？
（3）在进化过程中，如果你始终不能进化成长，你会怎么办？你会选择放弃吗？
（4）在猴变人那一关，如果你多次被打回为蛋，你有什么想法？你能一直坚持从头再来吗？

2. 挫折排排坐

活动目标：了解自己的挫折反应方式，提高挫折的应对能力。
活动场所：室内。
活动人数：不限，人多可以8～10人为一组。
材料道具：印制表格，笔。
活动步骤：

请同学在纸上写出最近一年来遇到的对自己影响最大的10次挫折，并标明当时的感受和反应方式，并按反应强度和持续时间长短排序，客观分析这些反应方式在应对挫折时的积极影响和消极影响，探讨个人应对挫折的最佳方式，然后再分组进行交流（表8-3）。

表 8-3　最近一年来遇到的对自己影响最大的 10 次挫折

挫折事件	挫折感受	应对策略与方式	积极影响	消极影响
1				
2				
3				
4				
5				
6				
7				
8				
9				
10				

3. 成功于心

真正能打败你的只有你自己，一切外在因素对你的影响都是微不足道的！如果你拥有必胜的信心，那么你已经成功了一半。下面请同学根据自身的情况确认自己的自信现状。

（1）你是否有出人头地的愿望？你是否愿意开拓崭新的人生？_____

（2）你平常就自信吗？为什么不自信的人都很难有所成就？_____

（3）你发现自身有许多别人无法企及的优点和天赋吗？它是什么？你敢于向周围的人宣告你是成功和有自信心的人吗？_____

请同学们想想，如果你认为自己像青松一样挺拔，你就真的像青松一样迎雪傲霜；如果你认为自己有太阳般的热量，你就会真的活力四射；如果你认为你能成功，你就真的可能会成功。

（1）你认为成功的重要原则是什么？_____

（2）请你真实地描述过去的你：（你对生活的态度、你的人生经历、你的内心感受等）

_____

请同学们再想想，如果小溪坚信自己能见到大海，所以一路欢歌，奔腾不止；如果小草坚信自己能点缀春天，所以迎风微笑，不畏风雨；如果人坚信自己能够成功，所以信心百倍，勇往直前！

下面请你为自己设计一个全新自信的形象：_____

4. 突围与攻城

活动目标：抓住机遇、挑战自己，体验挫折，感受成功。

活动场所：室外空地。

活动人数：不限。

活动道具：无。

活动步骤：

将同学分为10~16人一组；每组同学手拉手围成圆圈。每次选出两名同学为代表，在一定时间内从圈内（或圈外）突围（或攻城），其他同学设法阻拦。组员依次进行体验。

讨论与分享：

（1）成功或失败的感受是什么？
（2）防御和进攻的感受是什么？
（3）成功的经验和失败的教训是什么？
（4）这个活动给你的启发是什么？

小结： 这个活动比较简单，但从活动中我们可以看到——在同样的情况下，有的人始终攻不进突不出，而有的人却攻突自如，因为后者总是在寻找机会。所以，无论是突围还是攻城，机会只青睐那些不畏挫折的人、敢于挑战自我的人和善于捕捉机会的人。

5. 一杯水的力量

活动目标： 感受压力的累积效应。

活动场所： 室外空地。

活动人数： 不限。

活动道具： 杯子若干，干净的自来水若干。

活动步骤：

（1）教师先用一杯水进行示范。请同学们回答："这杯水有多重？"同学们的回答可能多种多样。继续问：这杯水的重量并不重要，重要的是你能举多久？
（2）邀请同学进行"举水耐力比赛"，计算时间。请举水的同学谈自己的感受和体会。

讨论与分享：

请大家谈感受和体会，不起眼的一杯水如何变得无比沉重？我们日常生活与学习中会遇到哪些压力？有哪些压力会和这杯水一样越变越重？当水杯越来越重，我们可以怎么做？

小结： 如果一直把它放在身上，到最后就会觉得越来越重，难以承受。如果想让自己举得更久，不妨先放下杯子，休息一下。

思考与练习：

1. 什么是挫折？面对挫折一般会有哪些反应？
2. 如何合理运用挫折防御机制？
3. 什么是意志力？大学生如何提高自己的挫折承受力？

推荐赏析：

1. 心理书籍：尚致胜的《走出困境：如何应对挫折与压力》

人生难免遇到挫折，难免有一些失败的经历，但很多人不能从过去的阴影中走出来，甚至对自己形成了一种错误的认知。这种认知影响了你的能力的发挥，是你实现成功人生的绊脚石。该书就是要帮助朋友们改变过去，去除心中阴暗的历史，使你充满阳光，积极应对人生道路上的挫折，笑对人生。

2. 心理电影：《当幸福来敲门》

电影取材真实故事，主角就是著名的美国黑人投资专家克里斯·加德纳（Chris Gardner）。电影成功诠释出一位濒临破产、老婆离家的落魄业务员，如何刻苦耐劳地善尽单亲责任，奋发向上成为股市交易员，最后成为知名金融投资家的励志故事。

第 9 章 大学生的积极人格培养与塑造

> **名人名言：**
> 患难困苦，是磨炼人格之最高学校。
> ——梁启超
> 夫君子之行，静以修身，俭以养德。非淡泊无以明志，非宁静无以致远。
> ——诸葛亮

本章要点：

1. 人格的定义及特点。
2. 气质的定义及类型。
3. 大学生人格的特点。
4. 大学生积极人格培养策略。

【案例】

苏轼是中国文学史上一位罕见的通才人物，除了我们所知晓的他是北宋文学家以外，他在军事、医药学、建筑学、水利学、语言学、音乐学、禅学等方面均有极深的造诣。但是他的一生却充满曲折和坎坷，在将近 40 年的官宦生涯中，他有三分之一的时间是在贬谪中度过的。

苏轼一生基本上是在落魄不定和怀才不遇中度过的，可他的成就又是非凡无比的。是什么力量使苏轼如此地身处逆境而又自强不息？又是什么力量使苏轼能如此从容地应付官宦生活的沉浮？

从心理学上讲，苏轼天生就是乐观主义者，他的人格中含有大量的达观品质和辩证思想。他永远以一份静心面对世间的得失进退，永远以一份激情来化解人生的悲欢离合。这一切正如他的词句所说："枝上柳绵吹又少，天涯何处无芳草。"

9.1 人格概述

德国哲学家莱布尼茨（Leibniz）说过："世界上没有两片完全相同的树叶。"实际上，世界上也没有两个完全相同的人，这句话的深刻寓意是人的生命具有独特性，表现为每个人的外貌、性格、兴趣、意志、技能、个性品质的不同以及人生道路、实现人生价值的途径的多样性。即使像同卵双胞胎那样长得很像的人，他们之间依旧存在着差别。究竟是什么原因让我们之间不一样呢？实际上造成差异的原因之一就是人格。

9.1.1 人格的结构及特点

1. 人格的定义

我国古代汉语中并没有"人格"这个词，但是却有提及"人性""人品""品格"等词，最早讲到"人性"是孔子在《论语·阳货》所说"性相近也，习相远也"。但是"人格"这个词是从日文中引入的概念，而日语中人格的概念来自于英文单词personality，这个词起源于古希腊语persona，最初是指古希腊戏剧演员在舞台演出时所戴的面具，与我国京剧中的脸谱类似，后来指演员本人，一个具有特殊性格的人。现代心理学沿用persona的含义，转意为"用户画像"或"人格面具"，在西方又称人格。

由于人格结构较为复杂，因此，许多心理学者从自己研究的角度提出人格的定义，美国心理学家奥尔波特（Allport）曾综述过50多个不同的定义[①]。比如，美国心理学家吴伟士（Woodworth）认为，人格是个体行为的全部品质。美国人格心理学家卡特尔（Cattell）认为，人格是一种倾向，可借以预测一个人在给定的环境中的所作所为，它是与个体的外显与内隐行为联系在一起的。艾森克（Eysenck）认为，人格是个人的性格、气质、智力和体格的相对稳定而持久的组成，它决定着个人适应环境的独特性。黄希庭指出，人格是个体在行为上的内部倾向，它表现为个体适应环境时的能力、情绪、需要、动机、兴趣、态度、价值观、气质、性格和体质等方面的综合，是具有动力一致性和连续性的自我，是个体在社会化过程中形成的给人以特色的心身组织。

由于人格的复杂性，我国心理学界对人格的概念和定义尚未形成一致的看法。我国第一部大型心理学工具书——《心理学大词典》中对人格的定义反映了多数学者的看法，即人格，也可称个性，指一个人的整个精神面貌，即具有一定倾向性的心理特征的总和。人格结构是多层次、多侧面的，由复杂的心理特征的独特结合构成的整体。这些层次有：第一，完成某种活动的潜在可能性的特征，即能力；第二，心理活动的动力特征，即气质；第三，完成活动任务的态度和行为方式的特征，即性格；第四，活动倾向方面的特征，如动机、兴趣、理想、信念等。这些特征不是孤立存在的，而是错综复杂、相互联系、有机结合的一个整体，对人的行为进行调节和控制。

综上所述，尽管心理学家们对人格的定义不尽相同，但其基本精神还是比较一致的："人格"内涵非常广阔丰富，是人们的心理倾向、心理过程、心理特征以及心理状态等综合形成的系统心理结构。现代心理学一般认为，人格就是个体在物质活动和交往活动中形成的具有社会意义的稳定的心理特征系统。

2. 人格的结构

从构成方式上讲，人格其实是一个系统，并由三个子系统组成，如图9-1所示。

---

① Burger J M. 人格心理学. 8版. 陈会昌译. 北京：中国轻工业出版社，2014.

```
         ┌─ 个性倾向性：需要、动机、兴趣、理想、信念、世界观等
人格 ─────┼─ 个性心理特征：性格、气质、能力
         └─ 自我意识：自我认知、自我体验、自我调控
```

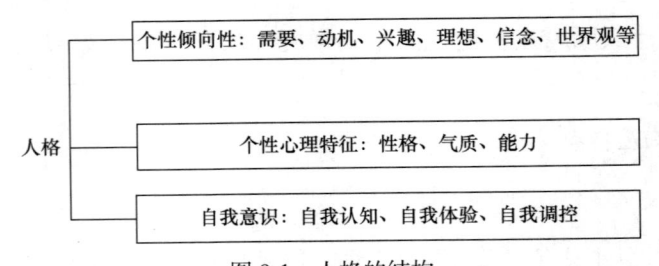

图 9-1　人格的结构

资料来源：彭聃龄. 普通心理学. 5 版. 北京：北京师范大学出版社，2019.

1）个性倾向性

个性倾向性是指人对社会环境的态度和行为的积极特征，它是推动人进行活动的动力系统，是个性结构中最活跃的因素，决定着人对周围世界认识和态度的选择与趋向。个性倾向性包括需要、动机、兴趣、理想、信念、世界观等，其各个成分之间并不是孤立的，而是相互联系、相互影响的。个性倾向性是个性系统的动力结构，它较少受生理、遗传等先天因素的影响，主要是在后天的培养和社会化过程中形成的。其中，需要是个性倾向性乃至整个个性积极性的源泉，动机、兴趣和信念等则是需要的表现形式。而世界观占据主导地位，它指引和制约着人的思想倾向与整个心理面貌，是人的言行的总动力和总动机。由此可见，个性倾向性是以人的需要为基础、以世界观为指导的动力系统。

2）个性心理特征

个性心理特征是指人的多种心理特点的一种独特结合，是个体在其心理活动中经常的、稳定的表现出来的特征，主要是指人的性格、气质和能力。其中，性格是一个人对人、对己、对事物（客观现实）的基本态度及相适应的习惯化的行为方式中比较稳定的具有核心意义的心理特征的综合。气质是指个人生来就有的心理活动的动力特征，表现在心理活动的强度、灵活性与指向性等方面的一种稳定的心理特征，具有明显的天赋性。能力是人顺利完成某种活动的一种心理特征。

3）自我意识

自我意识指自己对所有属于自己身心状况的意识，包括自我认识、自我体验、自我调控等方面，如自尊心、自信心等。自我意识是个性系统的自动调节结构。有的学者还把自我意识称为自我调控系统。

人格结构的这些成分或要素，又因人、时间、地点、环境的不同而互相排列组合，结果就产生了在人格特征基础上千差万别的人，以及一个人在不同的时间、地点、环境中的人格特征的变化，而心理过程是人格产生的基础。

3. 人格的特征

一般而言，人格主要具有下列特征。

1）独特性

"人心不同，各如其面。"这句俗语为个性的独特性做了较好的诠释。一个人的个性是在遗传、环境、教育等因素的交互作用下形成的，不同的遗传、生存及教育环境形成了各自独特的心理特点。即使是同卵双生子，他们的心理面貌也不会完全相同。

2）稳定性

人的人格一旦形成，就具有相对稳定性，想要改变它是较为困难的事情。这种稳定性还表现在个性特征在不同时空下呈现出一致性的特点。

3）统合性

人格是由多种成分构成的有机整体，具有内在统一的一致性，受自我意识的调控。人格统合性是心理健康的重要指标。当一个人的人格结构的各方面都和谐统一时，就会出现健康个性的特征，否则可能出现适应困难，甚至出现分裂人格。

4）功能性

人格赋予个体以强大的影响力，它决定一个人的生活方式，甚至决定一个人的命运，因而是人生成败、幸福与否的根源之一。当面对挫折与失败时，坚强者奋发图强，懦弱者一蹶不振，这就是人格功能性的表现。

5）社会性

社会性是指一个人的人格是在先天禀赋的基础上经由社会文化的影响而形成的动态复合系统。这就使得人格在形成和发展过程中既不能排除生物因素的作用，也不能排除社会因素的作用，它是两者共同作用的结果。具体来讲，前者给人格发展提供可能性，后者使这种可能性转化为现实，即人是生活在一定的社会关系中，逐渐掌握一定社会的风俗习惯、行为方式，并形成一定的世界观和价值观，从而成为一位具有复杂的社会关系的体现者和实践者。

9.1.2 气质

1. 气质的定义

气质源于拉丁语，原意是混合、掺和的意思，后被用于描述人们的兴奋、激动、喜怒无常等心理特征。"气质"一词应用的领域较多，在不同的领域中有不同的内涵。心理学中的气质概念内涵较窄，它与日常生活中运用的脾气、秉性、性情等意义近似。现代心理学把气质定义为：心理活动表现在强度、速度、稳定性和灵活性等方面动力性质的心理特征。例如，一个人言谈举止的敏捷性、注意力集中的程度、思维的灵活性，以及情绪产生的快慢、强弱程度，情绪的稳定性和变化的速度，意志努力的强度等，都是心理活动的动力特征的表现。

2. 气质的类型

【案例】

四位先生听说某一歌星要来演出，下班后他们赶到戏院，但路上耽误了些时间，到达时已经开演了。第一位急匆匆走到门口，就要入内，看门人拦住他说："已经开演了，根据剧场规定，为了不妨碍其他观众，开场后不得入内。"这位先生一听，立即火冒三丈，与看门人争吵起来。正当他们吵得不可开交时，第二位先生看见看门人吵得连门也顾不上看了，灵机一动，立刻侧身溜了进去。第三位则认为再等一下，耐心地跟看门人好好说说，也许能让进。第四位看到如此场面，认为看戏无望了，一边叹息一边说："唉，真倒霉，我总是不走运，不看了。"说完转身回头走了。

四位先生各自不同的表现说明了什么？

气质类型是指在某一类人身上共同具有的各种心理特征的有规律的组合，心理学家也就是依据某些心理特征对人的气质进行分类的。

1）气质的特性

气质作为一种个性特征，主要表现在人的行为和活动中，我们可以从以下六个方面的表现来考察某种气质类型的特性：

（1）感受性，指人的感觉器官对外界刺激的感觉能力。

（2）耐受性，指人在经受外界刺激作用时表现在时间和强度上的耐受程度。

（3）反应的敏捷性，是神经过程灵活性的外在表现，即反应的快慢，动作、言语、思维、记忆、注意转移的速度等都反映了敏捷性。

（4）可塑性，指根据环境的变化改变自己的行为，以适应外界环境的可塑程度。

（5）情绪的兴奋性，指情绪表现的强弱程度。

（6）指向性，指人的言语、思维和情感常指向于外还是常指向于内，常指向于外者为外向，常指向于内者为内向。

2）气质类型

气质有许多特征，按这些特征的不同组合，可以把人的气质分作几种不同的类型。为了便于研究，心理学上比较常见的是根据气质特性在具体人身上的不同结合，将人们的气质划分为不同类型。一直沿用至今的是古希腊医师希波克拉底的气质类型说，他将气质分为胆汁质、多血质、黏液质和抑郁质四种类型。

大学生的气质差异主要表现在这四个方面。

（1）胆汁质：基本特征是夏天里的一团火。胆汁质的人精力旺盛，行为外向，直爽热情，行动敏捷，情绪易于激动，心境变化剧烈，脾气暴躁，难于自我克制。属于这类气质的大学生有理想、有抱负，有独立见解，反应迅速，行为果断，表里如一；不愿受人指挥，而喜欢指挥别人；一旦认准目标，就希望尽快实现，遇到困难也不折不挠，但往往比较粗心，容易感情用事，缺乏耐心，有时会有刚愎自用和鲁莽的表现；学习和工作带有明显的周期性特点，能以极大的热情和旺盛的精力投入到学习和工作中。代表人物：《三国演义》中的张飞；典型特征：精力充沛、情绪发生快而强、言语动作急速、难以自制、内心外露、率直、热情、易怒、急躁、果断。

（2）多血质：基本特征是喜形于色，喜怒都展现于外，可塑性强。多血质的人具有活泼、好动、敏感、反应迅速、情绪发生快而多变、兴趣容易转移等特征。属于这类气质的大学生易于适应环境的变化，性情活泼、善于交际，在群体中精神愉快，相处自然，常能机智地摆脱困境；他们在学习和工作上肯动脑、主意多，不安于机械、刻板、循规蹈矩，常表现出较强的工作能力和较高的办事效率；对外界事物兴趣广泛，但注意力容易分散，情绪不稳定。代表人物：《水浒传》中的武松；典型特征：活泼爱动、富于生气、情绪发生快而多变、表情丰富、思维言语动作敏捷、乐观、亲切、浮躁、轻率。

（3）黏液质：基本特征是冰冷耐寒。黏液质的人举止平和，行为内向；反应缓慢，头脑清醒，做事有条不紊，踏实；注意力容易集中，稳定性强，善于忍耐；不善言谈，交际适度。属于这类气质的大学生反应较为迟缓，但无论环境如何变化，都能基本保持心理平衡；凡事深思熟虑，力求稳妥，一般不做无把握的事情，在各种情况下都表现出较强的自我克制能力；他们外柔内刚，沉静多思，不愿流露内心的真情实感；与人交往时，态度适度，不卑不亢，不爱抛头露面和夸夸其谈；学习、工作有板有眼，踏实肯干，严格恪守既定的生活秩序和制度。但他们过于拘谨，不善于随机应变，固定性有余而灵活性不足，有墨守成规、因循守旧的表现。代表人物：《西游记》中的唐僧；典型特征：沉着冷静、情绪发生慢而弱、思维言语动作迟缓、内心少外露、坚忍、执拗、淡漠。

（4）抑郁质：基本特征是秋风落叶。抑郁质的人多疑多虑，内心体验极为深刻，行为极端内向；敏感机智，善于觉察别人不易觉察到的细小事物；胆小、孤僻、爱独处；做事认真，动作迟缓，防御反应明显。属于这类气质的大学生在生理上难以忍受紧张氛围，厌恶那些强烈的刺激；他们的感情细腻而脆弱，常因区区小事引起情绪波动；他们聪明而富有想象力，自制力强；喜欢独处，不善交际；善于领会别人的意图；遇事三思而行，求稳不求快，对力所能及的工作能认真负责地完成。在学习、工作一段时间后，常比别人更感疲倦；在困难面前常怯懦、自卑和优柔寡断。代表人物：《红楼梦》中的林黛玉；典型特征：柔弱易倦、情绪发生慢而强、易感而富于自我体验，常常表现出来的是内向、腼腆和忧郁。

我国大学生气质类型调查数据

一项关于我国大学生气质类型的调查表明，大学生中复合型气质占65.93%，单一型气质占34.07%；总的趋势是多血质类型的人数最多，共占56.32%；其次为黏液质占24.18%；胆汁质占13.73%；抑郁质最少，占5.77%。文理科学生比较，理科学生中黏液质多，文科学生中胆汁质、多血质、抑郁质较多。男女生比较，男生中胆汁质、多血质多，女生中黏液质多。

资料来源：大学生的气质特点. https://xlzx.whu.edu.cn/info/1024/2241.htm，2006-09-18.

在现实生活中，只有少数人是上述四种气质类型的典型代表，大多数人是近乎于某种气质，同时又具有其他气质的某些特征，属于混合型或过渡型气质。在人口分布中，气质的一般型和两种类型的混合型的人占多数，典型型和两种以上类型混合型的人占少数。因此，在测定一个人的气质时不应该硬性地将其划入某种典型。

3. 如何看待气质类型

1）气质的稳定性和可塑性

气质类型是由神经过程的特点决定的，而神经过程的特点主要是先天形成的，所以，遗传素质相同或相近的人，其气质类型也比较接近。一个人的气质在一生中比较稳定，但不是不能变化的。如果童年时期生活条件极为恶劣，或者在成年时期遇到了重大的生活事件，可能导致人的气质的变化。但这种变化过程是比较缓慢的，甚至条件适宜的话，原来的面貌还会得到恢复。所以，人的气质变化可能只是一种被掩盖的现象。

2）气质类型没有好坏之分

气质仅使人的行为带有某种动力特征，就动力特征而言无所谓好坏；同时，每种气质类型都有其积极的方面，也有其消极的方面，没法比较哪一种气质类型更好。如胆汁质的人精力充沛，热情豪爽，但脾气暴躁；多血质的人活泼敏捷，善于交往，但却难于全神贯注，缺乏耐心；黏液质的人做事有条不紊，认真细致，但却缺乏激情；抑郁质的人非常敏锐，却容易多疑。气质对一个人来说没有选择的余地，重要的是了解自己，自觉发扬自己气质中的积极方面，努力克服气质中的消极方面。

3）气质类型不能决定一个人成就的高低，但能影响工作效率

气质类型并不能决定一个人成就的高低，这在现实生活中有大量的事例，不胜枚举。气质类型不能决定一个人智力发展的水平，也不会决定一个人成就的大小。

但是，社会实践的领域众多，不同领域的工作对人的要求是不同的，有的气质类型适合于这一类的工作，有的气质类型适合于另一类的工作。在因事择人（人事选拔）或因人择事（选择职业）的时候，应考虑自己的气质类型对工作的适宜性（表9-1）。如果一个人的气质类型正好适合该类工作的要求，他会感到得心应手。如果不考虑气质类型对工作的适宜性，将会增加心理负担，给人带来烦恼，也影响工作效率。

表 9-1 气质类型的行为特征与适宜的职业

气质类型	行为特征	适宜的工作
多血质	活泼、好动、敏感、反应迅速、情绪发生快而多变、兴趣容易转移	社交工作、推销员、采购员、外交工作、管理人员、律师、新闻记者、演员、侦探等
黏液质	举止平和，行为内向；反应缓慢，头脑清醒，做事有条不紊，踏实；注意力容易集中，稳定性强，善于忍耐；不善言谈，交际适度	自然科学研究、教育、医生、财务会计等
胆汁质	精力旺盛，行为外向，直爽热情，行动敏捷，情绪易于激动，心境变化剧烈，脾气暴躁，难于自我克服	社交工作、政治工作、经济工作、军事工作、地质勘探工作、推销、节目主持人、演说家等
抑郁质	多疑多虑，内心体验极为深刻，行为极端内向；敏感机智，善于觉察别人不易觉察到的细小事物；胆小、孤僻、爱独处；做事认真，动作迟缓，防御反应明显	研究工作、会计、化验员、雕刻、刺绣、机要秘书、检查员、打字员等

4. 气质类型影响性格特征形成的难易和对环境的适应

性格主要是在后天生活环境中形成的，它包含许多特征。不同气质类型的人在形成这些特征的时候，有些比较容易，有些就比较难。例如，胆汁质的人容易具有勇敢、坚毅的性格特征，却难于具有善于克制自己情绪的性格特征。多血质的人容易具有热情好客、机智开朗的性格特征，却难于具有耐心细致的性格特征。

环境是不断变化的，遇到变化的环境，一个人怎样对付，能否自如，这是对一个人适应环境能力的考验。一般来说，多血质的人容易用很巧妙的办法应对环境的变化；黏

液质的人常用克己忍耐的办法应对环境的变化，也能达到目的；胆汁质的人在不顺心的时候容易产生攻击性行为，造成不良后果；抑郁质的人过于敏感，容易受到伤害，感受到挫折。后两种类型的人的适应环境的能力都不强。

5. 气质类型能影响健康

心身医学告诉我们，心理和身体是相互联系、相互影响、相互制约、相互转化的。健康不仅是身体没有疾病、不衰弱，而且是在生理、心理和社会适应方面保持良好的状态。这说明，心理在维护健康中的作用。一般来说，积极愉快的情绪能够提高人的大脑和神经系统的活动能力，增强人对生活和工作的兴趣与信心；消极不良的情绪会使人的心理活动失去平衡，甚至会造成身体器官及其生理变化的异常。

9.1.3 性格

1. 性格的定义

性格是指表现在人对现实的态度和相应的行为方式中的比较稳定的具有核心意义的个性心理特征。

性格是一种与社会相关最密切的人格特征，在性格中包含有许多社会道德含义。性格体现了人们对现实和周围世界的态度，并表现在他的行为举止中。性格主要体现在对自己、对别人、对事物的态度和所采取的言行上。态度是个体对社会、对自己和对他人的一种心理倾向，它包括对事物的评价、好恶和趋避等方面。态度表现在人的行为方式中。

性格表现一个人的品德，受人的价值观、人生观、世界观的影响。这些具有道德评价含义的个性差异，我们称之为性格差异。性格是人的核心的个性差异。性格有好坏之分，能最直接地反映出一个人的道德风貌。

性格是后天形成的，但一经形成就比较稳定，并贯穿于人的全部行为活动之中，在不同情境中以不同形式表现出来。人在生活中一时性地偶然表现出某种心理特征，不能看成一个人的性格特征，而只有经常、习惯性的表现才能认为是他的性格特征。例如，一个人在众人面前通常能健谈热情、乐观大方，但偶尔一次或几次显得沉默寡言、拘谨不安，这就不能把沉默寡言、拘谨不安视为他的性格特征。正因如此，掌握了一个人性格特点，就能够判断他在怎样的情况下将会怎样行动。性格是稳定的，但不是一成不变的，在社会生活条件和实践活动发生变化时，人的性格也会发生变化。性格具有可塑性。

知识栏

孩子的性格心理

儿童心理学家将孩子的性格分为四种，即表现型、思考型、领导型和亲切型。

表现型孩子的性格心理：调皮好动，对很多事充满热情，整个人活力满满，爱表现，却很难踏踏实实地去做一件事，难精力集中在某一个指定的任务上，老爱闯祸。

思考型孩子的性格心理：心思细腻，遇事沉着冷静，做事严谨，有较强的自律品质，为人理性，但因为爱思考，所以同时又有些敏感、易情绪化。

领导型孩子的性格心理：具有领导能力，凡事喜欢自己做主，有主见，喜欢赢的感觉，不轻易妥协、不服输，做事果断，是天生的领导者，但性格倔强，易形成野蛮脾气。

亲切型孩子的性格心理：听话乖巧，脾气好是明显的特征，很少与人争吵，愿意听从他人意见行事，但常因为内向胆小，被喜欢惹是生非的小伙伴"欺负"。

资料来源：李群锋.儿童性格心理学.苏州：古吴轩出版社，2017.

2. 性格的结构

性格在一个人身上表现出来的是一个有机的整体，但为了仔细地了解性格，又可以把它分解为不同的方面。一般来说，可以从性格的组成部分来分解性格，这就是性格的静态特征；还可以从性格结构的几个方面的联系上，从不同的生活情境中来考察性格，这就是性格的动态特征。

1）性格的静态特征

（1）性格的态度特征：个体在对现实生活各个方面的态度中表现出来的一般特征，即他对社会、对集体、对工作、对劳动、对他人以及对待自己的态度的性格特征。

性格的态度特征，好的表现是忠于祖国、热爱集体、关心他人、乐于助人、正直诚恳、文明礼貌、勤劳节俭、认真负责、谦虚谨慎等；不好的表现是没有民族气节、对集体和他人漠不关心、自私自利、损人利己、奸诈狡猾、蛮横粗暴、懒惰挥霍、敷衍了事、不负责任、狂妄自大等。

（2）性格的意志特征：个体在调节自己的心理活动时表现出来的心理特征。按照意志的品质，良好的意志特征是有远大理想、行动有计划、独立自主、不受他人左右；果断勇敢、坚韧不拔、有毅力、自制力强等；不良的意志特征是鼠目寸光、盲目性强，随大流、易受暗示、优柔寡断、放任自流或固执己见、怯弱、任性等。

（3）性格的情绪特征：个体的情绪对他的活动的影响，以及他对自己情绪的控制能力。良好的情绪特征是善于控制自己的情绪，情绪稳定，常常处于积极乐观的心理状态；不良的情绪特征是事无大小，都容易引起情绪反应，而且情绪对身体、工作和生活的影响较大，意志对情绪的控制能力又比较薄弱，情绪波动大，心境又容易消极悲观。

（4）性格的理智特征：个体在认知过程中的性格特征。比如，认知活动中的独立性和依存性：独立性者能根据自己的任务和兴趣主动地进行观察，善于独立思考；依存性者则容易受到无关因素的干扰，愿意借用现成的答案。有人现实感强，有人富于幻想；有人能深思熟虑，看问题全面，有人则缺乏主见，人云亦云或钻牛角尖；等等。

2）性格的动态特征

上述性格的静态特征的几个方面并不是相互分离的，而是彼此关联、相互制约的，有机地组成一个整体。一般来说，性格的态度特征是性格的核心，而且对社会、对集体的态度又是最为重要的态度，因为态度直接表现了一个人对事物所持有的、比较恒常的倾向，同时，它也决定性格的其他特征。例如，一个对社会、对集体有高度责任感的人，他对工作、对学习也一定是认真负责、兢兢业业的，他对别人也会是诚恳、热情的，对自己也是能严格要求的。这一点告诉我们，在分析一个人的性格时，一定要抓住他的性格的主要特征，由此可预见到他的其他的性格特征。

另外，性格的各种特征并不是一成不变的机械组合，而是常常在不同的场合下会显露出一个人性格的不同侧面，这体现了性格的丰富性和统一性。

9.2 大学生人格的特点及影响因素

"君子坦荡荡，小人长戚戚"，季布一诺值千金，体现的都是人格魅力。古之帅才均有五德，即勇、毅、仁、智、信。曾国藩曾在写给诸弟的信中说："吾人只有进德、修业两事靠得住。"他认为，进德和修业是可以通过个人努力来提高的，自己付出了多少心血就能得到多少回报。而功名富贵是不能强求的，很大程度上要仰仗天命。

国内外已有大量有关人格特质同心理健康的研究，而且多数研究已经表明，人格作为个体内部的一种特质，其对心理健康有着重要的影响作用。孙洪礼等有关大学生人格特质与心理健康的研究指出，人格特质可以解释 0.5%～31.1%的大学生心理健康变异量[1]。史琼对当代大学生大五人格与心理健康的关系进行研究后指出，不同心理健康水平的大学生群体的人格维度都存在着显著的差异[2]。周艳芳等对于医学院 D 型人格毕业生的心理健康进行调查后发现：D 型人格毕业生的心理健康状况低于非 D 型人格毕业生的心理健康的总体状况[3]。

近年来，美国学者戈尔曼提出了情绪智商学说。他认为，一个人的事业成就有 20%决定于智商，有 80%取决于情商。情商包括自我意识、自我激励、自我控制、了解他人的情绪和与人交往等[4]。美国著名心理学家韦克斯勒曾考察过 40 余名诺贝尔奖获得者，发现他们在儿童时的智商大部分是中等或中等偏上，他们的成长和成就主要是凭借后天所塑造的健康人格获得的[5]。许多著名学者、科学家在论证自己的成功时，都把积极人格放在了非常重要的位置。爱因斯坦说："人们把我的成功，归因于我的天才；其实我的天才只是刻苦罢了。"华罗庚说："聪明在于积累，天才在于勤奋。"居里夫人说："人要有毅力，否则将一事无成。"牛顿说："天才就是长期劳动的结果。"列夫·托尔斯泰说："天才是指异乎寻常的忍耐者而言。"这些论断都说明，成功来自毅力和耐心，来自勤奋和汗水。而毅力、耐心、勤奋都是人的积极人格成分。

9.2.1 大学生人格的特点

1. 人格相对稳定

大学生在气质、性格等方面都呈现出不同的人格特点，这些心理特点使大学生彼此之间形成了显著的差异。大学生的进取性格有了较大发展。以性格表现为例，有的学生

---

[1] 孙洪礼. 大学生心理健康与人格特质的相关. 中国健康心理学杂志. 2017, （10）: 1567-1571.
[2] 史琼. 当代大学生大五人格与心理健康的关系:应对方式的中介作用. 中国校医. 2017, （10）: 721-723.
[3] 周艳芳, 张秋梅, 高立. 医学院校 D 型人格毕业生心理健康现状. 中国健康心理学杂志. 2021, （1）: 132-137.
[4] 丹尼尔·戈尔曼. 情感智商. 查波, 耿文秀译. 上海: 上海科学技术出版社, 1997.
[5] 文成蹊. 哈佛职场情商课. 北京: 中国纺织出版社, 2011.

热爱集体、坦白直率、公正诚实；有的学生则孤僻、自私、粗暴。有的学生谦逊大方、彬彬有礼；有的学生则骄傲浮夸、好为人师。在性格的理智特征方面，有的学生懂得勤观察、善思考、肯钻研；在性格的意志特征方面，有的学生表现出勇敢坚定、自制力强等特征。在性格的情绪方面，大部分学生都是乐观向上的。

2. 自我意识增强

自我意识增强是大学生个性趋于成熟的重要标志。自我意识发展进程是大学生认识自我、决定自我对现实的态度，进而完成个体社会化的必经阶段。在自我意识的发展过程中，大学生由刚进校的依赖性和盲目性，渐渐转变为老练沉稳。正是由于这种矛盾的转化，大学生自我意识才逐渐趋于成熟。

大学生自我意识增强主要表现为以下几点：

（1）对自我的兴趣增长。大学生开始把目光投向自我，重新认识和评价自己。不过，大学生自我评价的能力往往落后于评价他人的能力。

（2）自尊心增强，自信心较强。大学生对自身能力有着很强的信心，迫切希望得到他人的尊重。这也造成大学生的自我评价往往偏高。

（3）情感极其丰富。大学生追求独立、自尊与自信，但由于生理、心理等方面的不成熟，往往使其情绪和情感具有不稳定性，表现为情绪与情感的波动性大，内心脆弱。

知识栏

你是九型人格中的哪一类

相传有个部落长老发现部落里的每一个人都不一样，有的人喜欢笑、有的人很严肃，于是开始进行分类；随后，美国学者进行资料整理，形成了九型人格，现在九型人格是被广泛运用在世界 500 强企业的人力资源部的一大法宝，也是哈佛 MBA 必修课之一，九型人格把人分成九种能量体，每一种能量都会影响他的生活和工作当中的决策和行为习惯，具体见表 9-2。

表 9-2　九型人格

类型	类别	特征
第一型	完美型	对自己和别人要求甚高，追求完美
第二型	全爱型、助人	渴望别人的爱或良好关系，甘愿迁就他人，以人为本
第三型	成就型	具有强烈好胜心，喜欢权威，以成就衡量自己的价值
第四型	艺术自我型	情绪化，追求浪漫，惧怕被人拒绝，我行我素
第五型	智慧思想型	冷眼看世界，抽离情感，喜欢思考分析，想得很多，但缺乏行动
第六型	忠诚型	做事小心谨慎，不轻易相信别人，多疑虑，喜欢群体生活，为别人做事尽心尽力

续表

类型	类别	特征
第七型	活跃开朗型	乐观，追求新鲜感，追赶潮流，不喜欢承受压力，抵制负面情绪
第八型	领袖能力型	追求权力，讲求实力，不靠他人，有正义感，喜欢做大事，属于绝对的行动派
第九型	和平和谐型	温和友善、有忍耐力、随和、怕竞争、无法集中注意力、有时像梦游，不到最后一分钟不会完工

3. 个性风格鲜明且发展不平衡

当代大学生在思维上能独立思考，有创造性；在行为上表现为有主见、不盲从。他们往往能对在实践活动和日常生活的观察中所发现的问题进行认真思索，并运用自己掌握的知识主动设法解决，具体表现在以下几个方面。①求实感增长。当代大学生讲求物质的效用，反对空头说教；讲究实效，不满形式主义。大学生考虑问题时越来越体现出实用、功利的态度。②逆反心理较强。个性张扬的学生越来越多，对"官方""权威"等有着天然抵触。逆反心理并非事事都"逆反"，一般在与其主观意识发生矛盾时才显现出来。性格叛逆和偏激心理者不乏其人。由于知识才能的增长以及自信心和独立性的进一步增强，大学生极力想摆脱外界的束缚和干扰。他们自尊心强，对某些批评意见存在抵触、反感和反抗等情绪；对许多问题的看法容易走极端，存在较为显著的偏执和逆反心理。同时，大学生的个性呈现发展不平衡的特点，表现在以下几个方面：①成熟感和依赖感的矛盾。大多数学生考虑问题已经比较务实。但同时大多数学生对人生的看法其实并没有系统化。由于缺乏足够的阅历，大学生仍无法完全独立地处理复杂问题，对于家庭和学校依然存在着较强的依赖性。②开放性和闭锁性的矛盾。大学生思想开放，较少保守，思想较外露，愿意交流思想，希望被人理解与认同；乐于交际，而不太善于隐藏自己的内心活动。但大学生有时也会出现"不便说、不愿说、不敢说"的闭锁情况。这种戒备心理使得少数学生不合群，独来独往，容易形成心理上的"潜流"。③现实感与理想化的矛盾。大学生把责任感扩大到正视社会现实生活，积极参与各种社会活动，具有较强的现实感。大学生有一定的使命感和义务感，但这种心理准备是不稳定的。此外，新生面对校园生活的理想化和现实之间的较大差距，也使其盲目乐观的心理受到了冲击。

9.2.2 大学生人格形成和发展的影响因素

在人生发展历程中，有许多因素会影响到个性的形成和发展。个性的塑造是先天遗传和后天环境共同作用的结果。个性是环境和遗传交互作用的产物。大学生作为当代青年中一个重要群体，他们良好个性的形成和发展同样也受到多重因素的影响；但与其他社会群体相比，又有自己独特的影响因素。因为随着社会的发展，大学生面临的社会环境、家庭环境、学校环境和人际环境日益复杂多变，来自学习、经济、就业和人际关系的压力增大，影响大学生个性的负面因素增多。因此，我们对直接影响大学生个性的主要因素进行一些分析。

1. 家庭环境因素

家庭是儿童最早接受社会化的地方，而父母就是社会化的最初媒介。对于一个人来讲，对客观现实的认识往往是从家庭生活、家长的言行举止开始的。家庭对孩子个性的塑造起着重要作用，家庭环境对孩子个性的影响主要表现在家庭心理气氛、父母的个性、文化素质、家庭教养方式和家庭结构上。

俗话说："有其父必有其子。"父母按照自己的意愿和方式教育孩子，使他们逐渐形成了某些个性特征。早期的亲子关系决定了个体的行为模式，主要体现在家庭氛围和父母的教养方式上。一般把家庭的教养方式分为民主型、溺爱型、放任型和专制型。民主型家庭对孩子个性形成往往有良好的影响。在这种家庭成长的孩子常常表现出谦虚、诚实、自信、协作、亲切、善于社交、机灵大胆、有毅力和创造精神。溺爱型家庭会对孩子的成长产生不良影响。在这种家庭成长的孩子在个性上多表现为任性、骄傲、缺乏独立性、缺乏社会性、依赖性强、遇事退缩、情绪不稳定、自制力和自信心差、易受别人意见的左右。放任型家庭对孩子个性的形成和发展也十分不利。在这样的家庭中，孩子很难养成正确的是非观念，不懂得尊重他人，很难适应集体生活。专制型家庭对孩子的心理会产生不利影响。在这种家庭成长的孩子在个性上多表现为自卑、说谎、自尊心低、攻击性强、待人粗暴、没有礼貌。

家庭结构也影响孩子个性的形成和发展。实践表明：在两代人家庭中生活的孩子比在三代人家庭中生活的孩子，其性格的独立性、敢为性、合群性、聪慧性、自尊心、情绪特征及行为习惯等方面发展要好。近年来，离婚率的上升产生了离异家庭子女的社会问题。部分离异家庭的子女表现出的固执、多疑、孤独、胆怯、易激惹、易烦动、不爱交际是因无法适应父母离异而引起剧烈的生理变化和心理冲突而形成的。在性格、情绪方面的行为问题，离异家庭的子女比完整家庭的子女发生率要高。可见，父母离异给青少年的心灵造成的创伤是严重的，而且难以在短期内被抚平，难以较快地适应新的生活。当今大学生个性的形成和发展不可避免地会受到家庭结构变化的影响。当然，家庭因素与个性发展并不存在一一对应的关系，它与其他因素共同决定个性的形成与发展。

【案例】

钱学森的家风

钱学森曾说："我的第一位老师是我父亲。"一天，5岁的钱学森问父亲："《水浒传》中的108个英雄，原来是天上的108颗星星下凡的。那人间的大人物、做大事的人，是不是都是天上的星星变的呀？"父亲认真想了一下，回答："《水浒传》是人们编写的故事。其实，所有的英雄和大人物都不是天上的星星。他们原本都是普通人，只是他们从小爱学习，有远大的志向，而且又有决心和毅力，不惧怕困难，所以就做出了惊天动地的大事情。"钱学森听后大受鼓舞："那我也可以做英雄了！"

在父亲的教育下，钱学森很小就立下了很大的志向，要做一个有用的人，一个自己向往的大英雄。他不但学习成绩好，而且善于思考，做任何事情都喜欢把它做到极致。

资料来源：【家风家训专栏】好家风故事两则. https://mp.weixin.qq.com/s?__biz=MzA4MjExMDA1Nw==&mid=2650059379&idx=2&sn=8dccd28ac29724124acd96b24d81e538&chksm=878aa175b0fd2863d67f6549c24e33c63c6e0fc4623710d479d28fc9cf4bc0c7766acc65790e&scene=27，2020-07-03.

2. 社会文化因素

每个人出生后都处在一定的社会文化模式下，而这种社会文化模式是在前人的历史发展中形成的。社会文化包括政治、经济、国家的宣传体系、宗教、风俗习惯、传统及生产力水平等，它塑造了社会成员的个性特征，使其成员的个性结构朝着相似性的方向发展，而这种相似性又具有维系一个社会稳定的功能。

社会文化具有塑造个性的功能，这反映在不同文化的民族有其固有的民族性格，不同的地域有着不同的文化传统，不同的文化发展时期有着不同的文化认同上。中国人的含蓄、勤俭、关注群体，与美国人的开放、进取、关注自我，以及德国人的严谨、刻板、遵守规则等，无不与社会文化有关。

社会文化对个性的影响力一直被人们认可，它对个性的形成和发展具有重要作用，特别是后天形成的一些个性特征，如性格、能力等更是影响深远。

大学生所处的人生阶段和所受教育的内容与方式，决定了他们比一般社会成员更加重视社会文化，对社会文化环境的影响更具敏感性，更容易接受影响，因此，社会文化环境对他们个性的形成与发展具有更重要的作用。大学生的个性一方面受到中国文化特征的影响，同时所处的时代特征也对大学生个性产生影响。进入 21 世纪，中国的社会政治经济都发生了重大变化，竞争越来越激烈，科技发展日新月异，社会越来越开放，这使大学生处在一个多元文化环境的影响下，眼界越来越开阔。一方面，这有利于大学生形成积极、主动、活跃、适应变化、善于交往、富有创造性的个性特征；另一方面，这也可能在各种思潮的冲击下产生内心冲突，进而形成投机取巧、优柔寡断、缺乏自信等个性特征。

3. 学校教育因素

学校教育是一种有目的、有计划的培养人的活动。英国思想家欧文在《人类思想和实践中的革命》中提到，教育人就是要使其形成人的性格。学校环境是大学生生活、学习的主要场所，对大学生的个性形成和发展会产生巨大影响。学校对大学生个性的影响主要表现在教师、班风和校风、同伴的影响上。

教师对学生个性的发展具有指导定向作用。教师的教学风格、个性特征、行为模式与思维方式会对学生产生巨大影响。每个教师都有自己独特的风格，这种风格为学生设定了一个"气氛区"，在教师的不同"气氛区"中，学生有着不同的行为表现。教师对学生态度民主，学生就容易情绪稳定、态度友好、积极乐观、充满自信；教师对学生态度专制，学生就会情绪不稳定、自控力差、攻击性强，对人缺乏信任；教师对学生态度放任，学生就会形成自由散漫、纪律性差、集体观念淡薄等不良个性。教师的公正性会对学生产生重要的影响。学生比较看重教师对他们是否公正、公平，教师的不公正表现会导致学生的学业成绩和道德品质的降低。如果教师把自己的热情与期望投放在学生身上，学生会体察出老师的希望，并努力奋斗。很多学生都有受老师鼓励开始发愤图强，受老师批评而导致学习兴趣变化的人生体验。一般说来，学生年龄越小，受教师影响越大。到了大学，教师仍然是影响大学生个性成长的重要人文环境因素，而且这种影响会长期存在，甚至影响学生的一生。

校风、班风也会影响大学生的个性成长。良好的校风、班风会促使学生形成积极、主动、协作、合群、自治、勇敢、利他、纪律性强等良好性格品质；不良的校风、班风会使学生养成消极、自私、懒散、孤独、无组织、无纪律、不团结等不良的性格。

学校是同龄群体会聚的场所，同学关系对学生个性具有重要影响。同学关系是大学生人际关系的重要组成部分，它是除教师之外的班级成员之间关系的总和。同学交往是大学生人际交往的一个重要方面，它可以为大学生提供强大的精神动力，并给予心灵的相互支持，由此获得安全感和自信心。但是，由于个性发展的不平衡，竞争的日益激烈，或者以自我为中心等，一些大学生与同学产生矛盾或冲突，给同学交往蒙上阴影，对他们各方面的发展，包括个性的发展带来不利影响。大学生交朋友非常重视个性特征，同学关系对个性的影响主要取决于群体内的价值取向。比如，成绩好的学生的小群体内，话题多是学习、成绩、升学、就业等。这种价值上的认同会使同学间在学习方面产生相互竞争、相互启发、坚定信念、获得支持的效果；相反，则会产生消极的影响。同学关系的好坏，直接影响到学生的学习积极性、学习效率，也制约着学生的个性形成，影响学生的心理健康。

4. 大众传播因素

大众传播是指通过报纸、杂志、广播、影视、书籍等传播媒介面向大众的信息沟通方式。大众传播迅速地向人们提供有关社会事件、社会变革的消息，还向人们提供各种不同的角色模式、角色评价、价值标准、行为规范等，对个体的发展产生潜移默化的影响。特别是随着大众传播工具的发展和普及，电影对人的社会影响越来越大。电影对个体社会化和个性成长既有积极的影响，也有消极的影响。大学生虽然对大众传播有选择地接受，也有一定的辨别能力，但仍不能排除其多方面的影响。

5. 网络文化因素

随着网络时代的到来，大学生上网人数和上网时间越来越多，网络对大学生人格的影响也越来越大。这种影响仍然是多方面的，既有积极影响，也有消极影响。网络以它广阔的空间、丰富的信息资源向大学生展示了一个全新的世界，它满足了大学生对新生事物的好奇心和探索欲，开阔了视野，激发了想象力，活跃了思维，促进了心智潜能的开发。网络也突破了许多传统的限制，成为一个多元性世界，为大学生提供了充分展示自己的机会和宣泄情绪的场所，从而促进其人格的完善和个性的发展。但也有一部分学生过于沉溺于网络，导致人际交往萎缩，情感趋于冷漠，甚至导致自我分裂，脱离现实生活，患上网络综合征，影响了正常生活，也影响了个性的健康发展。

知识栏

四大网络人格，你是哪一种？

来自英国萨塞克斯大学的利亚姆·贝里曼（Liam Berriman）博士和瑞秋·汤姆森（Rachel Thomson）教授开展了一项网络人格调查，将所有在社交网站出没过的人都划分了人格区间。根据大家平时在社交网站上的表现可划分出四大"网络人格"（表9-3）。

表9-3 四大"网络人格"

类型	特点	表现形式
潜伏者	参与度低，能见度低	在公共论坛中避免直接对话，且自己很少发状态
网络红人	参与度高，能见度高	尽可能地把自己的生活"透明化"
极客	参与度高，能见度低	花费大量时间在网络上建立自己相对专业的形象，但他们不会以真实身份示人，而是善于"隐姓埋名"
受害者	参与度低，能见度高	在制作和展示私密内容后被曝光个人生活并因此受辱

资料来源：社交媒体上的四大"网络人格"，你属于哪一种？https://mp.weixin.qq.com/s/s8Am6NUFWtGrOJ0IZFsQrw，2018-05-18。

6. 个体主观因素

环境因素对个性形成和发展有着重要影响，但任何环境都不能直接决定人的个性，它们必须通过个体已有的心理发展水平、心理活动和自我意识才能发生作用。社会各种影响只有被个体理解和接受，才能转化为个体的需要和动机，才能推动他去行动。个体已有的心理发展水平对个性形成的作用，随着年龄增大而日益增强。自我意识是人对自己的认识和态度，包括自我认识、自我体验与自我控制等心理成分。通过自我意识，个体塑造自己的个性。人是一个不断自我完善的调节系统，一切外来的影响都要通过自我调节而起作用。从这个意义上说，每个人都在塑造自己的个性。因此，大学生应该充分了解自己的个性特征，发挥主观能动性，有意识地控制自己个性中的消极方面，发展积极方面，从而使自己拥有良好的个性。

上述多种因素对个性发展的影响是交织在一起的。除此之外，遗传也是个性不可缺少的影响因素，但是遗传因素只是人社会化的潜在基础和前提，个性的形成和发展主要是源于社会环境因素的作用。

9.3　大学生积极人格优化与培养

【案例】

小 A 出生在知识分子家庭，家庭条件比较优越。父母的晚年得子，注定了他在家庭中特殊的身份与地位。小 A 天生比较聪明，学习成绩一直在班级前列。这样的家庭和学校环境造就了他特有的自信与自负的性格。读大学后，担任副班长的小 A 学习成绩还比较好，工作颇有成效。第二学期开学，他信心十足地向辅导员表示本学期学习成绩要拿班级前三名，而且要参加大学生数模竞赛。可是，辅导员后来得知，他没有参加数模竞赛，连担任的那份副班长工作也未能尽责，甚至在期末考试的 6 门功课中，有 3 门不及格。究竟什么原因使小 A 的成绩下降得这么快呢？

通过了解得知，他的一位叔叔想资助他出国留学，于是他在学业上有所松懈。而且，他过于自负的性格又一次作祟——他瞧不起班委会的其他同学，甚至对辅导员也有些不信任。为了摆脱眼前的无奈现实，他选择了玩电脑游戏来获得解脱，最终使自己陷入尴尬的境地。

9.3.1　大学生常见的人格异常表现

大学生在人格发展过程中由于各种主客观因素影响，会不同程度地影响人格的健康发展，会出现一些不良的表现，从而导致人格发展缺陷，严重的还会引起人格障碍。

1. 人格缺陷

1）自卑

自卑是一种消极的自我意识。自卑表现为对自己的长相身高、家庭背景、能力性格、品质等评价过低，同时伴有一些特殊的情绪体现，诸如害羞、不安、内疚、忧郁、失望、孤独、胆怯等。有自卑感的人常常轻视自己，认为自己赶不上别人。自卑感的产生，往往并非认识上的不同，而是感觉上的差异。其根源就是人们不喜欢用现实的标准或尺度来衡量自己，而相信或假定自己应该达到某种标准或尺度，如"我应该如此""我应该像某人一样"等。这种追求大多脱离实际，只会滋生更多的烦恼和自卑，使自己更加抑郁和自责。

2）敌意

生活中，有些人对别人常抱有一种敌意心理。敌意是一个人较长时间的对环境、人和事物的愤恨、怨恨、不满等排斥和敌对的体验，主要表现为过于敏感，将他人无意的、非恶意的甚至是友好的行为误解为与自己作对；心胸狭窄，嫉贤妒能，对别人获得的荣誉或取得的成就感到紧张不安，喜欢背地里或公开抱怨和指责别人；脱离实际地好争善辩，固执己见；等等。敌意不仅是恶化人际关系的"酵母"，损害身心健康的"催化剂"，也是心脏病发生的"温床"。

3）虚荣

"虚荣"一词，《辞海》（第七版）解释为："表面的荣耀；虚假的荣名"。虚荣心是一种追求表面上的荣耀、光彩的心理。每个人都或多或少有些虚荣，但是，如果表现出来的虚荣心超过了一定的范围，那就是一种不正常的病态心理。心理学上认为，虚荣心是自尊心的过分表现，是为了取得荣誉和引起普遍注意，而表现出来的一种不正常的社会情感。在虚荣心的驱使下，往往只追求面子上的好看，不顾现实的条件，采取一些夸张、欺骗、攀比甚至违法的手段来满足自己，最后造成危害。在强烈的虚荣心的支配下，有时还会产生可怕的动机，带来非常严重的后果。虚荣心的本质是不顾事情的真相，只注重别人对自己的看法。虚荣心强的人，嫉妒心也强。虚荣心是人的一种心理缺陷，是一种不良的心理反应。

4）急躁

急躁是神经系统的兴奋和冲动过度而出现的一种不良的情绪，往往使人心神不宁，坐立不安。急躁的人说话办事快，竞争意识强，但做事缺乏耐性、急于求成，往往因一时冲动而犯下错误。日常生活中，有急躁特点的大学生为数不少。有的人什么都想学，整日忙忙碌碌、慌慌张张，却常是蜻蜓点水，一掠而过，钻不进去，沉不下来，因而效率并不高，效果也不一定好。一遇挫折也易灰心，对学习、工作和身体健康都带来很多消极影响。

5）依赖

依赖是因为缺乏相应的能力或没有信心，遇到困难和问题时毫无主见，具有依附于别人的心理特征。依赖的产生同父母过分照顾或过分专制有关。依赖心理主要表现为没有主见，缺乏自信，总觉得自己能力不足，甘愿置身于从属地位；总认为个人难以独立，时常祈求他人的帮助；处事优柔寡断，遇事希望父母、师长或朋友为自己做决定；胆小怕事，随波逐流；不愿自我奋斗，只想坐享其成。一旦失去了可以依赖的人，常常会不知所措。依赖性过强的人需要独立时，可能对正常的生活、工作都感到吃力，内心缺乏安全感，时常感到恐惧、焦虑、担心，很容易产生焦虑和抑郁等情绪反应，影响身心健康。依赖是一种消极的心理状态，它影响个人独立人格的完善，制约人的自主性、积极性和创造力。依赖心理的形成是一个长期的过程，要克服自己的依赖心理，也并非一朝一夕的事。上大学标志着一个孩子已经成人，但现在部分大学生的依赖心理依然比较严重。

2. 人格障碍

人格障碍是指具有精神疾病色彩的行为或带有精神疾病发病的倾向而导致人格结构的破坏，形成人格缺陷。人格缺陷体现在人格结构不平衡上，使得个体在人格上会表现出偏见、固执和严重扭曲等行为反应。大学生中出现的自负、自卑、极度的倔强、刻板固执等，实际上都是人格缺陷的表现。部分大学生表现出轻度人格缺陷，这种类型实际上是一种人格发展的不良倾向，如果及早进行正确引导，是可以得到调整的。因此，绝不能忽视人格缺陷的潜在危险，应对其早加分析、防范、疏导，避免酿成大错。

（1）偏执型人格。偏执型人格的人极度敏感、主观、固执，坚持己见，唯我正确，难以说服，有野心，易怒，往往过高估计自己，计较个人得失，遇到挫折时总埋怨他人。

平日无端猜疑，过分警惕，对他人失去应有的信赖。这种类型的人常常不能和同学融洽相处，导致同学关系渐趋淡薄。

（2）情感型人格。情感型人格的人情绪变化无常，有时情绪高涨，兴高采烈，扬扬自得，有时情绪无故低落，郁郁寡欢，表现为杞人忧天，忧虑过度。这种类型的人容易出现睡眠不佳、做噩梦等现象。

（3）分裂型人格。分裂型人格的特点对人对事冷淡，不爱与人交往，社交范围狭窄，应变能力差，社会适应能力不良，往往不能适应新环境。其思维常与众不同，情感冷漠，自私利己，不关心他人，行为有时怪诞，工作、学习缺乏进取心，常沉溺于幻想之中。

（4）冲动型人格。冲动型人格的人自控能力严重不足，对事物的反应带有强烈的冲动性，微弱刺激就可能引起过强的反应，产生过激行为，不顾后果，这种人缺乏忍耐，很难与他人相处，不能持之以恒地从事某一工作，这种性格使其常常在现实中碰壁，导致情绪沮丧，反而加剧了冲动反应的爆发。

（5）强迫型人格。强迫型人格较为常见，表现出固执迂腐，刻板保守，过于要求精确，凡事按部就班，循规蹈矩，没有丝毫的灵活性，不问客观情况是否许可与必要，都把大量精力与时间用于反复检查核对，不允许有半点错误。在学习、工作中，动作节奏缓慢，一旦受到干扰，便会焦虑不安。由于具有强迫型人格的人过分死板、缺乏灵活性，处事上又过于注重细节，而忽略关键点，导致干任何事情都效率低下，难出成绩。

（6）癔症型人格。癔症型人格的人希望成为他人注意的中心。这种类型会表现出人格的不成熟、情绪的不稳定，且富于幻想，喜欢拔尖，爱出风头。他们大多不是生活在现实社会而是生活在幻想世界里，根据内心的愿望和需要，把自己当成心目中的形象，结果欺骗了别人也欺骗了自己。由于他们的情绪常常处于不稳定的状态中，所以往往情绪变化莫测，易于激动，对人感情肤浅，缺乏知心之交。

（7）反社会型人格。反社会型人格的人主要表现为道德意识及道德障碍。具有这种类型的人常常会做出破坏或违反社会规范的行为，且屡屡重犯，不知悔改；他们情感冷漠，缺乏道德观念和罪恶感。

9.3.2　大学生积极人格培养的必要性

1. 积极人格的内涵

积极人格是积极心理学的重要研究内容，塞利格曼在"艾库玛会议"上提出这一全新概念，且以研究个体积极品质和美德为核心，实现从研究消极人格（如压抑、悲伤、贪婪、自卑等）转为研究积极人格（如乐观、希望、宽容、忠贞、谦逊等），通过研究人格的积极品质，强调充分挖掘和激发个体自身积极特质与美德。大学生正处于人格发展的关键时期，积极人格是大学生追求幸福生活的内在驱动力，其形成依赖于大学生积极的情感体验。因此，积极人格特质的培养有利于发挥大学生所具有的、积极的现实能力和潜在能力在其人格形成或者发展过程中的作用。

> **知识栏**
>
> **24 种积极心理品质**
>
> 2000 年，在克里斯托弗·彼得森（Christopher Peterson）等的领导下，研究者们通过拜读大量名人著作，从中归纳出了人类拥有的 200 种美德，并在此基础上提出了普遍著作和观点都支持的六种美德：智慧与知识、勇气、爱与人性、正义、节制、灵性与超越。
>
> 人类积极心理品质的概念就是由以上六种核心品质组成的。但是这些概念都比较抽象，测量起来比较困难，为此，人们开始转向研究实现这些美德的途径。比如，节制能通过自律、谦虚、谨慎等来达到；人性可通过仁爱、爱与被爱的能力、同情等属于"力量"的概念来获得。因此，"力量"是培养人类积极品质的途径。
>
> 克里斯托弗·彼得森和乔治·韦兰特（George Vaillant）领导的小组通过研究发现了与这六种美德相对应的 24 种力量，即智慧与知识，包括好奇心、爱学习、判断、灵活性或独创性、社会智力、观察；勇气，包括英勇、坚韧性、正直；爱与人性，包括仁慈、爱；正义，包括公民的职责和权力、公平、领导能力；节制，包括自控、审慎、谦卑；灵性与超越，包括美的欣赏、感谢的心情、希望、灵性、宽恕、幽默、风趣。
>
> 资料来源：刘翔平. 积极心理学. 2 版. 北京：中国人民大学出版社，2018.

2. 积极人格的要素

积极心理学一方面关注个体追求幸福的内在驱力，着重培养个体积极心理品质；另一方面心理健康的主要目标是提升个体的主观幸福感，强调从积极的视角来研究心理健康问题。积极人格是积极心理学的三大支柱之一，主要是指人格中的积极力量和正向特质；积极心理学家曾在不同场合提出不同的积极人格特质，从目前统计来看主要包括有 24 种积极人格特质，我们以主观幸福感、自我决定性和乐观三种积极人格特质为例做简单的论述。

1）主观幸福感

主观幸福感是积极人格的核心特质，主要是指个体对自我生活状况的接纳、适应和肯定，这是一种积极的心理体验。由于我们每个人所生活的环境不同、经历的事件不同，因此在同一环境中也会表现出不同的主观幸福感受。主观幸福感的形成与经济收入、人际关系、宗教信仰等密切相关。

2）自我决定性

自我决定性主要是指个体在充分认识自我需求和环境的基础上，对自己的发展做出合适的选择，并加以坚持的人格品质。积极心理学从三个方面研究自我决定性的形成：第一，研究个体先天的积极人格在自我决定性形成过程中的作用；第二，指出影响自我决定性的人格特质形成的因素，包括社会环境、生活经历等，个体自身先天品质与这些因素相结合，并将其转化为自身的内在动机和价值观，才能形成这种类型的人格特质；

第三，自我决定性形成的前提是个体自身的幸福、健康等心理需要。

3）乐观

乐观是指个体对自身所处的外部环境以及行为所产生的一种积极体验。乐观人格特质的形成主要是通过在后天环境中学习习得的。乐观人格特质可以帮助个体很好地应对生活中的困境，也是一种重要的内部资源，不仅可以改善个体的身心健康状态，还能帮助我们更好地适应社会的竞争。

知识栏

积极人格品质的特征

创造力：思索新颖而有价值的方法来产生概念和做事情，具有原创性、独创性的表现。

好奇心：对持续的体验产生兴趣，进行探索和发现，具有寻找新事物、参与开放式体验的表现。

头脑开明：通过全方位测验来思考事物，公平权衡所有的根据，具有判断力、批判性思维的表现。

持久：做事有始有终，不论艰难险阻，都坚持行为方向，具有有毅力、刻苦发奋的表现。

有活力：使生活充满激情和能量，具有热情、积极、有魄力、有精力的表现。

资料来源：刘翔平. 积极心理学. 2 版. 北京：中国人民大学出版社，2018.

3. 大学生积极人格培养的必要性

1）提升幸福感知的能力

主观幸福感是积极人格的核心概念，指个体的积极情感体验、对生活状态的自我接纳、对个体自身的认同，个体对当下生活现状的主观评价。随着我国经济、政治、文化等方面的不断发展，00 后大学生作为网络原住民，生活方式、思想观念等发生了巨大变化：一方面，思想上更容易产生困惑与迷茫；另一方面，面临多种多样的选择与诱惑，在校大学生在心理上面临着更严峻的考验。这些都会阻挡大学生对幸福感的感知与体验。基于此，培养大学生的积极人格，关注大学生的主观幸福感，探索大学生主观幸福感的成因、影响因素等，有助于提升大学生的幸福感知和幸福体验的能力。

2）保持客观冷静的判断

个体在面临压力时，需要保持清醒的头脑，做出客观冷静的判断。而自我决定性有助于使个体更好地了解自己，保持清醒的头脑，客观冷静地面对生活中的各种磨难。也就是说，个体处于情绪低落或者是情绪过激的状态时，其行为容易偏离。培养积极人格可以更好地预防或者避免产生这样的场景。自我决定性的人格特质可以让我们更充分地认识自身的需求以及所处的环境，从而帮助个体对自己的发展做出合适的选择。

3）保持乐观向上的心态

乐观人格特质具体到日常生活中可以体现为一种心态或生活态度。充满希望和乐观的个体更有可能茁壮成长。虽然乐观人格特质在不同的个体身上有不同的表现，但是绝大部分人可以通过后天学习来培养乐观人格特质，如果个体拥有乐观人格特质，在面临困难或者逆境时，个体都会朝着好的结果和方向坚持。不难看出，具有乐观人格特质的人一般拥有积极的心态、更强的坚持性，其行为带有明显的积极特征，因而也具有更大的成功可能性。大学生的乐观人格特质体现在对美好生活的向往和对自己生活的调适上，以此找到一种平衡的状态。大学生处于成长的关键期，可能在学习、人际或者未来发展中出现更多迷茫，身处逆境中，要想保持一种乐观向上的情绪并走出低谷，就需要具备乐观人格特质。

9.3.3 大学生积极人格培养策略

1. 积极的自我认知

过去的经历可能未必如意，甚至存在些许遗憾，大学生应有一种客观的认识，我们的解释风格往往会影响我们对事情的认知。积极认知的个体不会试图去改变和否定，而是正视自己所遇到的问题，去寻找建设性的方法，寻找"我"可以做一些什么，而不是探讨他们为什么会这样。大学生应该保持清醒和冷静，吸取过去的经验，并注入积极的力量，要学习成长、提升自己的能力解决所面临困难，从而才有可能实现自己的人生目标。如此，我们才能在不同的经历中逐步修正、调整自我认知，最终构建起积极的自我认知。

2. 积极的自我教育

大学生要做自己生命航船的主人，光有认识、热情是不够的，还要把这一认识和热情变成一点一滴的行动，因此积极的自我教育非常重要，可以帮助我们学会从自身实际出发，正确认识自己、评价自己，这对我们的行为有着很重要的调节作用。当代大学生应该具有清晰的自我认知，对自己进行客观准确的评价，严格要求自己，不断深入挖掘自己的潜能，这里的潜能既包括知识与能力，也包含心理，找到适合自己的积极自我教育方式方法，全方位地提高，培养自身的积极人格，从而使自己拥有并且保持积极的、乐观的、向上的心态。

3. 积极参加社会实践活动

社会实践活动对于各级各类学校的学生来说都具有重要意义，尤其是对于大学生而言具有重要意义。大学生只有在社会实践活动中，才能发挥其积极性、主动性和创造性，才能不断超越自我并使心灵得到升华，进而将积极心理品质内化为信念和行为习惯。因此，大学生可以利用寒暑假的时间或者周末、节假日的时间在校外从事相关专业实践活动、社区志愿服务活动、勤工俭学等，这不仅可以完善学生的知识结构，培养学生的实践能力和创新能力，还能提高学生自立自强的意识，使学生形成积极的心理品质。

9.4 心理测试与训练

9.4.1 心理测试

1. 气质测验

这是中国心理学工作者陈会昌设计的一份测定气质类型的量表。这个量表共有60道题目，在回答下列问题时，如果问题内容完全符合你的情况，就记2分；如果比较符合，就记1分；介于符合与不符合之间的，记0分；不大符合，记-1分；完全不符合的，记-2分。回答问题必须实事求是，不要考虑应该怎样，而只回答你平时是怎样的。不要在一个题目上停留太长时间，测试时间一般为15～20分钟。

（1）做事力求稳妥，不做无把握的事。（　　）
（2）遇到可气的事就怒不可遏，想把心里话全说出来才痛快。（　　）
（3）宁可一个人干事，不愿很多人在一起。（　　）
（4）到一个新环境很快就能适应。（　　）
（5）厌恶那些强烈的刺激，如尖叫、噪声、危险镜头。（　　）
（6）和人争吵时，总是先发制人，喜欢挑衅。（　　）
（7）喜欢安静的环境。（　　）
（8）善于和人交往。（　　）
（9）羡慕那种善于克制自己感情的人。（　　）
（10）生活很有规律，很少违反作息制度。（　　）
（11）在多数情况下情绪很乐观。（　　）
（12）碰到陌生人觉得很拘束。（　　）
（13）遇到令人气愤的事，能很好地自我克制。（　　）
（14）做事总是有旺盛的精力。（　　）
（15）遇到问题时常举棋不定，优柔寡断。（　　）
（16）在人群中从不觉得过分拘束。（　　）
（17）情绪高昂时，觉得干什么都有趣；情绪低落时，又觉得什么都没意思。（　　）
（18）当注意力集中于一事物时，别的事很难使我分心。（　　）
（19）理解问题总比别人快。（　　）
（20）碰到危险情景时，常有一种极度恐怖感。（　　）
（21）对学习、工作、事业怀有很高的热情。（　　）
（22）能长时间做枯燥、单调的工作。（　　）
（23）符合兴趣的事，干起来劲头十足，否则就不想干。（　　）
（24）一点小事就能引起情绪波动。（　　）
（25）讨厌做那种需要耐心、细心的工作。（　　）
（26）与人交往不卑不亢。（　　）

（27）喜欢参加热烈的活动。（   ）
（28）爱看感情细腻、描写人物内心活动的文学作品。（   ）
（29）工作时间长了，常感到厌倦。（   ）
（30）不喜欢长时间谈论一个问题，愿意实际动手干。（   ）
（31）宁愿侃侃而谈，不愿窃窃私语。（   ）
（32）别人说我总是闷闷不乐。（   ）
（33）理解得常比别人慢些。（   ）
（34）疲倦时只要短暂的休息就能精神抖擞，重新投入工作。（   ）
（35）心里有话，宁愿自己想，也不愿说出来。（   ）
（36）认准一个目标就希望尽快实现，不达目的，誓不罢休。（   ）
（37）和别人同样学习、工作一段时间后，常比别人更疲倦。（   ）
（38）做事有点莽撞，常常不考虑后果。（   ）
（39）老师或师傅讲授新知识、技术时，总希望他讲慢些，多重复几遍。（   ）
（40）能够很快地忘记那些不愉快的事情。（   ）
（41）做作业或完成一件工作总比别人花的时间多。（   ）
（42）喜欢运动量大的剧烈体育活动，或参加各种文艺活动。（   ）
（43）不能很好地把注意力从一件事转移到另一件事上去。（   ）
（44）接受一个任务后，就希望把它迅速完成。（   ）
（45）认为墨守成规比冒风险强些。（   ）
（46）能够同时注意几件事。（   ）
（47）当我闷闷不乐的时候，别人很难使我高兴起来。（   ）
（48）爱看情节起伏跌宕、激动人心的小说。（   ）
（49）对工作抱着认真严谨、始终一贯的态度。（   ）
（50）和周围人们的关系总是相处不好。（   ）
（51）喜欢复习学过的知识，重复做已经掌握的工作。（   ）
（52）希望做变化大、花样多的工作。（   ）
（53）小时候会背的诗歌，我似乎比别人记得清楚。（   ）
（54）别人说我"语出伤人"，可我并不觉得这样。（   ）
（55）在体育活动中，常因反应慢而落后。（   ）
（56）反应敏捷，头脑机智。（   ）
（57）喜欢有条理而不甚麻烦的工作。（   ）
（58）兴奋的事常常使我失眠。（   ）
（59）老师讲新概念，常常听不懂，但是懂了以后就很难忘记。（   ）
（60）假如工作枯燥，马上就会情绪低落。（   ）

评分方法：
在回答了60道题目后，请把得分填入表9-4，并计算出各横栏的总得分。

表 9-4　得分记录表　　　　　　　　　　　单位：分

胆汁质	题序	2	6	9	14	17	21	27	31	36	38	42	48	50	54	58	小计
	得分															
多血质	题序	4	8	11	16	19	23	25	29	34	40	44	46	52	56	60	小计
	得分															
黏液质	题序	1	7	10	13	18	22	26	30	33	39	43	45	49	55	57	小计
	得分															
抑郁质	题序	3	5	12	15	20	24	28	32	35	37	41	47	51	53	59	小计
	得分															

如果某一项或两项的得分超过 20 分，则为典型的该气质，如胆汁质项超过 20 分，则为典型的胆汁质；黏液质和抑郁质项得分都超过 20 分，则为典型的黏液质-抑郁质混合型。

如果某一项或两项以上得分在 20 分以下、10 分以上，其他各项得分较低，则为该项一般气质，如一般多血质，一般胆汁质-多血质混合型。

若各项得分都在 10 分以下，但某项或几项得分较其余项为高（相差 5 分以上），则为略倾向于该项气质（或几项混合），如略偏黏液质型，略偏多血质-胆汁质混合型。其余类推。

一般来说，正分值越高，表明被试者越具有该项气质的典型特征；反之，分值越低或越负，表明越不具备该项特征。

需要强调的是，运用短时的观察和实验法来确定气质类型，有一定的局限性。全面而准确的测定需要通过长时间和多方面的观察，并联系对被试者整个生活历程的了解和分析，才能真正看出一个人高级神经活动类型的最稳定的特征。因此，气质的问卷调查对被试者气质类型的确定只是一种"大致的确定"。

2. 性格测试

性格测试：这些图片是荣格跟一位心理学家一起合作的成果，并且经过历时几年的全球性测试，他们收到这个研究的响应之后，再小心地调校各个图片的形状，再次进行测试，直至得到这些非常成功的图片，这些图片代表了九种不同的性格。希望你喜欢这个测验！

说明：要评估自己的性格，请看看以下的图片，并在选出你最喜爱的一张后，根据编号查看你对应的类型（图 9-2）。

选择图一：时常自我反省，敏感的思想家。你对于自己及四周的环境能够比一般人控制得更好、更彻底。你讨厌表面化及肤浅的东西；你宁愿独自一人也不愿跟别人闲谈，但你跟朋友的关系却非常深入，这令你的心境保持和谐安逸。你不介意长时间独自一人，而且绝少会觉得沉闷。

选择图二：独立、前卫、不受拘束。你追求自由及不受拘束、自我的生活。你的工作及休闲活动都与艺术有关。你对于自由的渴求有时候会使你做出出人意料的事。你的生活方式极具个人色彩；你永远不会盲目追逐潮流；相反的，你会根据自己的意思和信念去生活，就算是逆流而上也在所不惜。

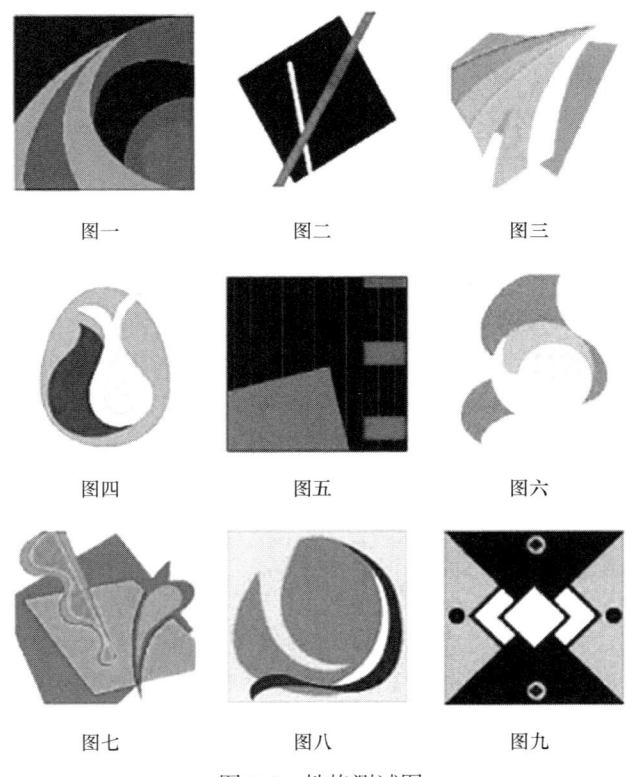

图一　　　　　　图二　　　　　　图三

图四　　　　　　图五　　　　　　图六

图七　　　　　　图八　　　　　　图九

图 9-2　性格测试图

选择图三：精力充沛、好动、外向。你不介意冒险，特别喜欢有趣的、多元化的工作。相比之下，例行公事及惯例会令你无精打采。你最兴奋的是可以积极参与任何比赛活动，因为这样你就可以在众人面前大显身手了。

选择图四：务实、头脑清醒、和谐。你作风自然，喜欢简单的东西。人们欣赏你脚踏实地，他们觉得你稳重，值得信赖。你能够给予身边的人安全感，你给人一种亲切、温暖的感觉。你对于俗气的、花花绿绿的东西都不屑一顾，对时装潮流抱着怀疑的态度；对于你来说，衣服必须是实用及大方得体的。

选择图五：专业、实事求是、自信。你掌管自己的生活，你相信自己的能力多于相信命运的安排。你以实际、简单的方式去解决问题。你对日常生活中所遇到的事物抱有现实的想法，并且能够应对自如。人们知道你可担重任，因此都放心把大量工作交给你处理。你那坚强的意志使你时刻都充满信心。未达到自己的目标之前，你决不罢休。

选择图六：温和、谨慎、无攻击性。你生性随和，但处事谨慎。你很容易认识朋友，但同时享受你的私人时间及独立生活。有时候，你会从人群中抽身而出，一个人静静地思考生活的意义，并自娱一番。你需要个人的空间，因此有时会隐匿于美梦当中，但你并不是一个爱孤独的人。你跟自己及这个世界都能够和睦共处，而你对现状也非常满意。

选择图七：无忧无虑、顽皮、愉快。你喜欢自由自在、无拘无束的生活。你的座右铭是：生命只能活一次，因此你尽量享受每一刻。你好奇心旺盛，对新事物抱有开放的态度；你向往改变，讨厌束缚。你觉得身边的环境都在不断变化，而且经常为你带来惊喜。

选择图八：浪漫、爱幻想、情绪化。你是一个感性的人。你拒绝只从一个严肃、理智的角度去理解事物。你的感觉也十分重要。事实上，你觉得人生必须要有梦想才叫活得充实。你不接受那些轻视浪漫主义及被理智牵着鼻子走的人，而且不会让任何事物影响到你那丰富的感情及情绪。

选择图九：具有分析力、可靠、自信。你对事物的灵敏度令你可以发现旁人忽略了的东西。这些就是你的宝石，你喜欢发掘这些美好的东西。你的教养对于你的生活有很特别的影响。你有自己高雅、独特的一套，无视任何时装潮流。你的理想生活是优雅而愉快的，而你也希望跟你接触的人们都是高雅而有教养的。

3. 简版大五人格测试

下面有一些人格特质描述，可能符合你，也可能不符合，你根据自己情况利用利克特七级量表进行打分。

（1）外向，热情。（　　）
A. 非常反对　　　　　　B. 比较反对　　　　　　C. 有一点儿反对
D. 既不赞同也不反对　　E. 有一点儿赞同　　　　F. 比较赞同
G. 非常赞同

（2）爱挑剔，好争论。（　　）
A. 非常反对　　　　　　B. 比较反对　　　　　　C. 有一点儿反对
D. 既不赞同也不反对　　E. 有一点儿赞同　　　　F. 比较赞同
G. 非常赞同

（3）可信赖，自律。（　　）
A. 非常反对　　　　　　B. 比较反对　　　　　　C. 有一点儿反对
D. 既不赞同也不反对　　E. 有一点儿赞同　　　　F. 比较赞同
G. 非常赞同

（4）焦虑，容易心烦意乱。（　　）
A. 非常反对　　　　　　B. 比较反对　　　　　　C. 有一点儿反对
D. 既不赞同也不反对　　E. 有一点儿赞同　　　　F. 比较赞同
G. 非常赞同

（5）对新体验持开放态度，多元化。（　　）
A. 非常反对　　　　　　B. 比较反对　　　　　　C. 有一点儿反对
D. 既不赞同也不反对　　E. 有一点儿赞同　　　　F. 比较赞同
G. 非常赞同

（6）保守、文静。（　　）
A. 非常反对　　　　　　B. 比较反对　　　　　　C. 有一点儿反对
D. 既不赞同也不反对　　E. 有一点儿赞同　　　　F. 比较赞同

G. 非常赞同

（7）具有同情心，热心。（　　　）
A. 非常反对　　　　　　B. 比较反对　　　　　　C. 有一点儿反对
D. 既不赞同也不反对　　E. 有一点儿赞同　　　　F. 比较赞同
G. 非常赞同

（8）散漫、粗心。（　　　）
A. 非常反对　　　　　　B. 比较反对　　　　　　C. 有一点儿反对
D. 既不赞同也不反对　　E. 有一点儿赞同　　　　F. 比较赞同
G. 非常赞同

（9）平静、情绪稳定。（　　　）
A. 非常反对　　　　　　B. 比较反对　　　　　　C. 有一点儿反对
D. 既不赞同也不反对　　E. 有一点儿赞同　　　　F. 比较赞同
G. 非常赞同

（10）传统、缺乏创造力。（　　　）
A. 非常反对　　　　　　B. 比较反对　　　　　　C. 有一点儿反对
D. 既不赞同也不反对　　E. 有一点儿赞同　　　　F. 比较赞同
G. 非常赞同

计分规则：

尽责性得分=[第 3 项分数+（8–第 8 项分数）]÷2；宜人性得分=[第 7 项分数+（8–第 2 项分数）]÷2；情绪稳定性得分=[第 9 项分数+（8–第 4 项分数）]÷2；开放性得分=[第 5 项分数+（8–第 10 项分数）]÷2；外倾性得分=[第 1 项分数+（8–第 6 项分数）]÷2。

得分判断：

尽责性：6 分及以上为高分，3.2 分及以下为低分；宜人性：5.9 分及以上为高分，3.5 分及以下为低分；情绪稳定性：5.8 分及以上为高分，2.9 分及以下为低分（高稳定性=低神经质，低稳定性=高神经质）；开放性：6.6 分及以上为高分，4.4 分及以下为低分；外倾性：5.6 分及以上为高分，2.4 分及以下为低分。

9.4.2　个性心理训练

1. 性格调整训练

训练目的： 旨在帮助大学生改变自己性格中不符合成长需要和生活发展的部分，以发挥自己的性格优势，克服自己性格中的不足。

训练要求： 个人独立完成，可以请家人或同学监督；要有毅力和恒心。

操作步骤：

（1）改善暴躁性格的练习。一个人脾气过于火爆，会给自己和他人带来不少烦恼。坚持下面这些练习，你发脾气的频率就会变低：①在自己的房间、床头挂上"制怒""生气是愚蠢的行为"等字样，每天早晚念三遍。②一旦发生令人生气的事时，就强迫自己马上离开现场，记录离开后所发生的事情，并与如果不离开现场可能发生的情况进行对比。③记录每一次发脾气的时间、地点、缘由以及事后的感受、反思。④发一次脾气罚自己做一件平时最不愿意做的事情。

（2）改善过于外向性格的练习。一般来说，外向是一种好性格，但物极必反，太外向的人也同样不受欢迎。所以，过于外向的性格是需要矫正的：①让自己一口气读完一本小说，详细记录读书时的感受。②做一些手工。③经常到溪边看流水或观察蚂蚁，每次至少一个小时。④和朋友一起时提醒自己多听少说，这样能比较冷静地与人相处，发现彼此优缺点。

注意事项：坚持一段时间的练习后，一定要仔细回顾、评价自己的体验、感受，将每一点进步都做一番分析，想想其中的原因，并从中得到收获。

小结：良好的性格是我们一生成败的关键。大学时期是人的性格培养的重要时期。着力培养和优化自己的性格品质，这是大学生整个心理素质提高的关键。通过训练，让自己在挑战自我的过程中不断完善自己的性格，培养良好的个性。

2. 超越自卑，重建自信

训练目的：旨在帮助大学生获得一种良好的心态，从而克服畏惧，战胜自卑，将自己磨砺成勇敢自信的人。

训练要求：个人独立完成；循序渐进；不折不扣地完成训练作业。

操作步骤：

（1）在上课或听讲座时，坚持坐在第一排。坐在第一排会比较显眼，但要记住，有关成功的一切都是显眼的。

（2）睁大眼睛，正视别人。要让自己的眼神专注于别人，这不但是自信的象征，而且能赢得他人的信任。

（3）改变走路姿势，昂首挺胸，快步行走。步伐轻快矫健，身姿昂首挺胸，会给人带来明朗的心情，会使自卑遁形。

（4）练习当众发言。无论上课、听讲座还是其他场合，尽量抓住机会当众发言，这是信心的"维生素"。每当众发言一次，就奖励自己一次。

（5）学会微笑。微笑会使他人对你产生好感，而这种好感可以使你充满自信。

注意事项：坚持一段时间的训练后，一定要仔细回顾、评价自己练习之后的体验、感受，将每一点进步都做一番分析，想想其中的原因，并从中得到收获。训练要循序渐进，不可半途而废。

小结：克服畏惧、战胜自卑，不能夸夸其谈，必须付诸行动。摆脱自卑，建立自信最快、最有效的办法就是去做你害怕做的事，直到你获得成功的经验。通过一段时间的训练，让自己在挑战自我的过程中不断积累成功的经验，逐渐摆脱自卑，重获自信。

3. 克服懒惰

训练目的：旨在帮助大学生克服做事拖延、懒惰的毛病，逐渐培养出勤劳的习惯，塑造良好的个性。

训练要求：个人独立完成；可以请家人或同学监督；要有毅力和恒心，坚持不懈。

操作步骤：

（1）坚持早起，作息有规律，爱干净。早起是非常重要的，希伯来文中"勤劳"的意思就是"早上起来做事情"。

（2）照着目标，根据时间做一个详细的日程表。把属于自己应该做和必须做的事情用纸笔一条一条地列出来，并规定好做完的时间。在日程表上记下所有的工作日志，看看自己的完成情况。完成不了要给自己一定的惩罚，完成得好就给自己一个奖励。计划的遵循需要监督，最好找个志同道合的伙伴一起努力。

（3）立即着手实施已有的打算，从小事做起。当你知道有什么小事需要你马上去做时，立刻就去做，不找任何借口，一分钟也不要耽误。

（4）找一个好环境。如果觉得环境不适合计划的实施，就换个环境，也许会大有成效。

（5）不要害怕浪费时间。只要开始做就不可能是完全的浪费，哪怕失败也是有价值的，从失败中我们可以获得很多经验。最重要的是，在尝试中，我们除了获得失败，还能获得成功。

（6）学会肯定自己，勇敢地把不足变为勤奋的动力。学习、工作时都要全身心投入争取获得最满意的结果。无论结果如何，都要看到自己努力的一面。

注意事项： 计划不要太多，关键是持之以恒。坚持一段时间的训练后，一定要仔细回顾、评价自己训练之后的体验、感受，将每一点进步都做一番分析，并从中得到收获。训练要循序渐进，不可半途而废。

小结： 对每一位渴望成才、成功的人来说，拖延、懒惰都是最具破坏性的，也是最危险的恶习，它使人丧失进取心。懒惰的性格是一步一步形成的，可发生在任何人的生命当中。克服懒惰，正如克服任何一种毛病一样，是件很困难的事情，但是只要你决心与懒惰"分手"，在实际的学习生活中持之以恒，就能够消除懒惰带来的负面影响。

4. 坚持的力量

训练目的： 旨在通过制订计划，进行有目的的练习，帮助大学生逐步克服做事虎头蛇尾、半途而废的个性弱点，增强毅力，学会坚持，塑造良好的个性。

训练要求： 个人独立完成；要有战胜困难的信心。

操作步骤：

（1）强化正确的动机。崇高的人生目的能有力地激发出坚忍的毅力。

（2）确立奋斗目标，制订详细的实施计划。仔细考虑为实现这些计划需要付出的努力和代价，并确认计划的切实可行性。计划要从个人实际出发，先易后难，以增强自己克服困难和坚持到底的信心。

（3）每日追踪。准备一个备忘录随身携带，时刻提醒自己想要实现的目标。真实地追踪你取得的每一点进步，这有利于自我评价的提升，增强坚持下去的决心。

（4）从小事做起，从现在开始，可以锻炼毅力。如每天强迫自己睡前读一小时的书，不读完就不睡觉。只要天天强迫自己做到，习惯就会形成，毅力也就油然而生，做事自然容易坚持。

（5）培养兴趣，激发毅力。兴趣一旦产生，毅力就变成吸引力了。

（6）经常与具有相同目标的人交往。结交一个或几个能鼓励你依照计划和目标行事的人，每月聚会一次，可以使大家获得一些真正有效的想法和行动。团体的支持能帮助我们培养坚强的毅力。

注意事项：在训练的过程中，要注意培养自己战胜困难的信心。坚持一段时间的训练后，一定要仔细回顾、评价自己训练之后的体验、感受，将每一点进步都做一番分析，并从中得到收获。训练要循序渐进，不可半途而废。

小结：成功需要明确目标、详细计划、马上行动和坚持到底。坚持不住的时候，给自己打气，给自己激励，相信往前一步就是你成功的开始。一切豪言与壮语皆是虚幻，唯有坚持才是踏向成功的基石。

思考与练习：

1. 四种气质类型各自的主要特点是什么？如何看待人的气质类型的差异？你大致属于哪一种气质类型？你将如何克服这种气质的缺点？
2. 在过去的岁月中，对你影响最大的十件事是什么？每件事对你的性格有什么影响？
3. 联系实际，谈谈人格对大学生成才有什么影响。
4. 大学生应该如何培养积极人格？你打算怎么做？

推荐赏析：

1. 心理书籍：《人格心理学：人格与自我成长》

该书以跨文化的全球性知识体系帮助读者深入地了解人类的人格理论，以便读者更好地了解自己、了解他人。全书主要讨论如何帮助人们提升自我，并获得成长。

2. 心理电影：《阿甘正传》

阿甘于第二次世界大战结束后不久出生在美国南方亚拉巴马州一个闭塞的小镇。他是先天智障者，智商只有75分，而他的妈妈是一位性格坚强的女性，常常鼓励阿甘"傻人有傻福"，要他自强不息。阿甘像普通孩子一样上学，并且认识了一生的朋友和至爱珍妮，在珍妮和妈妈的爱护下，阿甘凭着上帝赐予的"飞毛腿"开始了一生不停的奔跑。阿甘成为橄榄球巨星、越战英雄、乒乓球外交使者、亿万富翁，但他对生活的尊重和执着更令人感动。面对生活，阿甘更多的就是坚持，坚持，再坚持，不给自己放弃和堕落的理由。

第10章　大学生的职业生涯发展与规划

名人名言：

君志所向，一往如前。愈挫愈奋，再接再厉。

——孙中山

巨大的建筑，总是由一木一石叠起来的，我们何妨做做这一木一石呢？我时常做些零碎事，就是为此。

——鲁迅

本章要点：

1. 职业与职业生涯规划。
2. 大学生职业生涯规划步骤。
3. 如何做好大学四年职业生涯规划。

【案例】

由于寝室调整，小张在大二时住进了混合寝室，寝室里有2名毕业班学生，经常在寝室谈论与就业相关的问题，尤其是女生在就业过程中遭遇的各种困难，商讨如何应对用人单位各种稀奇古怪的问题、无理要求甚至性骚扰等。常常看到她们兴冲冲地去面试又沮丧而归，渐渐地，小张开始关注身边女生的就业情况，似乎得到的多是负面的信息，她焦虑、紧张得难以入睡，精神变得恍惚，食欲下降，听课时注意力无法集中，学习成绩出现了明显的下降，内心的焦虑加剧，在许多关于大学生就业难的归因中，她认为所有的原因都在于自己的性别，她为自己是女生而感到深深的懊恼，想尽了一切办法试图改善自己的状况却总是无效，于是，求助于心理咨询师。

小张正是由于对职业规划毫无了解，而在接触到别人在就业中遭遇的问题与困境时，盲目地以人推己而产生紧张焦虑情绪，这种情况在女大学生中颇具代表性，只是表现方式不同而已。其问题症结就在于她不知道如何去规划自己的职业生涯，甚至根本不知道职业选择是一个漫长的过程，不可能在很短的时间解决，必须认真做好规划，确定目标，并逐步付诸行动，才能使职业选择的目标变成现实。

从踏入社会做第一份工作开始，我们每天将有1/3的时间在职场度过。选择职业是人生的一件大事，是每一个高校学生所面临的共同课题。职业，不仅是我们生存的基础，更是我们展现自我价值的平台。它在我们的一生中占据着重要的位置，可以说生命的价值就在于此，因为职业决定着一个人一生的成败得失，所以对职业的选择一定要慎重，在选择职业之前一定要好好地规划一番。

10.1 职业与职业生涯规划

10.1.1 职业

从词义学的角度解释，"职"有"社会责任""权利与义务"的含义，而"业"是以某种特殊技能"从事某种业务""完成某种事业"。职业是一种为了不断取得个人收入而连续从事的、具有市场价值的特殊活动，这种活动决定着从业者的社会地位。杜威（Dewey）从实用主义的哲学观点出发，认为职业是人们得到利益的一种生活活动。从社会生产的角度来看，职业是社会分工的结果，一定的社会分工或社会角色的持续实现，就形成了职业，它是连接个人与社会的纽带和桥梁。因此，职业是一种相对固定的，体现了社会分工的，并要求工作者具备一定技能的劳动。

职业一般具有三个方面的含义：其一是谋生需要，以谋生为目的的劳动是职业劳动，因为劳动作为人们谋生的手段是人类社会的普遍现象，所以职业在这个层面又被人们戏称为"饭碗"，非常形象。其二是承担社会义务，人们的职业劳动，不仅为个人谋生，同时也在尽社会义务，通过劳动成果的交换，在满足自己需要的同时，也满足了其他社会成员的需要，从而起到了为他人服务的作用。其三是寻求个性发展，在人的一生中，职业生活占有重要的位置，因此，职业活动对于人的个性发展具有重要意义。

今天，人们非常在意工作岗位是否适合自己的专业特长和兴趣爱好，特别是能否更好地发挥自己的能力，尤其是大学生表现得较为明显。现代科技的高度发达、分工的日益精细、用工体制的变革，导致大学生们的择业观念也发生了很大的变化，他们不再向往那种稳定而无创造性的职业，不再固执于那种从一而终的工作态度，不再囿于一种工作。职业、职位的变动，不仅是实现工作理想的过程，更是他们不断调整、不断适应、不断提高，最终找准适合自己的位置，因此，青年大学生从心理上更多地把职业看成个人一生重要的工作经历，不再是简单的个人寻求糊口和温饱的手段，而是寻求自我发展、自我实现的现实途径。

知识栏

《中华人民共和国职业分类大典》（2022版）

2022年新修订的《中华人民共和国职业分类大典》（以下简称《大典》）中，我国职业分类体系包括大类8个、中类79个、小类449个、细类（职业）1636个。与2015年版大典相比，增加了法律事务及辅助人员等4个中类，数字技术工程技术人员等15个小类，碳汇计量评估师等155个职业。

10.1.2 生涯

"生涯"一词由来已久，"生"原意为"活着"，"涯"原意为"边际"，"生涯"连起来就是"一生"的意思。简单地说就是过一辈子，人的生命有两个端点，即出生与死亡，生涯就是使我们的人生更富有意义。也有人说生涯就是生活，就是每日点点滴滴的积累。但目前大多数学者所接受的"生涯"定义来自美国学者舒伯（Super）的观点：生涯是生活中各种事件的演进方向和历程，它统合了人一生中依序发展的各种职业和生活的角色，由此表现出独特的自我发展形势；它也是人生从青春期到退休后，一连串有酬与无酬职位之综合[①]。除了职业之外，还包括任何和工作有关的角色，如学生、受雇者、退休者，甚至也包括家庭、公民的角色。

为了综合阐述生涯发展阶段与角色彼此间的相互影响，舒伯创造性地描绘出一个多重角色生涯发展的综合图形——生涯彩虹图（图10-1），形象地展现了生涯发展的时空关系，更好地诠释了生涯的定义。在生涯彩虹图中，纵向层面代表的是纵观上下的生活空间，由一组职位和角色组成，分成子女、学生、休闲者、公民、工作者、持家者六个不同的角色，他们交互影响，交织出个人独特的生涯类型。他认为，个人在发展历程中，随年龄的增长而扮演不同的角色，图的外圈为主要发展阶段，内圈阴影部分的范围长短不一，表示在该年龄阶段各种角色的分量；在同一年龄阶段，每个人可能同时扮演数种角色，因此彼此会有所重叠，但其所占比例分量则有所不同。一个人一生中扮演的许许多多角色就像彩虹同时具有许多色带。舒伯将"显著角色"的概念引入了生涯彩虹图。他认为，角色除与年龄及社会期望有关外，与个人所涉入的时间及情绪程度也有关联，因此每一阶段都有显著角色。

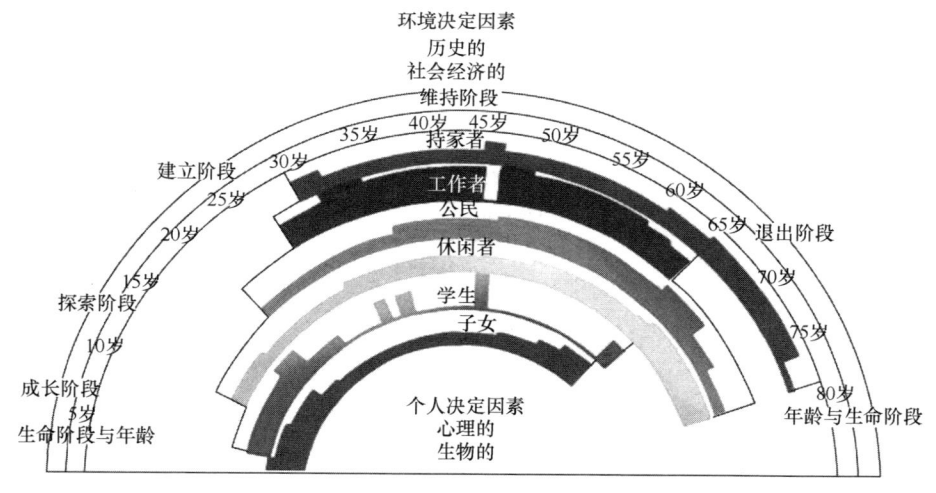

图 10-1　生涯彩虹图

资料来源：曲振国，杨文亭，陈子文，等. 大学生就业指导与职业生涯规划（修订版）.北京：清华大学出版社，2015.

生涯的特征表现在四个方面：第一，终身性。生涯发展是一生中连续不断的过程，是一个需要终身学习、终身发展的过程。第二，独特性。生涯是个人依据其人生规划与人生目标，为自我实现而开展的独特的生命历程，不同的个体具有不同的生涯历程。第三，发展性。生涯是动态变化与发展着的，不同的发展阶段有不同的生涯规划与生涯发

[①] 转引自曲振国，杨文亭，陈子文，等. 大学生就业指导与职业生涯规划（修订版）. 北京：清华大学出版社，2015.

展任务。第四,综合性。生涯以个体发展为中心,包含了各个层面的社会角色。

10.1.3 职业生涯规划

"职业生涯规划"(career planning)这个名词是在 20 世纪六七十年代在发达国家首先出现的,它主要是对市场趋势性的问题进行研究,进而得出结论,帮助人们主动将自己的职业发展和行业市场发展紧密结合,促成自己的成功,而不再像以往那样坐等着机会的降临。

职业生涯规划指的是一个人一生工作经历中所包括的一系列活动和行为,是指个人在生涯发展历程中,对各种特质或职业与教育环境资料进行生涯探索,掌握环境资源,逐渐提升个人的生涯认同,并建立生涯目标;在面对各种生涯选择事件时,针对各种生涯资料和机会进行生涯评估,以形成生涯选择或生涯决定,进而以择其所爱、爱其选择的心态,投注其生涯选择,以获得生涯适应与自我实现。

职业生涯规划包括两个层次的问题:一个是生涯角色间和生涯形态的规划;另一个是生涯角色内和生涯目标的问题。第一个层次的生涯形态问题,是在时间和空间的向度下,如何来组合各种角色;第二个层次的生涯目标问题,是在各个角色中要追求哪些职位或实现哪些目标。职业生涯规划的这两个问题并不是独立的,而是相互联系的,对这两个层次问题的思考和规划,能够寻求满足我们的生涯需求、实现人生价值的途径。

一个人的职业生涯规划受多种因素影响,如本人对终身职业生涯的设想、家庭中父母的意见和配偶的理解与支持、组织的需要与人事计划、社会环境的变化等,因此,在一定意义上讲,职业生涯规划可以说是多方面相互作用的结果。因此,良好的职业生涯规划应具备以下特征:

(1)可行性。规划要有事实依据,沉沦于幻想将会延误良机。

(2)适时性。规划是预测未来的行动,确定将来的目标,因此各项主要活动何时实施、何时完成,都应该有时间和时序上的妥善安排,以作为检查行动的依据。

(3)适应性。规划未来的职业生涯目标,牵涉多种可变因素,因此规划应有弹性,以增强其适应性。

(4)持续性。人生每个发展阶段应能持续连贯衔接。

知识栏

职业生涯发展阶段,参见表 10-1。

表 10-1 职业生涯发展阶段

阶段	舒伯生涯发展阶段理论			
	阶段名称	年龄段	生涯时期	职业上的发展课题
1	探索期	暂定期 15～17 岁	青年中期	能力与才能的进一步成长 学习计划的选择
		转移期 18～21 岁	青年后期	独立性发展
		试行期 22～24 岁		适合自己的专业、工作的选择 有关专业技能的发展

续表

阶段	舒伯生涯发展阶段理论			
	阶段名称	年龄段	生涯时期	职业上的发展课题
2	建立阶段	修正期 25~30 岁	成年前期	逐渐稳定于一项工作 确立自己将来的保障
		安定期 31~44 岁	成年中期	发现适当的晋升路线
3	维持阶段	维持期 45~64 岁	成年后期	整理成果,维持现有地位 为隐退做准备
4	衰退期	减速期 65~70 岁	老年期	逐步隐退的适应 闲暇时间的充实与个人兴趣、相关技能的学习
		隐退期 71 岁及以上		尽可能维持自立的状态

资料来源:曲振国,杨文亭,陈子文,等. 大学生就业指导与职业生涯规划(修订版). 北京:清华大学出版社,2015.

大学是职业生涯规划的重要阶段,职业生涯规划的作用就在于引导个人主动地通过规律性的职业成功趋势,设置自己的成功方案,并通过实践来实现成功。它的意义在于,使个人在职业成功的过程中不再是等待机会,而是充分考虑自身条件和外界所提供的最优化的机会,解决职业发展中的一系列问题。一言以蔽之,职业生涯规划的核心就是,找我喜欢的工作,继而得到这份工作,最后获得在这个岗位上的长期职业发展。

10.2 大学生职业生涯规划的步骤

10.2.1 职业生涯规划的基本原则和方法

1. 职业生涯规划的基本原则

个人职业生涯规划设计应该遵守如下原则。

1)择己所爱

从事一项你所喜欢的工作,工作本身就能给你一种满足感,你的职业生涯也会从此变得妙趣横生。兴趣是最好的老师,是成功之母。兴趣与成功概率有着明显的正相关性。在设计自己的职业生涯时,务必注意:考虑自己的特点,珍惜自己的兴趣,择己所爱,选择自己所喜欢的职业。

【案例】

用热爱为梦想加冕——苏翊鸣

2015 年,14 岁的苏翊鸣立志要成为职业滑雪运动员,参加北京冬奥会。从事职业滑雪运动员的三年时间,苏翊鸣一直在突破自我,从 1620 度、1800 度再到 1980 度,一步步解锁超高难度动作。2020 年和 2021 年,他包揽了全国正式比赛中坡面障碍和大跳台两个项目的金牌。2022 年,苏翊鸣在北京冬奥会上夺得单板滑雪男子坡面障碍技巧银牌以及大跳台金牌,成为中国首个单板滑雪冬奥会冠军。苏翊鸣清楚地知道该做什么事,对于自己应该以什么样的方式长大,他的心里非常清楚。

资料来源:专注热爱 精彩绽放 苏翊鸣:为国争光是我的梦想. https://m.gmw.cn/baijia/2022-02/17/1302808157.html,2022-02-17.

2)择己所长

任何职业都要求从业者掌握一定的技能,具备一定的能力条件。而一个人一生中不能将所有技能都全部掌握。所以,你必须在进行职业选择时择己所长,从而有利于发挥自己的优势。运用比较优势原理充分分析别人与自己,尽量选择冲突较少的优势行业。

3)择世所需

社会的需求不断演化着,旧的需求不断消失,新的需求不断产生。新的职业也不断产生。所以在设计你自己的职业生涯时,一定要分析社会需求,择世所需。最重要的是,目光要长远,要能够准确预测未来行业或者职业发展方向,再做出选择,不仅仅是有社会需求,并且这个需求要长久。

4)择己所利

职业是个人谋生的手段,其目的在于追求个人幸福。所以在择业时,首先考虑的是自己的预期收益——个人幸福最大化。明智的选择是在由收入、社会地位、成就感和工作付出等变量组成的函数中找出一个最大值。这就是选择职业生涯中的收益最大化原则。

2. 职业生涯规划的基本方法

职业生涯规划是一个周而复始的连续过程,其过程包括树立正确的生涯发展信念、自我评估、生涯机会评估、职业方向定位、设定发展目标、制订行动方案与实施计划、生涯评估与反馈七个基本步骤,如图10-2所示。

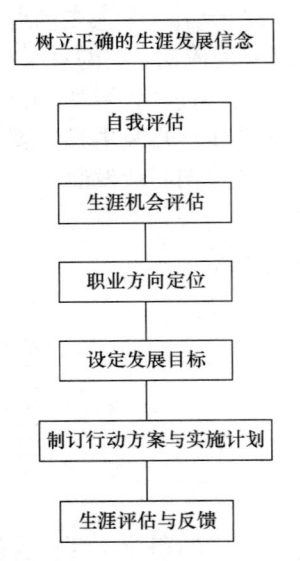

图10-2 个人职业生涯规划的流程

3. 职业生涯规划的基本步骤

美国斯温(Swain)教授为帮助大学生在教师的指导下对自己的生涯进行良好的规划,提出了一个生涯规划的三维模式。斯温认为,一个规范的生涯规划,应该包括三个重点:个人特质的澄清与了解、教育与职业资料的提供、个人与环境关系的协调[①]。这三个方面在生涯规划中同等重要。

(1)个人特质的澄清与了解涉及个人的需要、兴趣、能力倾向以及价值观念等。了解自己是职业选择或生涯计划的最基本要求。这些特质可以通过对生涯的探索活动、自

---

① 如何在初高中阶段引导和启发孩子的职业选择?. https://mp.weixin.qq.com/s/3wrOJf4s-AIygra8mY6YTw, 2024-02-22.

我评定或心理测验等进行了解。

（2）教育与职业资料的提供，是整个生涯目标确定过程中不可或缺的部分。缺乏对职业世界的了解，想做好职业选择，是不切实际的。个体的职业认定常受到原有印象的影响，如性别、学历等，也有的职业或专业的名称也许只有一字之差，但其内容、性质或发展却相差很多，因而正确资料的提供，是生涯决定的重要依据。

（3）环境因素的影响大多是社会文化以及机会因素。这些因素通常是个人无法掌握或控制的，如家庭或重要他人的意见、社会重大事件的影响，或经济景气与否等，因此不可能要求改变环境来适应人的需求，只能要求人具备良好的环境适应能力，主动协调与环境的关系，保持和谐一致。

知识栏

五个"W"归零思考模式

许多职业咨询机构和心理学专家在进行职业咨询与职业规划时常常采用一种方法，即有关五个"W"的归零思考模式，从而找到对实现有关职业目标的有利和不利条件，列出不利条件最少、自己想做而且又能够达成的职业目标，最终确立自己的职业目标。这一模式对大学生职业生涯规划的目标确定能起到指导作用。

（1）Who are you? 即"你是谁？"对自己进行一次深刻的反思，把优点和缺点都一一列出来。

（2）What do you want? 即"你想干什么？"对自己职业发展的一个心理趋向进行检查。

（3）What can you do? 即"你能干什么？"对自己能力与潜力进行全面总结。

（4）What can support you? 即"环境支持或允许你干什么？"对主客观因素进行深入调查，做出可行性分析。

（5）What you can be in the end? 自己最终的职业目标是什么？

资料来源：杨小英，黄延海，谭滟莎. 心理健康与职业生涯（中等职业教育精品教材）. 北京：中国人民大学出版社，2021.

10.2.2 大学不同阶段职业生涯规划的内容

依据舒伯的职业生涯阶段划分理论，大学生处在探索期，跨越了过渡期和初步试验承诺期两个时期。在这两个时期，大学生的个体能力迅速提高，职业兴趣趋于稳定，逐步形成了对未来职业生涯的预期。事实上，在初步试验承诺期，许多学生往往需要就自己的未来职业生涯做出重要决策。因此，大学生就业指导的主要工作在于对学生职业兴趣的培养和职业生涯教育，引导学生了解和尝试现实社会中的各种职业，积累一定的社会工作经验，帮助学生在未来较短时间内实现个体人力资本、兴趣和职业的匹配。大学生职业生涯规划任务，如表10-2所示。

表 10-2　大学生职业生涯规划任务

时期	规划要点	实施步骤
一年级为试探期（扩展）	要初步了解职业，特别是自己未来所想从事的职业或自己所学专业对口的职业，提高人际沟通能力	（1）多与高年级的同学交流，了解专业学习的具体情况，增加对专业的就业方向的认识 （2）有目的地了解学校的相关政策和规定，多参加集体活动，增加交流技巧，把自己的兴趣方向与所学专业联系起来，掌握学习的基本方法，为可能的转系、获得双学位、留学计划做好资料收集及课程准备，为大学生活和将来的职业做一个粗略的打算，帮助自己树立明确的学习目标
二年级为定向期（探索）	了解相关的专业和课外活动，以提高自身的基本素质为主，通过参加学生会或社团等组织，锻炼自己的各种能力，同时检验自己的知识技能	（1）可以开始尝试兼职、社会实践活动，并要具有坚持性，最好能在课余时间从事与自己未来职业或本专业有关的工作，提高自己的责任感、主动性和受挫能力 （2）提高英语口语水平，增强计算机应用能力，通过英语和计算机的相关证书考试，并开始有选择地辅修其他专业的知识来充实自己，树立明确的奋斗方向
三年级为冲刺期（浓缩）	该阶段学生应确定自己的主攻方向，选择就业还是考研抑或是出国留学	（1）准备就业的学生应该把目标锁定在锻炼自己独立解决问题的能力和创造性上，参加和专业有关的暑期工作，同学间交流求职工作心得体会，学习就业材料的制作，了解搜集工作信息的渠道，并积极尝试，提高求职技能、搜集就业信息 （2）决定考研的学生应把目标锁定在专业深造，以及英语能力的提高上，潜心钻研，不要三心二意 （3）决定出国留学
四年级为分化期（抉择）	检验自己已确立的职业目标是否明确，前三年的准备是否充分	（1）开始申请工作，积极参加招聘活动，在实践中检验自己的积累和准备 （2）预习或模拟面试。积极利用学校提供的条件，了解就业指导中心提供的用人公司资料信息、强化求职技巧、进行模拟面试等训练，尽可能地在做出较为充分准备的情况下进行实战演练。走出职业规划付诸行动的第一步

资料来源：曲振国，杨文亭，陈子文，等. 大学生就业指导与职业生涯规划（修订版）.北京：清华大学出版社，2015.

10.2.3　大学生职业生涯规划的制定与实施

大学生职业生涯规划应当是个性化的，是量体裁衣式的，没有一个所有人都适用的规划方案，但职业生涯规划方案制订与实施的基本步骤是一致的，一般来说，任何一套良好的职业生涯规划方案的制订与实施都包括自我评估、确定目标、制定措施和生涯评估四个步骤。

【案例】

迂回的选择

小李立志做一名优秀的商人。他没有去读贸易专业，而是选择了工科中最普通、最基础的专业——机械专业。大学毕业后，小李没有马上投入商海，而是去攻读为期三年的经济学硕士学位。出人意料的是，获得硕士学位后，他还是没有从事商业活动，而是考了公务员。在政府部门工作了五年后，他辞职下海经商。又过了两年，他开办了自己的商贸公司。小李迂回选择的简图：工科学习→工学学士→经济学学习→经济学硕士→政府部门工作→锻炼处事能力，建立广泛的人际关系→大公司工作→熟悉商务环境→开公司→事业成功。

启示：小李的职业生涯设计脉络清晰，步骤合理，充分考虑了个人兴趣、个人素质，并着重职业技能的培养，这种生涯设计在他坚持不懈的努力下，终于变为现实。

资料来源：曲振国，杨文亭，陈子文，等. 大学生就业指导与职业生涯规划（修订版）.北京：清华大学出版社，2015.

1. 进行自我评估

进行自我评估主要是综合各方面因素分析自身的优势与劣势。关于自己的优势主要从三个方面分析：①从知识与专业的角度分析自己掌握了什么；②从经历的角度分析自己曾经做过什么；③从经验的角度分析自己最成功的是什么。

通过三个方面的分析，找到自己的动力之源和魅力闪光点，形成职业规划的有力支撑。关于自己的劣势主要从两个方面进行分析：①自己性格的弱点；②经历或经验中所欠缺的东西。性格可以改善，欠缺可以弥补，因此要让用人单位相信，只要给你一定的时间，你就可以做得更好，这样你才能获得更多的成功机会。

2. 确定职业生涯目标

职业生涯目标的确定是职业生涯规划的核心问题。如果没有切实可行的目标作为前进的驱动力，人就很容易对现状妥协，就不容易排除不必要的各种各样的干扰和影响。只有设立了目标，才能明白奋斗的方向，并走向成功。人的一辈子短短几十年到底该怎样度过，到底以一种什么样的姿态和形象来度过自己的职业生涯，这是大学生必须要认真考虑的。一般情况下，目标分为短期目标、中期目标、长期目标。短期目标一般为1～2年，又分为日目标、周目标、月目标和年目标。短期目标一般是素质能力的提高，通常是获取证书或通过考试。中期目标一般为3～5年。长期目标一般为5～10年。长期目标一般是以后职业规划的顶点，也就是我们所说的梦想，但要想梦想成真，一定要把它细化至具体的工作，如毕业后到底进入什么样的单位，从事什么样的具体工作，等等。制定正确的职业生涯目标要仔细考虑以下几个问题：

（1）兴趣与职业的匹配。我们常说，只有爱一行才能干好一行，可见兴趣是最好的老师，也是选择职业的重要依据，工作是一个人生活快乐幸福的隐形伴侣，做一份能胜任同时自己又很喜欢的工作，真是人生的一件幸事。

（2）能力与职业的匹配。不同的职业对人的能力要求肯定是不同的，对自己的能力做一个客观的判断，对于职业生涯规划的制定是非常重要的，一定要明白如果你不具备某个职业所要达到的能力，你就是再努力、再勤奋也是干不好的，我们所说的力所能及就是这个道理。

（3）性格与职业的匹配。俗话说性格决定命运。在求职过程中，性格是影响相识与吸引的重要因素。性格与职业之间是一种彼此制约、互相促进的关系，所以选择职业要考虑自己的性格特征，以尽量选择适合自己性格特点的工作。

（4）环境与职业的匹配。要对社会大环境做一定的分析，包括当前社会政治、经济发展的趋势，社会热点职业门类分布与需求状况，自己所选择职业在当前与未来社会中的竞争情况，社会发展趋势对自己职业的影响，自己从事行业的发展状况和前景、在本行业中的地位与发展趋势，以及所面对的市场状况。另外，要对人际关系进行分析。个人供职过程中将同哪些人交往，其中哪些人将对自己发展起重要作用，是何种作用，这种作用会持续多久，如何与他们保持联系，可采取什么方式予以实现，工作中会遇到什么样的同事或竞争者，如何相处共事等问题都需要静下心来认真考虑。

3. 制定行动计划与措施

制定好规划只是完成了第一步，如果只是停留在纸上，也毫无意义。具体行动才是关键环节，没有落实到行动上，目标就难以实现，事业成功就只能是一句空话。这里所指的行动，是指落实目标的具体措施，主要包括工作、训练、教育、轮岗等方面的措施。比如，为达到目标，在工作方面，你计划采取哪些措施来提高你的工作效率？在业务素质方面，你计划学习哪些知识，掌握哪些技能，形成哪些习惯来提高你的业务能力？在潜能开发方面，采取哪些措施来开发你的潜能？这些都要有具体的计划与明确的措施，并且这些计划要具体可行，这样才会在检查时显得方便。

4. 进行有效的评估

由于影响职业生涯规划的因素很多，加之这些因素中有的变化因素可以预测，有的变化因素难以预测，因此，要使职业生涯规划行之有效，就必须不断地对职业生涯规划进行评估与修订，不断地反省、修正目标、策略和方案，以适应环境的各种变化，同时还可以作为下轮职业生涯规划设计的参考依据。评估职业生涯规划时需要修订的主要内容，包括职业的重新选择、职业生涯路线的选择、人生目标的修正、实施计划与措施的变更等。常言说，"计划赶不上变化"，只有适应环境变化的计划才是成功的计划。

10.3　大学四年职业生涯规划

10.3.1　大学学习规划

1. 大学四年不同的学习重点

1）打牢基础的重要阶段

大一是打牢基础的重要阶段，进入大学后，应调整好自己心态，适应新的学习环境和学习方式；尽快确定自己的学习目标，增强学习自觉性；了解自己的专业特点以及就业方向，培养专业学习兴趣。

2）承前启后的阶段

大二的你需要面对较繁重的专业学习任务，也要开始面对各种考证压力，如全国大学英语四、六级考试，计算机证书或各类专业证书等，也需要开始深入思考自己未来的发展方向，明确是考研还是就业。因此，你需要做好更科学的学习规划，才能更高效地利用时间学习。

3）研究型学习的阶段

大三的你开始越来越明确自己的学习目标，如果选择就业，将不再仅限于课堂的学习，还需要主动去公司或单位实习，并学会从不同渠道收集就业信息，提升自身求职能力。

4）开拓美好前程的阶段

大四的你课堂学习已经基本结束，有更多自由的时间可以自主安排；有的同学可能忙着备考公务员、事业单位；有的同学可能忙着参加各类校招考试；有的同学可能会忙着考研、出国等。无论做什么样的准备，你都应该充分发挥自己的优势，做好新的人生启航。

2. 确定学习目标

（1）确定大学四年的计划目标，并将计划具体化，将目标进行分解，如表 10-3 所示。

表 10-3　大学四年的计划目标

实施时间		目标	实施方案
第一年	上学期	1. 2. 3.	
	下学期	1. 2. 3.	
第二年	上学期	1. 2. 3.	
	下学期	1. 2. 3.	
第三年	上学期	1. 2. 3.	
	下学期	1. 2. 3.	
第四年	上学期	1. 2. 3.	
	下学期	1. 2. 3.	

（2）订立出每年的计划，以及具体的步骤、方法和时间安排，在制订计划时一定要遵循具体、可执行的原则，如表 10-4 所示。

表 10-4　年目标计划

实施时间	目标	实施方案
1 月		
2 月		
3 月		
4 月		
5 月		
6 月		
7 月		
8 月		
9 月		
10 月		
11 月		
12 月		

（3）月目标计划表。月目标计划表包括要完成的学习目标以及相关的实施方案，如表 10-5 所示。

表 10-5　月目标计划表

实施时间	目标	实施方案
第一周		
第二周		
第三周		
第四周		

（4）周目标计划。周目标计划包括要完成的学习任务以及切实可行的方案，如表 10-6 所示。

表 10-6　周目标计划表

实施时间	目标	实施方案
周一		
周二		
周三		
周四		
周五		
周六		
周日		

3. 学习计划评估、反馈和修正模式

对所制订计划的完成情况进行评估、反馈和修正,以让我们了解计划完成情况,找到改进的地方,从而进行目标修正,确保计划能切实可行,如表 10-7 所示。

表 10-7 目标计划评估表

目标计划	实施情况	差距	分析原因	改进措施

10.3.2 大学生素质拓展规划

1)提高创新创业能力

大学生就业时需要展现创新精神、创业能力,可以通过接受学术科技与创新创业方面的素质拓展训练来提升。高校通过开展科普宣传、发明制作竞赛、学术论文竞赛等活动,成立大学生科技小组,可以培养学生灵活运用知识的能力;大学生通过积极参加大学生科技论坛、创业讲坛活动,聆听科技专家、创业精英、成功校友的创新经验,可以激发个人的创业精神。大学生还可以利用学院创业见习基地、创业实习基地和创业园等创业实践基地,帮助自己积累丰富的创业经验。

2)提高社会交往能力

通过参与各种不同的社团、社会实践和志愿服务活动等,大学生可以锻炼自己的社交能力,还能了解社会现状,懂得人与社会的关系,锻炼个人社会交往与社会活动能力,为日后融入社会打下基础。

3)提高挫折承受能力

当前大学生多数为独生子女,有些大学生呈现出心理脆弱、遇事敏感、抗挫能力差等特点。面对激烈竞争的社会,大学生在求职过程中,经常会遭受这样或那样的打击,特别是遇到挫折和困难时,极易陷入焦虑、迷茫和抑郁的心理状态。因此在大学生素质拓展上,应该加强抗挫能力训练:首先可以在学校多参与心理健康知识讲座,掌握心理健康知识以及心理调适方法;其次可以多参与集体活动,加强交流沟通;最后还应多参加体育活动,健身健心,寻找到合适的方式宣泄。

4)提高职业素养与能力

我们可以根据自身情况确立生涯规划,学习职业生涯知识,确立自己的职业发展方向与目标,以实现准确定位,做好自己的职业选择和决策。可以有针对性地参加技能培训,考取各类技能证书,从而提高自己的职业素养和能力。

请根据大学期间素质拓展内容,制定大学期间的素质拓展规划,如表 10-8 所示。

表 10-8 素质拓展规划

类别	具体目标	时间安排	方案	收获与调整
创新创业能力				
社会交往能力				
挫折承受能力				
职业素养与能力				
其他				

10.3.3　大学生休闲生活规划

高中时，我们的时间被密密麻麻的课程填满，却仍觉不够，用各种计划将碎片化的时间也利用起来。上了大学，我们的闲暇时间变得比较充裕，而这些闲暇时间让有的学生变得手足无措，不知道该怎么去规划和安排，有些人因此沉迷于自我放纵与休闲娱乐中。有研究表明，大学生平均每天至少有 1 小时可以用于自由活动，而周末和节假日的闲暇时间更多，一半以上的大学生每天的闲暇时间超过 4 个小时[①]。因此，合理地利用好闲暇时间尤为重要。

1. 大学生休闲生活存在的问题

1）休闲缺乏规划

大学生有些时候没有个人的休闲目标，往往身边的同学做什么，自己也随大流，盲目从众。"无聊""郁闷"成了有些大学生常挂在嘴边的词，他们没有意识到休闲的价值，缺乏对休闲认真的态度。大多时候都将时间消耗在上网、打游戏、逛购物网站上，导致生活品质日益下降，在过度地消耗时间后，心理上反而产生更大的焦虑与空虚感，甚至诱发其他身心问题，出现了所谓的"闲暇危机"。

2）休闲层次低

大学的一个重要特点便是自由性，较多的空闲时间衍生出各种丰富多彩的休闲活动。在这种令人眼花缭乱的活动背后，仍是精神的匮乏。玩游戏、看小说、上网等被动型的休闲活动占据绝大部分的时间。这些活动不需要消耗脑力，又可以打发、消磨时间，也能起到放松的作用。但在娱乐过后，却倍感空虚和无聊，意志变得消沉。

2. 大学生休闲理念

1）休闲学习

基于终身学习理念，我们始终坚持将学习作为休闲活动的主导，致力于培养大学生的自觉学习意识，帮助他们在休闲时间里充分发掘自己的兴趣爱好，激发自我潜能，提升自我价值。

[①] 曲振国，杨文亭，陈子文，等. 大学生就业指导与职业生涯规划（修订版）. 北京：清华大学出版社，2015.

2）休闲发展

在自由支配的时间里，大学生应学会不断拓展未知领域。这不仅可以促进自我身心健康发展，还可以提高自我文化素养、智商和情商，从而在休闲中实现自我完善。

3）休闲提高

大学生可以参加一系列有意义的活动，不仅可以帮助自己拓宽人际交往圈子，提升人际交往能力；还可以充实生活，拓宽视野，脱离忙、盲、茫然的困境，促进身心健康发展。

3. 大学生休闲方式

1）品味休闲

充分利用学校的体育设施、图书馆和电子阅览馆，多参与足球、篮球、排球和健美操等体育活动，也可以多读书，提升文化知识储备，进而从低层次的休闲活动中解放出来。

2）技能休闲

大学生可以根据个人发展需求，积极参与学院各类音乐、舞蹈、文学艺术或社团等比赛或活动。这不仅可以培养提升个人各方面的能力，也可以学习到不同的知识，提高自信。

3）价值休闲

大学生可以通过参与各类实践活动，培养个人兴趣和能力，使自己在休闲中成为敢于承担社会责任和拥有爱心的人。

4. 大学生休闲规划

大学生可以根据在校生活实际情况去规划个人休闲时间，但是也要遵循具体化、可实行、可评估的原则，如表10-9所示。

表10-9 个人休闲规划

休闲计划	休闲目标	完成情况	时间安排	具体措施

10.4 心理测试与训练

有些大学生在职业生涯规划方面意识淡薄，误认为职业生涯规划是走向社会后自然而然就存在的，所以不需要规划，因此，各高校理应以提升学生综合素质和专业能力为目标，在大学全过程、全方位地提供职业生涯规划指导，帮助大学生客观地认识自己，分析自己的优势和不足，指导学生提高适应社会的能力，从而避免由于准备不足而错过求职机会。高校教育工作者还要引导学生正确规划学校的学习生活，从而为未来就业做好准备。

10.4.1 职业生涯规划心理测试

1. 职业兴趣的自我测评

职业兴趣测评最早由霍兰德（Holland）提出，但并不完全符合中国国情，我国学者陈社育参照他的理论框架，研制了"RCCP通用人职匹配测试量表"，将职业兴趣类型分为六种：现实型（realistic）、研究型（investigative）、艺术型（artistic）、社会型（social）、企业型（enterprise）、传统型（conventional）。一般来说，完全属于某一种典型类型的人并不多，大多数人除了主要地表现为某一种兴趣类型外，还可能同时具有另外一种兴趣类型的特点，这样两两交叉可形成36种职业兴趣类型。

以下是测试量表，请你根据对每一题的第一印象作答，不必仔细推敲，答案没有对错之分，根据与实际情况的符合程度来判断，与实际情况相符合的得2分，不符合的得0分，难以回答的得1分。对于有些你没有机会从事的工作，你可以在假设的情形下做出判断。在做完从现实型到常规型共108道题后，再分类统计各自总分，填入表10-10中，并依次完成类型确定过程。

1）现实型问题

（1）你曾经将钢笔全部拆散加以清洗，并能独立地将它安装起来吗？
A. 符合　　　　　　B. 不符合　　　　　　C. 难以回答

（2）你会用积木搭出许多造型吗？小时候常拼七巧板吗？
A. 符合　　　　　　B. 不符合　　　　　　C. 难以回答

（3）你在中学里喜欢做实验吗？
A. 符合　　　　　　B. 不符合　　　　　　C. 难以回答

（4）你对一些动手较多的技术工（如电工、修钟表、织毛衣、绣花、剪纸等）很感兴趣吗？
A. 符合　　　　　　B. 不符合　　　　　　C. 难以回答

（5）当你家里有些东西需要小修小补时，常常是由你来做吗？
A. 符合　　　　　　B. 不符合　　　　　　C. 难以回答

（6）你常常偷偷地去摸弄不让你摸弄的机器或机械（诸如打字机、摩托车、电梯、机床等）吗？
A. 符合　　　　　　B. 不符合　　　　　　C. 难以回答

（7）你是否深深体会到身边有一把指甲钳或老虎钳等工具，会给你提供许多便利吗？
A. 符合　　　　　　B. 不符合　　　　　　C. 难以回答

（8）看到老师傅在做活，你能很快地、准确地模仿吗？
A. 符合　　　　　　B. 不符合　　　　　　C. 难以回答

（9）你喜欢把一件事做完后再做另一件事吗？
A. 符合　　　　　　B. 不符合　　　　　　C. 难以回答

（10）做事情前，你经常害怕出错，而对工作安排反复检查吗？

A. 符合　　　　　　　　　B. 不符合　　　　　　　　　C. 难以回答

（11）你喜欢亲自动手制作一些东西，从中得到乐趣吗？

A. 符合　　　　　　　　　B. 不符合　　　　　　　　　C. 难以回答

（12）你喜欢使用锤子、斧头一类的工具吗？

A. 符合　　　　　　　　　B. 不符合　　　　　　　　　C. 难以回答

（13）如果掌握一门手艺，并能以此为生，你会感到非常满意吗？

A. 符合　　　　　　　　　B. 不符合　　　　　　　　　C. 难以回答

（14）你曾经渴望当一名汽车司机吗？

A. 符合　　　　　　　　　B. 不符合　　　　　　　　　C. 难以回答

（15）小时候，你经常把玩具拆开，把里面看个究竟吗？

A. 符合　　　　　　　　　B. 不符合　　　　　　　　　C. 难以回答

（16）你喜欢修理自行车、电器一类的工作吗？

A. 符合　　　　　　　　　B. 不符合　　　　　　　　　C. 难以回答

（17）你喜欢跟各类机械打交道吗？

A. 符合　　　　　　　　　B. 不符合　　　　　　　　　C. 难以回答

（18）你亲手制作或修理的东西经常令你的朋友满意吗？

A. 符合　　　　　　　　　B. 不符合　　　　　　　　　C. 难以回答

2）研究型问题

（1）你对电视里或单位里的智力竞赛很感兴趣吗？

A. 符合　　　　　　　　　B. 不符合　　　　　　　　　C. 难以回答

（2）你经常到新华书店或图书馆翻阅图书（文艺小说除外）吗？

A. 符合　　　　　　　　　B. 不符合　　　　　　　　　C. 难以回答

（3）学生时代，你常常会主动地去做一些有趣的习题吗？

A. 符合　　　　　　　　　B. 不符合　　　　　　　　　C. 难以回答

（4）你对一件新产品或新事物的构造或工作原理感兴趣吗？

A. 符合　　　　　　　　　B. 不符合　　　　　　　　　C. 难以回答

（5）当有人向你请教某事如何做时，你总喜欢讲清内部原理，而不仅仅是操作步骤吗？

A. 符合　　　　　　　　　B. 不符合　　　　　　　　　C. 难以回答

（6）你常常会对一件想知道但又无法详细知道的事物想象出它将是什么或将怎么变化的吗？

A. 符合　　　　　　　　　B. 不符合　　　　　　　　　C. 难以回答

（7）看到别人在为一个有趣的难题争论不休时，你会加入进去或者独自一人思考，直到解决为止吗？

A. 符合　　　　　　　　　B. 不符合　　　　　　　　　C. 难以回答

（8）看推理小说或电影时，你常常分析推理谁是罪犯，并且这种分析时常与最后的结果相吻合吗？

A. 符合　　　　　　　　　B. 不符合　　　　　　　　　C. 难以回答

（9）你喜欢做一些需要运用智力的游戏吗？
　　A. 符合　　　　　　　B. 不符合　　　　　　　C. 难以回答
（10）相比而言，你更喜欢独自一人思考问题吗？
　　A. 符合　　　　　　　B. 不符合　　　　　　　C. 难以回答
（11）你的理想是当一名科学家吗？
　　A. 符合　　　　　　　B. 不符合　　　　　　　C. 难以回答
（12）你经常不停地思考某一问题，直到想出正确的答案吗？
　　A. 符合　　　　　　　B. 不符合　　　　　　　C. 难以回答
（13）你喜欢抽象思维的工作吗？
　　A. 符合　　　　　　　B. 不符合　　　　　　　C. 难以回答
（14）你喜欢解答较难的问题吗？
　　A. 符合　　　　　　　B. 不符合　　　　　　　C. 难以回答
（15）你喜欢阅读自然科学方面的书籍和杂志吗？
　　A. 符合　　　　　　　B. 不符合　　　　　　　C. 难以回答
（16）你能够做那种需要持续集中注意力的工作吗？
　　A. 符合　　　　　　　B. 不符合　　　　　　　C. 难以回答
（17）你喜欢学数学吗？
　　A. 符合　　　　　　　B. 不符合　　　　　　　C. 难以回答
（18）如果独自在实验室里做长时间的实验，你能坚持吗？
　　A. 符合　　　　　　　B. 不符合　　　　　　　C. 难以回答

3）艺术型问题

（1）你对戏剧、电影、文艺小说、音乐、美术等其中的一两个方面较感兴趣吗？
　　A. 符合　　　　　　　B. 不符合　　　　　　　C. 难以回答
（2）你常常喜欢对文艺界的文艺工作者品头论足吗？
　　A. 符合　　　　　　　B. 不符合　　　　　　　C. 难以回答
（3）你参加过文艺演出、绘画训练或经常写写诗歌、短文吗？
　　A. 符合　　　　　　　B. 不符合　　　　　　　C. 难以回答
（4）你的朋友经常赞扬你把自己的房间布置得比较优雅并有品位吗？
　　A. 符合　　　　　　　B. 不符合　　　　　　　C. 难以回答
（5）你对别人的服装、外貌以及家具摆设等能做出比较准确的评价吗？
　　A. 符合　　　　　　　B. 不符合　　　　　　　C. 难以回答
（6）你认为一个人的仪表美主要是为了表现一个人对美的追求，而不是为了得到别人的赞扬或羡慕吗？
　　A. 符合　　　　　　　B. 不符合　　　　　　　C. 难以回答
（7）你觉得工作之余坐下来听听音乐、看看画册或欣赏戏剧等，是你最大的乐趣吗？
　　A. 符合　　　　　　　B. 不符合　　　　　　　C. 难以回答
（8）遇到有美术展览会、歌星演唱会等活动，你经常去观赏吗？
　　A. 符合　　　　　　　B. 不符合　　　　　　　C. 难以回答

（9）音乐能使你陶醉吗？
　　A. 符合　　　　　　　B. 不符合　　　　　　　C. 难以回答
（10）你喜欢成为人们注意到的焦点吗？
　　A. 符合　　　　　　　B. 不符合　　　　　　　C. 难以回答
（11）你喜欢不时地夸耀一下自己取得的成就吗？
　　A. 符合　　　　　　　B. 不符合　　　　　　　C. 难以回答
（12）你喜欢做戏剧、音乐、歌舞、摄影等方面的工作吗？
　　A. 符合　　　　　　　B. 不符合　　　　　　　C. 难以回答
（13）你能较为准确地分析美术作品吗？
　　A. 符合　　　　　　　B. 不符合　　　　　　　C. 难以回答
（14）你爱幻想吗？
　　A. 符合　　　　　　　B. 不符合　　　　　　　C. 难以回答
（15）看情感影片或小说时，你常忍不住眼圈红润吗？
　　A. 符合　　　　　　　B. 不符合　　　　　　　C. 难以回答
（16）当接受一项新任务后，你喜欢以自己独特的方法去完成它吗？
　　A. 符合　　　　　　　B. 不符合　　　　　　　C. 难以回答
（17）你有文艺方面的天赋吗？
　　A. 符合　　　　　　　B. 不符合　　　　　　　C. 难以回答
（18）与推理小说相比，你更喜欢言情小说吗？
　　A. 符合　　　　　　　B. 不符合　　　　　　　C. 难以回答
4）社会型问题
（1）你常常主动给朋友写信或打电话吗？
　　A. 符合　　　　　　　B. 不符合　　　　　　　C. 难以回答
（2）你能列出五个你自认为够朋友的人吗？
　　A. 符合　　　　　　　B. 不符合　　　　　　　C. 难以回答
（3）你很愿意参加学校、单位或社会团体组织的各种活动吗？
　　A. 符合　　　　　　　B. 不符合　　　　　　　C. 难以回答
（4）你看到不相识的人遇到困难时，能主动去帮助他，或向他表达你同情与安慰的心情吗？
　　A. 符合　　　　　　　B. 不符合　　　　　　　C. 难以回答
（5）你喜欢去新场所活动并结交新朋友吗？
　　A. 符合　　　　　　　B. 不符合　　　　　　　C. 难以回答
（6）对一些令人讨厌的人，你常常会由于某种理由原谅他、同情他甚至帮助他吗？
　　A. 符合　　　　　　　B. 不符合　　　　　　　C. 难以回答
（7）有些活动，虽然没有报酬，但你觉得这些活动对社会有好处，就积极参加吗？
　　A. 符合　　　　　　　B. 不符合　　　　　　　C. 难以回答
（8）你很注意自己的仪容风度，这主要是为了让人产生良好的印象吗？
　　A. 符合　　　　　　　B. 不符合　　　　　　　C. 难以回答

（9）大家公认你是一名勤劳踏实、愿为大家服务的人吗？
　　A. 符合　　　　　　　　B. 不符合　　　　　　　　C. 难以回答
（10）旅途中，你喜欢与人交谈吗？
　　A. 符合　　　　　　　　B. 不符合　　　　　　　　C. 难以回答
（11）你喜欢参加各种各样的聚会吗？
　　A. 符合　　　　　　　　B. 不符合　　　　　　　　C. 难以回答
（12）你很容易结识同性朋友吗？
　　A. 符合　　　　　　　　B. 不符合　　　　　　　　C. 难以回答
（13）你乐于解除别人的痛苦吗？
　　A. 符合　　　　　　　　B. 不符合　　　　　　　　C. 难以回答
（14）对于社会问题，你很少持中庸的态度吗？
　　A. 符合　　　　　　　　B. 不符合　　　　　　　　C. 难以回答
（15）听别人谈"家中被盗"一类的事，很容易引起你的同情吗？
　　A. 符合　　　　　　　　B. 不符合　　　　　　　　C. 难以回答
（16）你通常不喜欢一个人独处吗？
　　A. 符合　　　　　　　　B. 不符合　　　　　　　　C. 难以回答
（17）在工作中，你喜欢听取别人的意见吗？
　　A. 符合　　　　　　　　B. 不符合　　　　　　　　C. 难以回答
（18）和一群人在一起的时候，你经常能找到恰当的话题吗？
　　A. 符合　　　　　　　　B. 不符合　　　　　　　　C. 难以回答

5）企业型问题

（1）当你有了钱后，你愿意用于投资吗？
　　A. 符合　　　　　　　　B. 不符合　　　　　　　　C. 难以回答
（2）你常常能发现别人组织的活动的某些不足，并提出建议让他们改进吗？
　　A. 符合　　　　　　　　B. 不符合　　　　　　　　C. 难以回答
（3）你相信如果让你去做一个个体户，一定会成为富裕户吗？
　　A. 符合　　　　　　　　B. 不符合　　　　　　　　C. 难以回答
（4）你在上学时曾经担任过某些职务（诸如班干部、课代表等），并且自认为干得不错吗？
　　A. 符合　　　　　　　　B. 不符合　　　　　　　　C. 难以回答
（5）你有信心说服别人接受你的观点吗？
　　A. 符合　　　　　　　　B. 不符合　　　　　　　　C. 难以回答
（6）你对一大堆的数字感到头疼吗？
　　A. 符合　　　　　　　　B. 不符合　　　　　　　　C. 难以回答
（7）做一件事情时，你常常事先仔细考虑它的利弊得失吗？
　　A. 符合　　　　　　　　B. 不符合　　　　　　　　C. 难以回答
（8）在别人跟你算账或讲一套理由时，你常常能够换一个角度考虑，而发现其中的漏洞吗？

A. 符合　　　　　　　　B. 不符合　　　　　　　　C. 难以回答
（9）你曾经渴望有机会参加探险吗？
A. 符合　　　　　　　　B. 不符合　　　　　　　　C. 难以回答
（10）你认为在管理活动中以个人的意志影响别人的行为是很必要的吗？
A. 符合　　　　　　　　B. 不符合　　　　　　　　C. 难以回答
（11）如果待遇相同，你宁愿当一名商品推销员，而不愿当一名机关办事员吗？
A. 符合　　　　　　　　B. 不符合　　　　　　　　C. 难以回答
（12）当你开始做一件事后，即使碰到再多的困难，你也执着地干下去吗？
A. 符合　　　　　　　　B. 不符合　　　　　　　　C. 难以回答
（13）你总是主动地向别人提出自己的建议吗？
A. 符合　　　　　　　　B. 不符合　　　　　　　　C. 难以回答
（14）你更喜欢自己下了赌注的比赛或游戏吗？
A. 符合　　　　　　　　B. 不符合　　　　　　　　C. 难以回答
（15）和不熟悉的人交谈对你来说毫不困难吗？
A. 符合　　　　　　　　B. 不符合　　　　　　　　C. 难以回答
（16）和别人谈判时，你不愿放弃自己的观点，是吗？
A. 符合　　　　　　　　B. 不符合　　　　　　　　C. 难以回答
（17）在集体讨论中，你不愿保持沉默，是吗？
A. 符合　　　　　　　　B. 不符合　　　　　　　　C. 难以回答
（18）你不愿意从事虽然工资少但是比较稳定的职业，是吗？
A. 符合　　　　　　　　B. 不符合　　　　　　　　C. 难以回答

6）传统型问题

（1）你能够用一两个小时坐下来抄写一份你不感兴趣的材料吗？
A. 符合　　　　　　　　B. 不符合　　　　　　　　C. 难以回答
（2）你能按领导或老师的要求尽自己的能力做好每一件事吗？
A. 符合　　　　　　　　B. 不符合　　　　　　　　C. 难以回答
（3）无论填报什么表格，你都非常认真吗？
A. 符合　　　　　　　　B. 不符合　　　　　　　　C. 难以回答
（4）在讨论会上，如果已经有不少人讲的观点与你的相同，你就不发表自己的观点了吗？
A. 符合　　　　　　　　B. 不符合　　　　　　　　C. 难以回答
（5）你常常觉得在你周围有不少人比你更有才能吗？
A. 符合　　　　　　　　B. 不符合　　　　　　　　C. 难以回答
（6）你喜欢重复别人已经做过的事情，而不喜欢做那些要自己动脑筋摸索着干的事吗？
A. 符合　　　　　　　　B. 不符合　　　　　　　　C. 难以回答
（7）你喜欢做那些已经很习惯了的工作，同时最好这种工作责任小一些，工作时还能聊聊天、听听歌曲吗？

A. 符合　　　　　　　　B. 不符合　　　　　　　　C. 难以回答

（8）你经常将非常琐碎的事情协调好吗？
A. 符合　　　　　　　　B. 不符合　　　　　　　　C. 难以回答

（9）你总留有充裕的时间去赴约会吗？
A. 符合　　　　　　　　B. 不符合　　　　　　　　C. 难以回答

（10）对别人借你的和你借别人的东西，你都能记得很清楚吗？
A. 符合　　　　　　　　B. 不符合　　　　　　　　C. 难以回答

（11）你喜欢经常请示上级吗？
A. 符合　　　　　　　　B. 不符合　　　　　　　　C. 难以回答

（12）你喜欢按部就班地完成要做的工作吗？
A. 符合　　　　　　　　B. 不符合　　　　　　　　C. 难以回答

（13）对于急躁、爱发脾气的人，你仍能以礼相待吗？
A. 符合　　　　　　　　B. 不符合　　　　　　　　C. 难以回答

（14）你是一个沉静而不易动感情的人吗？
A. 符合　　　　　　　　B. 不符合　　　　　　　　C. 难以回答

（15）你喜欢把一切安排得整整齐齐、井井有条吗？
A. 符合　　　　　　　　B. 不符合　　　　　　　　C. 难以回答

（16）你经常收拾房间，保持房间整洁吗？
A. 符合　　　　　　　　B. 不符合　　　　　　　　C. 难以回答

（17）你办事常常思前想后吗？
A. 符合　　　　　　　　B. 不符合　　　　　　　　C. 难以回答

（18）每次写信你都要好好考虑，写完后至少重复看一遍吗？
A. 符合　　　　　　　　B. 不符合　　　　　　　　C. 难以回答

结果解释：

当你读完上述内容时，请选出得分最高的类型，虽然可能没有一种类型可以完全准确地描述你，但总有一个比其他类型看起来更适合你。请依照从高分到低分依次对这六种类型进行排列，思考什么职业最适合你，也可以让你周围的同学施测，看看有什么差异。将上述六部分答题结果的得分填入表 10-10 中。

表 10-10　答题结果的得分

类型	现实型	研究型	艺术型	社会型	企业型	传统型
得分						

如果你在某一部分得分明显高出其他部分，说明你属于该种典型类型的人。一般说来，综合性的兴趣特征者在生活中居多数。

2. 决策风格类型测试

决策风格类型测试，如表 10-11 所示。

第10章 大学生的职业生涯发展与规划

表 10-11 决策风格类型测试

情景	符合	不符合
1. 我常仓促做草率的判断		
2. 我做事情时不喜欢自己出主意		
3. 碰到难做的事情，我就把它放到一边		
4. 我会多方收集决定所必需的一些个人及环境材料		
5. 我常凭一时冲动行事		
6. 做事时，我喜欢有人在身旁，可以随时商量		
7. 遇到需要做决定的，我就紧张不安		
8. 我会将收集到的材料加以比较分析，列出选择的方案		
9. 我经常改变我所做出的决定		
10. 发现别人的看法与我的不同，我就不知道怎么办		
11. 我做事总是东想西想，下不了决心		
12. 我会权衡各项可选择方案的利弊得失，判断出此时此地最好的选择		
13. 做决定之前，我从未做任何准备，也未分析可能的结果		
14. 我很容易受别人意见的影响		
15. 我觉得做决定是一件痛苦的事情		
16. 我会参考其他人的意见，再斟酌自己的情况来做出最适合自己的决定		
17. 我常不慎重思考就做决定		
18. 在父母、师长或亲友催促做决定之前，我并不打算做任何决定		
19. 为了避免做决定的痛苦，我现在并不想做决定		
20. 经过深思熟虑之后，我会明确决定一项最佳的方案		
21. 我喜欢凭直觉做事		
22. 我常让父母、师长或亲友为我做决定		
23. 我处理事情经常犹豫不决		
24. 当已经决定了所选择的方案，我会展开必要的准备行动并全力以赴做好它		

计分方式：统计同一类型得分，即符合计 1 分，不符合计 0 分。哪种得分高，你就属于哪种决策类型，如表 10-12 所示。

表 10-12 决策类型得分记录 单位：分

题号	1、5、9、13、17、21	2、6、10、14、18、22	3、7、11、15、19、23	4、8、12、16、20、24
得分				
决策类型	冲动直觉型	依赖型	逃避忧郁型	理性型

3. 寻找人生目标的六步游戏

1）寻找人生目标

拿出一张纸片，写下第一个问题：我人生的目标是什么？然后用 2 分钟写下答案，要无拘无束，想的是什么就写下什么。如果你不好直接确立自己的人生目标，你可以回想一下你童年、少年时的梦想，或者那些最令你开心的事，以此作为启发，再写下你的答案。

2）思考如何度过今后三年

请在第二张纸片上，写下第二个问题：我该怎样度过今后三年？用 2 分钟尽快写下答案，再用 2 分钟把忽视的项目补充进去。在第二张纸片上，所写的东西较之第一张纸片要具体。

3）半年内最重要的事

在第三张纸上写下第三、第四个问题：我在这半年内应该做哪些事情？哪些工作对我最重要？这张纸上的内容应该比第二张纸上的要更具体、更全面，并且是自己立刻可以去做的。

4）浏览前三步

浏览前三步的答案，你应该发现，第二步的答案是第一步答案的延伸，第三步是前两步答案的继续，如果你的三步答案不具备这种逻辑，就需要调整。

5）目标分类

请把三张纸片都拿起来，把上面的目标分别归类，如分为事业目标、爱好特长目标、能力目标、婚恋目标、社会友情目标、身心素质目标、读书目标等。

6）确立不同时期的目标

将三张纸片上的目标按同类关系及同性质的关系连成一条线，这样就形成了你的短期目标、中期目标、长期目标。然后，结合自己的个人情况，根据短期目标制订切实可行的月计划、周计划、日计划。注意制订的下一级计划应该是为上一级计划服务的。

10.4.2 职业规划训练[①]

1. 画职业生涯彩虹图

活动目的：
（1）对职业生涯有一个整体性的了解与体察。
（2）激发对职业生涯的自主意识与责任感。
（3）了解不同阶段角色的性质及功能。
活动时间： 50 分钟。
活动准备： 彩色笔、空白生涯彩虹图。
活动步骤：
（1）介绍 Super 的生涯彩虹图。

---

① 曲振国，杨文亭，陈子文，等. 大学生就业指导与职业生涯规划（修订版）. 北京：清华大学出版社，2015.

（2）绘制自己的生涯彩虹图。
（3）用不同颜色描绘不同年龄段在不同角色之间的精力分配和生活状态。
（4）在外围按顺序标出你职业生涯的各个阶段：成长阶段、探索阶段、建立阶段、维持阶段、退出阶段。
（5）注意各角色之间的平衡。

讨论与分享：
（1）你能列出多少种光谱？
（2）各个角色的起讫点为何？对你的意义是什么？
（3）何时角色要加重其重要性，何时角色要减少其重要性呢？
（4）不同阶段的主要任务是什么？

示例1：我的生涯彩虹图光谱

我的一生按60年计算，共划分为五个阶段：

第一阶段（0~12岁）：光谱的基调为绿色和红色，绿色代表着希望，红色代表着快乐。因为在我12岁之前，我的生命中就从来没有过挫折，我周围的世界是那么的美好，有许多疼爱、关心我的亲人、老师和朋友，使我觉得自己就是童话里的公主，生活是那么美好。

第二阶段（13~23岁）：光谱的基调为金色，但掺杂着灰色和黑色。金色代表着收获，黑色和灰色代表着坎坷与挫折。我将中学和大学划归为一个时段。在这个时段里，我获得了许多人生的殊荣，品味到了人生的价值，但生活却没有童话那般美好了。我经历了人生中难以忘却的几次打击，给我的生活蒙上了一层灰暗的阴影，俨然自己就是一个打了胜仗却缺胳膊少腿的将军。

第三阶段（24~30岁）：光谱的基调为绿色、紫色和粉色。这是我大学毕业后创业的一个阶段。绿色代表着创业之初的希望，紫色代表创业过程中的艰辛，粉色代表创业所取得的一点小小成绩。

第四阶段（31~48岁）：光谱的基调为红色和金色。红色代表着事业如火如荼，正蓬勃地发展；金色代表着收获，事业已经进入一个稳定发展的阶段。这个时候是我人生最辉煌的时期，各方面成绩斐然。

第五阶段（49~60岁）：光谱的基调为天蓝色和粉色。这个时期我已经不再拼搏于商海，我把事业交给了我的儿女，在家中安享晚年。这个时候的人生是最为平静的，我已经无欲无求，在劳累了一生后，享受着天伦之乐。

2. 我的职业清单

活动目的：
（1）对自我的探索。了解个人所追求的生活形态；了解自己的兴趣、能力、工作价值观、性格。
（2）对职业与教育资源的探索。
（3）对环境资源的探索。

活动时间： 30分钟。

活动方式： 请组员写出自己打算从事的职业，叙述理由。

示例 2：

（1）我想选择的职业：经理人（商人）。

（2）影响职业选择的因素。

一是家庭背景的影响。我们家从我奶奶那时起就开始经商，我奶奶只上过小学一年级，虽然识字不多，但非常具有商业头脑。据奶奶说，原来我们家也非常穷，但奶奶不甘贫困，不甘让几个孩子挨饿受冻，所以硬是把省吃俭用存下来的钱用做经商的资本。在那个时候，食盐是非常紧俏的，奶奶看中了这个商机，东凑西借，四处托人找关系，终于拉回了一车食盐，结果狠狠赚了一笔。也是从那个时候开始，我们家渐渐开始发迹了。后来，奶奶一看到什么紧俏，就转手做什么生意。生意越做越红火，我们家也成了家乡一个小小的万元户了。小的时候我经常看到奶奶和其他商人"论战"，见多了钱和数字，耳濡目染之下，我自身对这门学问也感兴趣了。

二是自身的兴趣。长期以来我都非常崇拜那些成功的商业人士，尤其是那些白手起家的人士。我喜欢看经济类的信息，喜欢读有关商业的报道和文章，喜欢关注知名企业家的经商策略，而我自己也在不断地尝试——在不违背校规校纪的前提下，我也会在学校寻找商机。当然，有赚钱的时候，也有赔本的时候。当通过自己的策划和推销后获得一笔可观的利润时，我就会感到十分具有活力。

三是对金钱强烈的占有欲的影响。放假在家的时候，我就成了家里名副其实的财务总监。妈妈每天跑车的营业收入最后都会上缴到我的手中，由我记账和分析。跑车本身就是一种商业活动，而且对私人老板来说，要想利润比别人多，就必须要进行商业策划和分析，根据时间、地点的改变而采取不同的策略。于是，我充当了妈妈的会计师角色，在横向和纵向对比利润后，我帮妈妈分析其中的原因以使下个月能取得更多的利润。为什么这个月会比别人少收入几千块钱，是司机不得力，还是售票员本身的原因，抑或是时间算得不好、态度不好才使利润减少？有时在想，我是不是太过于成熟了？别人的孩子从不关注父母的盈利，为什么我会是这样？

四是以前经历的影响。父母做生意总觉得非常辛苦，希望我能够从事一份比较稳定的工作，这样可以不用像他们这么辛苦，而能更安稳，在这样观念影响下，我总是期望自己可以获得一份比较稳定的工作，像公务员、教师、会计师等工作成为我的首选。

五是专业的影响。有时感觉自己对金钱很小气，每天都在算计着，平时花的每一分钱我都会详细入账。在每个月的月初和月末，我都会进行一次预算和结算。对于固定资产和流动资金的使用，我总是会很合理地安排，很少把钱用在不合理的地方，宿舍人说我在这方面就像商人一样精明，我感觉这跟我所学的专业也有很大的关系。

六是自身具备的一些素质。首先，我感觉我这个人还是具有一定的商业头脑的，会较好地利用机会成本创造商业利润。当然，目前这个商业的定义是在一个比较狭小的范围之内的。其次，我的人本观念比较浓，我认为这对于一个组织或者企业来说，应该是具有很强的战斗力和凝聚力的。再次，由于学的是会计专业，我对财务有一个更深入的了解，便于企业的财务监督和资金的合理利用。最后，从管理的角度来说，由于长期担任学生干部工作，我具有一定的组织和协调能力。

示例 3：选择职业时所考虑的因素（表10-13）。

表 10-13 选择职业时所考虑的因素

要点	具体内容
生活处境	如果我不靠工作就可以生活得很舒适，那么我的第一选择当然是完成儿时的梦想，凭兴趣与心情寻找工作；如果我必须每天思考如何提高自己的生活水平，那么我自然首选可以为我带来高物质生活水平的职业
个人能力	量力而行、量入而出是我一贯的准则，切合实际，即使是所向往的挑战性的工作和生活，也要考虑清楚自己是否真的可以超越极限，或者超越现状（也包括健康状况）
兴趣爱好	愿意向自己感兴趣的方向发展，这样做起来会得心应手一些，同时也心情愉快，工作再苦也是乐，如心理学、新闻传播、写作、教育、社会关系甚至家庭主妇（我自认比较倾向于幕后）等工作
地域性或流动性	我向往的城市或地区分布在东南沿海、西南等地区，此外，我还抱有旅居国外的梦想。我喜欢行走，因此我的工作可以没有特定的地点，最好是可以经常来往于各地之间
家庭（爱人、孩子）	如果是家庭需要我放弃一份很满意的工作，绝无二话。如果当家庭主妇我也很乐意，我觉得相夫教子并不是件简单的事
薪酬	薪酬不仅关乎我的经济生活质量，还是我个人价值和社会地位的一种体现
发展空间	可以牺牲的是工作而不是进取的机会。经营任何一份事业我都会特别看重我发挥的余地与对我的进步的帮助
工作可能性	我看中的工作不一定看中我。这是我考虑的重要方面，因此如果我需要工作，在面对选择时自是挑选可能性大的
社会环境	从事的职业行风以及职业所在地的社会风气是很关键的，我的选择标准是以让人上进和心情愉快为佳
工作环境	工作环境如果是沉闷的、钩心斗角的，这应该不适合我
父母的期望	我相信自己会听取、尊重父母的意见，一直到他们不给我意见为止
朋友	出门靠朋友，朋友的建议或者朋友的邀请都会影响我的选择
个人愿望（梦想）	在生活比较稳定、父母生活幸福、爱人孩子支持的情况下，我会尝试追求自己的梦想。比如，做一名旅行家、厨师、裁缝、美容师、健身教练、舞蹈者、收藏家等
社会需要	如果社会需要，我会选择参军、支教等
其他	突然的变故可以改变以上任何一个条件，也会改变我的职业选择

3．职业生涯拓展训练自我探索——生涯幻游

我十年后典型的一天描述。
1）我十年后从事的工作描述
（1）工作是_____。
（2）工作的内容是_____。
（3）工作的场所在_____。
（4）工作场所周围的环境_____。
（5）工作场所周边的人群_____。

2）我十年后的生活形态描述
（1）婚姻状况：□已婚□未婚□其他
（2）家中成员有子女：□人
（3）父母同居：□是□否□其他
（4）居住的场所在_____。
（5）居住的场所周围的环境_____。
（6）居住的场所周围的人群_____。
3）进行幻游后，回答问题
（1）我在进行幻游时，印象最深刻的画面是_____。
（2）我在进行幻游后，发现与现在环境最大的不同点是_____。
（3）我在进行幻游后，最深的感受是_____。
（4）我在进行幻游后，我觉得未来的生涯发展会是怎样的？
A. 我认为我未来会从事_____职业。
B. 你的未来会与幻游过程像吗？□是□不是□其他

思考与练习：

1. 什么是职业？什么是职业生涯规划？
2. 职业生涯规划的基本原则和方法是什么？大学不同阶段职业生涯规划的内容是什么？
3. 联系实际，谈谈大学生四年职业生涯规划的制定与实施。

推荐赏析：

1. 心理书籍：《你的降落伞是什么颜色》

该书已经出版多年，被翻译成十几种语言，至今仍畅销。它是一本指导书，帮助你了解求职技巧；它是一本梳理书，帮助你更好地认识自己；它是一本工具书，帮助迷茫的你更好地明确职业方向。

2. 心理电影：《穿普拉达的女王》

影片讲述一名刚离开校门的女大学生，进入一家顶级时尚杂志社当主编助理的故事，她从初入职场的迷惑到从自身出发寻找问题的根源，最后成为一个出色的职场与时尚达人的历程。

第 11 章　大学生的适应与发展

名人名言：

他山之石，可以攻玉。

——《诗经》

智慧的本质从生物学的角度来说是一种适应，它既可以是一种过程，也可以是一种状态。

——皮亚杰

本章要点：

1. 适应与发展的含义及其关系。
2. 心理适应与发展的标准。
3. 提高大学生适应与发展的有效途径和方法。

【案例】

夏伯渝，男，1949 年出生于重庆，中国登山家，中国登山协会成员，中国第一位尝试攀登珠穆朗玛峰（简称珠峰）的残疾人。1975 年，夏伯渝登珠峰时因帮助队友，导致自己因冻伤而双小腿被截肢。尽管如此，他并未放弃自己登顶珠峰的梦想。

2018 年 5 月 14 日 10 点 40 分，夏伯渝成功地登上了珠峰，成为中国第一个依靠双腿假肢登上珠峰的人，2018 年 12 月，入选感动中国 2018 候选人物。2019 年 1 月，当选"2018 北京榜样"，2 月，荣获 2019 年劳伦斯世界体育奖年度最佳体育时刻奖。

2019 年，《2020 年吉尼斯世界纪录大全》出版，中国登山家夏伯渝也被选入。

资料来源：登顶珠峰的"无腿勇士"夏伯渝：一定要攀到我攀不动为止.https://m.gmw.cn/baijia/2021-12/02/1302703433.html，2021-12-02.

从这个案例中，你有没有发现，夏伯渝在经受了一次次的考验后，怎样实现了他的梦想？

11.1　适应与发展概述

对大学生良好心理素质的培养，是落实国家"立德树人"根本任务的重要举措，它不仅关系到社会主义高等教育能否培养出全面发展、适应社会主义市场经济要求、身心健康、人格健全的新型人才，而且关系到全民族素质的提高。《中共中央关于进一步加强和改进学校德育工作的若干意见》中就明确指出:"在科学技术迅速发展,社会主义市场经济体制逐步建立的情况下,如何指导学生在观念、知识、能力、心理素质方面尽快适应新的要求,这些都是学校德育工作需要研究和解决的新课题。"

心理、智力、思维既不是起源于先天的成熟,也不是起源于后天的经验,而是起源于主体的动作。这种动作的本质是主体对客体的适应。主体通过动作对客体的适应,乃是心理发展的真正原因。

因此,积极的适应能力是大学生成长与发展的关键,也是心理健康的重要标志。在养成良好的学习习惯中,积极的适应与主动的发展,可以使大学生在客观的自我意识中接纳自我、稳定情绪、应对挫折,培养终身可持续性发展的能力,并收获美好的爱情,绽放出生命的色彩。

11.1.1 适应与发展的含义

1. 适应的内涵及重要意义

心理学上的"适应",是指有机体想要满足自己的需求,与环境发生调和作用的过程,它是一个动态的、交互的、有弹性的历程。适应是一个人不断调整自身,使个人需要能够在环境中得到满足的过程。适应也是一种自我与环境和谐统一的良好的生存状态。

"物竞天择,适者生存"说明了人在环境中生活,为了使自己的各种需要得到满足,总要与环境相适应,保持相互平衡的状态。这样才能使自己生存的需要、安全的需要、归属的需要得到满足,从而实现自我的成功发展。

从总体上来说,人与环境的适应通过两种途径来实现。一种是人自身做出改变,另一种是环境改变。通常情况下,人们选择环境、改变环境是有一定限度的。因此在大多数的时候,人与环境的适应要求人自身做出调节,适应既定的环境。例如,一名大学生在进入大学前的想法是中学期间刻苦学习,进入大学就可以轻松自在了,可以尽情地享受大学生活。当他真正踏进大学校园后,才发现竞争随处可见,压力无处不在。在这种情况下,要改变环境是很困难的。个人要在大学期间获得发展,最有效的办法就是调整自己,适应现实的环境。

2. 适应的分类

在现实生活中,人们按性质对适应划分可以分为两类。

(1)消极适应。这种适应是人与环境的消极互动过程。在这一过程中,个体认同、顺应了环境中的消极因素,压抑了自身的积极因素及自身的潜能,违背了人的心理发展方向。其结果是环境改造了人,而人未发挥自己对于环境的能动作用。在大学学习过程中,有的学生因为某次考试成绩不理想,就悲观失望,觉得前途渺茫。这是以压抑自己的潜能、牺牲个人心理机能和品质为代价的,这种对环境的适应是消极的适应,是一种退化,而不是发展。

(2)积极适应。积极的心理适应是个体在客观环境中积极主动地调整自己,与环境相适应,增强个体的主动性、积极性,使自身得到发展。任何环境中都存在着有利于个人成长的积极因素和不利于个人成长的消极因素。积极的适应是要正确地分析自身及环境的特点，并从二者的分析中找到自己的生长点。

3. 发展的内涵及重要意义

人的发展是指人生的发展，是人的身心随着时间的推进不断变化的过程。人的心理发展是伴随着人的身体发育成熟，以及人的认识、情感、能力和社会性等方面获得完善成长的过程，它是一个人一生中行为和心理的发展过程。发展的意义可以概括为以下几点：

（1）体验人生的获得与丧失。从出生到身体死亡，人的发展是获得和丧失的结合，生命任何时候的发展都是成长和丧失的结合。任何发展都是新适应能力的获得，同时也包含着以前存在的部分能力的丧失。

（2）完成人生各阶段的发展任务。发展要经历若干个阶段，每一个阶段都面临着心理发展的任务。人就是在成功地完成每一个阶段的人生发展任务中，不断地走向完善，度过自己完美生命的历程。

（3）实现人生价值。人们在生命过程中应充分地发挥每一阶段的潜力，实现自己的人生价值，为国家、为社会、为人类做出自己应有的贡献。一个人的发展水平决定着一个人的生命质量。

实现个人的更好发展，是当代大学生的共同愿望。大学生了解大学阶段人生发展的任务，认识和掌握人生发展的规律，将有助于自身的发展和完善。

11.1.2　适应与发展的相互关系

适应和发展是相互依存、密切相关的，它们是同一过程的两个方面。适应是发展的基础，发展是积极的适应。

马斯洛认为，环境的作用最终只是允许他和帮助他，使他自己的潜能现实化，而不是实现环境的潜能。环境并不赋予人潜能，是人自身以萌芽或胚胎的形态具有这些潜能，正如他的胚胎形成的胳膊和腿一样。创造性、自发性、个性、真诚、关心别人、爱的能力、向往真理全都是胚胎形成的潜能，属于人类全体成员，正如他的胳膊、腿、脑、眼睛一样[1]。

每个人都存在潜能，环境只是才能发展的条件，而不是"种子"。潜能发挥的重要条件是个人的实践，是个体在具体环境条件下能动的活动。将环境中的有利因素和个性中的积极因素统一在自己能动的实践活动中，人就获得了一种积极的适应。例如，同样是从偏僻地区来到大城市求学的大学生，有的认为自己是落后地方来的，处处感到自卑，觉得生活无望，止步不前；而有的则汲取自己在艰苦生活中的经验，不怕吃苦，勤奋好学，最终学有所成。后者对环境适应的结果是个人得到了发展。

发展是人对环境的积极适应，我们所提倡的正是这种积极的适应。

11.1.3　心理适应与发展的标准

大学生正处于从青少年向成人转化的重要时期。这一阶段中，不仅生理上发生着变

---

[1] 亚伯拉罕·马斯洛. 动机与人格. 杨佳慧译. 杭州：浙江人民出版社，2022.

化，心理上也发生着显著的变化，这些变化既有与一般青年的相似性，又有作为大学生这一特殊群体的独特性。

1. 社会适应标准

社会适应是指个体逐渐地接受现有社会的道德规范与行为准则，对于环境中的社会刺激能够在规范允许的范围内做出反应的过程。在教育社会学领域，涂尔干（Durkheim）讨论个体社会化问题，在涂尔干看来，教育使人社会化，而个体的社会化也包含个体的个性化，人的社会化进程也是形成独特的、自主的、创造的个性的过程，同时也是人类开发自身潜能、推动社会发展的过程。个性化和社会化是相统一的。

现代个体社会化研究认为，个体社会化要达到两个目的，首先是获得人的生存能力，以适应社会；其次是获得改造社会的能力，以推动社会前进。1961年，美国学者丹尼斯（Dennis）提出"过度社会化"的概念，他指出：人在社会化的过程中获得了共性，却失去了个性，这种完全共性化的现象不利于社会的进步，也不是真正意义上的个体发展。还有就是超年龄的过度社会化，过早失去童真，过分表现出"少年老成"甚至是圆滑世故。凡事过犹不及，过度社会化和社会化不足都是个体对社会价值观念的认同不够，导致社会化的性质发生改变。为了防止过度的社会化，适当更新适应的心理健康标准，提出发展的心理健康标准是非常必要的。

2. 生活适应标准

个体的心理和行为符合社会道德规范，能够根据条件和环境变化来调整自己，从而满足自己的生存与发展。

根据马斯洛的观念，人的内部存在自我实现或心理健康成长的趋势或需要，这种需要使人努力成为自己理想的人，达到个人潜能的最高峰。这种需要使人最大限度地发挥自己的创造性，满足自身的成就感；这种需要使人热爱事业，积极发展个人的能力和体力，创造人的社会价值。

3. 经验标准

经验标准是一种基于经验和主观判断的决策标准，它的核心思想是确定一个具体的参照标准，用以作为讨论和决定的参考点，即当事人按照自己的主观感受来判断自己的健康，而研究者凭借自己的经验对当事人的心理健康进行判定。因此，具有一定专业知识的人凭借专业知识进行诊断鉴别，可以有效地理解问题和高效地做出决策，但主观性较强，不适用于紧急决策。

11.2　主动适应，做自己的生活者

【案例】

初入大学时，小鑫没有了做不完的题，没有了高三压抑沉闷单调的生活，没有了老

师和家长的管束，她像一只快乐自由的鸟在大学的天空自由地飞翔。但很快她的美好生活愿望被迟到与起床的匆忙打破，有好几次，当她蓬头垢面出现在教室时，老师的批评、同学们意味深长的眼光，让她感到无地自容，在众目睽睽之下竟差点儿忍不住哭起来。

接下来，洗衣服成了她的头号问题，面对一大堆脱下来的脏衣服，小鑫不禁皱起了眉头。洗衣服可能对许多人来说，并不是什么难事，但对于从未洗过衣服的小鑫来说，洗出来的衣服不是有些脏的地方没洗干净，就是上面还残留着洗衣粉的痕迹，有些衣服更是被染了色……看着自己的"劳动成果"，小鑫欲哭无泪。

在理财方面，小鑫更是一塌糊涂。花钱从来没有计划，常常随意而为。这样下来，她口袋里的钱常常就不见了踪影。而她并不是一个追求物质享受的女孩儿，也知道父母赚钱的不易，但她就是不知道怎样去花钱，怎样去计划管理？

11.2.1 大学生的校园适应

校园生活适应是每一位大学生进入大学校园后面临的第一项课题，也是最为重要的课题。这个课题不仅仅是大学新生群体所需要面对的，更贯穿于整个大学期间。大学生进入大学后面临着诸多的改变，如校园环境、生活方式、人际互动形式等。每一项改变并不总是继发式地发生，大多数时候是并发式出现的，给大学生带来了较大挑战。同时，校园生活适应良好与否又关系着学生的身心健康成长、学业成就的取得、自身的全面发展以及之后的社会适应能力迁移等。这使得大学生适应校园生活变得十分重要。

刚跨进大学校园的学生虽然在角色上已经是大学生，但是在其心理上属于高中后、大学前阶段。他们刚刚接受高考的洗礼，正在享受高考的胜利，很多学生踌躇满志，对大学生活充满了憧憬与幻想，几乎每个人都为自己确立了远大的目标，制订了实现目标的宏伟计划。但是，这时的大学生对大学生活还不够完全了解，对大学的认知只是停留在道听途说上，学生本人对于自我和环境的探索还不够。大学生学校适应发展可分为三个阶段：

（1）适应准备阶段。新生步入大学，从高考的喜悦或痛苦中冷静下来，面对新的环境、新的人际关系、新的学习方式，打破了原有的心理平衡。他们在克服各种不适应的同时，应力图建立新的心理结构，达到新的平衡，开始真正的大学生活。

这个阶段如果许多问题解决得不好，会影响到以后几年的大学生活。这个时期持续时间的长短因人而异，与个人适应能力的强弱有关，一般需要一个学期左右。

（2）稳定发展阶段。这是大学生活最主要、持久时间最长的阶段，将一直延续到毕业前。这个阶段看似风平浪静，其实不然。大学生在这个时期会遇到许多新问题，要做出抉择和回答，大学生较强的可塑性充分得到展示，每个人都按照自身独特的方式塑造着自己。在可能会遇到的许多锻炼和机遇面前，会经历成功的喜悦和挫折、失败的困苦和锤炼，这正是大学生必要的、必须经历的成长过程。

（3）走向成熟阶段。这是大学生从学生生活向职业生涯过渡的阶段。面对即将到来的又一次环境变迁、角色变化，大学生心里又将掀起波澜，他们必须在这个阶段做好心理准备。

因此，在面对认定自己在生活中的位置、做好毕业设计、处理与恋人的关系等现实问题时，每个大学生的心理负担和冲突都不会少。这个阶段是对大学生各方面素质进行综合考验的阶段，又是进一步促进大学生心理成熟的阶段。

知识框

《心理学大辞典》

"适应"是来源于生物学的一个名词，用来表示能增加有机体生存机会的那些身体上和行为上的改变。心理学中，适应用来表示对环境变化做出的反应。

11.2.2 大学生的社会适应

大学生面临的第一个巨大的变化就是环境的变化。多数学生从中小城市、乡镇农村到大城市读书，在家庭所在地就读大学生也从走读变成住校。能否适应新环境，就成了大学生必须迎接的第一个挑战。大学生的社会环境有狭义和广义之分。狭义的社会环境指组织生存和发展的具体环境，具体而言就是组织与各种公众的关系网络。广义的社会环境则包括社会政治环境、经济环境、文化环境和心理环境等大的范畴，它们与组织的发展也是息息相关的。组织开展公共关系活动，对组织生存、发展的大环境和小环境都有积极的建设意义。

1. 社会适应

"社会适应"一词最早由赫伯特·斯宾塞提出，指个体逐渐接受现有社会的道德规范与行为准则，对于环境中的社会刺激能够在规范允许的范围内做出反应的过程。社会适应对个体而言有着重要意义。如果一个人不能与社会取得一致，就会产生对所处环境中的一切格格不入的心理，久而久之，容易引起心理障碍。人类可以通过语言、风俗、法律以及社会制度等，使自己与社会相适应。在新的社会环境中，个体的适应性通常划分为四个阶段：

（1）初期阶段——当个体知道在新环境中应该如何行动，但在自己意识中却不承认新环境的价值，并可能拒不接受，仍然抱着原有的价值系统不放。

（2）容忍阶段——个体和新的环境彼此对于价值系统与行为方式都表现出相互宽容的态度。

（3）接纳阶段——新的环境承认个体的某些价值的情况，同时个体也承认并接受新环境中主要的价值系统。

（4）同化阶段——个体与环境的价值系统完全一致。

2. 大学生的社会适应

社会适应为个体能快速融入当今日新月异的经济社会提供了思路，即通过改变自己去适应社会发展和环境变化，包括改变个体的主观世界和客观能力，以达到个体与社会环境和谐共处的目的。当代大学生毕业后是否能够成功融入社会，与其自身所具备的社会适应能力密切相关。

1）大学生社会适应的含义

大学生社会适应主要是指学生在毕业之后可以不断地提高自身的思想道德水平，根据现有的社会生活方式以及社会生活节奏，来不断学习并调整自身的生活方式以及社会行为，达到社会对人才行为的要求，从而在毕业之后可以更加适应社会的节奏，实现角色的成功转变。

2）影响大学生社会适应的因素

（1）家庭因素。在家庭因素方面，大学生在成长的过程中，由于成长环境和家长教育方式的不同，其社会适应能力存在较大的差异性。学生的成长环境越温暖和谐，学生在毕业之后社会适应能力就会越强；如果家长对学生是较为严厉的，并且家庭氛围也是比较紧张的，那么这部分学生在毕业之后社会适应能力会有所欠缺。

（2）学校因素。大学生在校期间不仅要接受专业课程的教育，学校还会对其综合能力进行培养。学校根据学生的社会适应能力来开设相应的课程，那么学生就会在专业的教育课程中不断地提高自身的社会适应能力，学生在毕业之后也会全面把握时代的发展方向，对自身的社会行为进行调整。与此同时，大学为学生开设一些有关就业方面的课程，在一定程度上可以减轻学生的就业压力，使学生可以正确地认清当前社会的发展趋势。

（3）个体因素。学生个体因素主要包括人格特征以及自我概念。在人格特征方面，不同学生所表现出的不同人格特征对社会适应能力的影响也是不同的：一些较为外向的学生，在毕业之后社会适应能力相对较强；一些内向的学生，在毕业之后社会适应能力相对较弱。在自我概念方面，学生的自我概念和社会适应能力是密切相关的，一些学生自我评价水平较高并且自我认识较为全面，那么这部分学生在毕业之后社会适应能力会比较好。

11.2.3 大学生存在的适应性问题

1. 生活与环境适应问题

对于大多数新生来说，上大学是第一次远离父母独自来到一个陌生的环境。自己能否合理、有效地安排日常生活是衡量适应能力的重要标准。水土、气候、饮食习惯的差异，往往会给他们带来某些躯体不适感。躯体不适感容易引发新生对身体健康的焦虑和担忧。此外，来自城市的大部分新生都是独生子女，他们在家中过惯了被人安排、受人照顾的舒适生活，独自生活能力较差。

2. 人际适应问题

进入大学前，许多人没有真正过过集体生活，无须处理人际相处问题。进入大学后，新生必须面对新的同学关系、师生关系，尤其是复杂的宿舍室友关系。在新的环境下，他们渴望被接纳、被认同，但由于人际交往经验欠缺、人际交往技巧不足，他们往往对人际交往缺乏应有的正确认知。当对方没有第一时间给予正面反馈时，他们就会产生焦虑、自卑、胆怯等负面情绪，严重影响良好人际关系的建立，导致出现人际适应问题。

3. 学习适应问题

学生由中学阶段步入大学之后，无论生活还是学习都呈现出多元的变化。学习动机也呈现多元化发展趋势，而学习的动机不同直接导致学习效果的差异，这也使得学生的学习能力需要快速提高，从被牵着走的被动学习模式向自主学习的主动学习模式转变，从而跟上大学学习的节奏。

在大学阶段，教师的教育教学管理模式也与之前有较大的差异。没有良好的适应能力与学习习惯的大学生难以及时调整好学习状态，从而感到迷茫、不知所措，影响他们的学习与生活，甚至产生厌学、逃课等现象。

4. 自我适应问题

根据心理学上的定义，适应是个体在与环境的相互作用中构建良好心理的过程，也是个人同环境之间的一种和谐、协调、相宜、相适的状态，这是一种相对平衡的状态。自我适应问题主要表现为自我认知不清晰，自我意识的不客观。大学新生第一次离开父母开始独立生活，必然会遇到许多困难和问题，同时，他们正处于自我同一性形成的关键期，自我意识的增强与自我发展的滞后，导致他们对自我不能进行客观评价，极易出现理想与现实脱节、自我认识不足、发展目标不明确等问题。自我适应问题主要表现为自我认知不清晰、不客观。自我意识指个人对于自身及内心世界的主观反映。新生正处于自我同一性形成的关键时期，自我意识逐渐增强，但由于生活阅历较少，往往不能对自己进行客观评价，容易出现理想与现实脱节、自我发展目标不明确等问题。

11.3 积极发展，做生命的创造者

【案例】

黄文秀出生于百色革命老区的偏远乡村——田阳县巴别乡（今百色市田阳区巴别乡），从小目睹了乡亲们与贫困进行斗争的情形，深切感受到农村贫困人口生活的不易，深深懂得扶贫工作的重要意义和艰巨性，也点燃了她对扶贫事业的热爱和执着。2016年，硕士研究生毕业后，黄文秀同志主动请缨到百坭村任党组织第一书记。作为第一书记，她始终心系群众，关爱帮助贫困群众和弱势群体，想方设法让他们早日脱贫致富，让他们也能享受到党和政府的关怀与温暖。她到任之时，百坭村的贫困发生率为22.88%，经过一年努力，2018年百坭村顺利脱贫88户418人，贫困发生率降至2.71%。

黄文秀同志用生命践行了要帮助贫困群众脱贫的理想抱负。她为家乡的扶贫事业奉献了自己的一切。黄文秀用生命诠释了适应与发展的意义，正如"感动中国"中的颁奖词写道，"百色的大山，你是最美的朝霞，脱贫的战场，你是醒目的黄花"。

资料来源：奋斗百年路 启航新征程·"七一勋章"获得者｜扶贫干部黄文秀：新时

代的青春之歌. http://www.xinhuanet.com/politics/2021-07-24/c_1127690689.htm，2021-07-24.

11.3.1 大学生心理发展的任务

大学与中学在文化氛围上的区别会给学生带来较大冲击，其中一个最大的特点是学生自主性强。根据埃里克森对于心理社会发展的划分，大学期间主要面临的心理议题是：自我同一性的建立、亲密关系的建立与道德感的发展。

1. 自我同一性的建立

自我同一性的议题主要由处在12～18岁的青少年完成。但在已有的经验中，我国大多数青少年在高三毕业前的主要精力大都投注在学习中。由于自我同一性议题的搁置，在大学期间，即18岁后才开始得以显现。其主要任务是建立一个新的同一感或在别人眼中树立自己良好的形象，以及确立自己在社会集体中所占据的位置，而这一阶段的危机是角色混乱。

2. 亲密关系的建立

19～40岁个体主要面临的社会心理议题是亲密对孤独的冲突。这在大学生中也普遍存在，主要表现为友谊、爱情、亲情与自我需求的冲突和纠葛。埃里克森认为，只有具有牢固的自我同一性的青年人，才敢于冒与他人发生亲密关系的风险。由此可见，大学自主性强的特点一方面给大学生自我同一性的形成奠定了良好的环境基础，另一方面也使自我同一性建立过程中的迷茫、挣扎、困惑在大学期间暴露。而亲密关系议题的讨论无法脱离良好稳定的自我感，或者说一个自我角色混乱的个体，人际关系一定也会遭遇困境。

3. 道德感的发展

从人的道德感发展过程来看，皮亚杰将个体的道德感发展分为四个阶段：自我中心阶段、权威阶段、可逆性阶段、公正阶段。有学者认为在应试教育体系下，中学生的道德发展大多还处在第二阶段，即权威阶段，并没有足够空间探索自己的价值体系，这导致进入大学初期，仍旧有部分学生在意周围同学的眼光、在意教师的评价（即使看到他人评价中主观的成分）。在大学开放和宽松的环境下，个体才开始慢慢尝试进入可逆性阶段，这个过程带来的怀疑—尝试—受挫—调整循环，也是大学生完成成长和适应过程的必经之路。

11.3.2 影响大学生发展的因素

1. 遗传素质

遗传素质是学生身心发展的物质基础，一方面为大学生的发展提供可能，另一方面又影响着大学生的身心发展。遗传不仅影响学生的智力，而且影响学生的性格。但是遗传对学生的身心发展的作用只限于提供物质前提、可能性，而不能起决定作用，必须在一定环境和教育的影响下才能转化为现实性，而不能单靠遗传来决定人的发展。

2. 社会环境

社会环境对学生的发展会产生重大影响，是学生发展的重要外部影响因素。社会环境包括人类社会在自然环境基础上创造和积累的物质文化、精神文化和所有社会关系的总和。心理学家发现，隔离抚养的双生子在智力上存在差别，很大程度上就是由于社会环境造成的。对大学生来说，社会环境不但包括在学习和生活实践中的经济、文化和家庭生活，还包括与亲人、朋友、同学的交流联系等。因此，我们要为大学生创设健康良好的社会环境。

3. 学校教育

学校教育是环境的一个组成部分，学校是一种特殊的环境，具有一般环境所没有的优越之处，对学生的发展起主导作用。学校教育不仅肩负有目的、有计划地培养学生的职责，还要发掘能力较强的学生的潜质，使之获得快速发展。学校教育不但保证了学生的发展方向，而且有助于从根本上消除环境对学生影响的盲同性和偶然性。

4. 大学生个体的主观能动性

大学生处于成年初期，他们的自我意识获得较快发展，具有独立学习、思考和发现问题、解决问题的能力，是大学生个体发展的重要目标。大学生主观能动性的发挥也受自身因素的制约。只有在实践中根据自己的发展水平、观念、知识水平，对自己的能力、条件有正确的认识，对做什么做出正确选择，自觉地加强自身的学习修养，提高自身素质，才能实现自我的全面发展，从而最大限度地发挥主观能动性。

11.3.3 提高大学生适应与发展的途径和方法

1. 大学生适应与发展的途径

1）培养健康的生活方式

健康生活方式是指有益于健康的习惯化行为方式。人既要和社会相适应，也要和环境相和谐，要有健康的人生观与世界观，一分为二地看待世界上的事，摆正自己在社会生活中的位置。

知识框

健康的公式

世界卫生组织对影响健康的因素进行过如下总结：健康=60%生活方式+15%遗传因素+10%社会因素+8%医疗因素+7%气候因素。

2）主动参与社团活动

社团活动是培养大学生综合能力的重要途径，它具有广泛性、自主性、协作性、个性化等特点，可以丰富大学生的校园生活，拓展大学生的视野，提高大学生的综合素养，也可以增强学生校园生活的幸福感和愉悦感。

3）积极参加社会实践

社会实践活动有利于大学生了解国情、了解社会，增强社会责任感和使命感；有利于对理论知识的转化和拓展，增强运用知识解决实际问题的能力。社会实践使大学生接近社会和自然，获得大量的感性认识和许多有价值的新知识，同时使他们能够把自己所学的理论知识与接触的实际现象进行对照、比较，把抽象的理论知识逐渐转化为认识和解决实际问题的能力，有利于大学生正确认识自己，对自我成长产生紧迫感。

2. 大学生积极适应和发展的方法

如何做好自我发展的规划、建立良好的支持系统等是大学生需要面对的重要课题。

1）做好自我发展的规划

（1）制定目标规划。大学的重要目的之一在于培养高等专业人才，除了专业知识的传承之外，更重视学生独立思考、独立判断的能力。在训练过程中对于课程及书籍内容的认识、理解、分析、整理、综合、应用，是一个整体的训练计划。因此，如何培养良好的读书习惯及学习方法，将是大学中重要的课题。

（2）学会规划时间。每天我们会遇到很多事情，如何更有效地利用时间，更快、更有效率地完成目标，是大学生的必修课之一。然而，该如何运用时间呢？在此提供一些参考方法：

一是分清事情的优先级。将手边的事情进行安排，分出轻重缓急，理出头绪，然后着手解决，避免毫无目的地瞎忙，具体如图11-1所示。

二是巴雷德法则。巴雷德法则又称为"80/20法则"或"犹太法则"，其精神主旨在于"团体中的重要项目，是由全体中的小部分比例所造成的"。例如组织中，80%的绩效来自20%的人，或者说80%的生产力集中于所完成的最重要的20%的事情中。因此，练习集中时间完成最重要的事情，将对学生课业与生活有莫大的帮助。

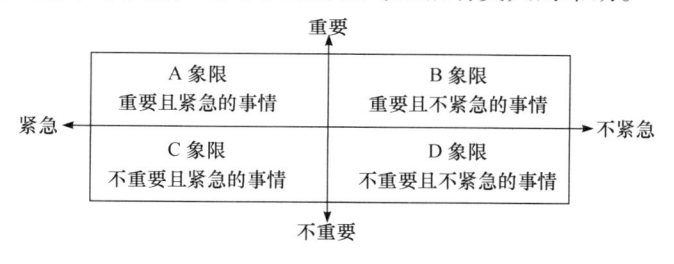

	重要	
紧急 ←	A象限 重要且紧急的事情	B象限 重要且不紧急的事情	→ 不紧急
	C象限 不重要且紧急的事情	D象限 不重要且不紧急的事情	
	不重要	

图11-1 规划事情的优先级

三是改变拖延的习惯。拖延的原因有许多种，如担心失败、不想去做或力求完美。可是，无论是哪一种理由都会让我们损失许多时间。此时不妨列出拖延的原因，确定实行时程与完成的好处。如此一来，一旦事情能解决，才是真正摆脱压力的时候。

四是适度使用电子产品。网络的出现让人的沟通没有距离，然而却也制造出浪费时间的工具。例如，在学生宿舍内，有些学生不惜通宵达旦刷视频、看抖音、打游戏；在学生宿舍外,有些同学抱着手机绵绵细"语"、视频通话等。刷完视频、打完游戏或者接完电话后,手边的工作必须重来的事情屡屡发生。因此,学习简短有效的沟通、适当地过滤电话以及适度使用网络等,也是节省时间的好方法。

五是学习适当的拒绝。许多安排好的计划会因为无法拒绝的邀请而被迫改变,事后更有可能后悔当初为何不敢加以拒绝。学习评估自己的时间与能力,不仅可以避免体力透支,更是学习疼爱自己的先决条件。

六是学习良好的做事方式。许多人其实十分勤劳,一刻钟也没有休息,但是事情却好像永远无法做完似的。或许,这是因为做事方式不正确。例如,有些人喜欢同一时间做许多事情,到头来却是一事无成。不良的做事方式与计划,会造成事倍功半的后果。以学习为例,学习一小时最好能稍作休息;易懂的学科可以集中学习,抽象而不易理解的材料则以分散学习的方式进行,效果较佳。

(3)养成终身学习的习惯。培养自己的成长心态,比如对于阅读能力差的人来说,持有固话思维的人会觉得自己的阅读能力就这样了,没办法改变、提升了,从而自暴自弃;但抱有成长心态的人却会主动地去寻找方法练习。

终身学习是一个漫长的过程,学习的时候不能只盯着自己已经熟悉的领域,可以多去看一些其他领域,甚至是学习其他领域的知识,这样做可以把自己思维的范围往外扩大。世界上很多事情的道理其实是相通的,所以学习其他领域的知识,往往更能触发我们在自己熟悉领域中的一些不同做法或是想法。很多人身上的进化就是由此展开的。

2)建立良好的社会支持系统

社会支持系统指的是人在自己的社会关系网络中所能获得的、来自他人的物质和精神上的帮助与支援。一个完备的支持系统包括亲人、朋友、同学、同事、邻里、老师、上下级、合作伙伴等,当然还应当包括由陌生人组成的各种社会服务机构。每一种系统都承担着不同功能:亲人给我们物质和精神上的帮助,朋友较多承担情感支持,而同事及合作伙伴则与我们进行业务交流,没有谁是永远的"孤胆英雄"。

社团活动可以提高我们人际交往的能力,也能有效建立大学生的社会支持系统。但大学生们在参加社团时,主要会考虑一些因素,以下我们罗列一些考虑项目供其参考:

(1)了解社团种类与性质,选择适合自己的社团,如学术性社团、艺术性社团、服务性社团、专业性社团等。不同种类与性质的社团,其所从事的活动内容与活动方式会有许多差异。因此不妨多方了解,也不必心存成见而丧失机会。选择自己感兴趣及适合自己的社团,将是加入社团的第一步。

(2)了解自己的兴趣与爱好。在加入社团前,了解自己的兴趣与爱好是重要的。有些大学生面对许多社团,不知道自己到底要加入哪一个。面对这样的情形,不妨思考一下自己喜欢做的事情有哪些?时常从事的休闲娱乐活动有哪些?从中或许可以发现一些蛛丝马迹,找出自己喜欢的社团。同时,很多学校心理健康教育中心也会提供心理测试量表,可以通过测试工具帮助自己探索自我,了解自己的兴趣及爱好。

(3)慎思参加社团的目的。深刻理解参加社团的动机,在选择社团时就不至于盲目选择,并且进入社团后要清楚自己在社团中的定位,做到有所为有所不为。

(4)了解自己的价值观。在社团选择的过程中,每个社团都会尽可能地说明社团性质、所从事的活动。这些活动可能是学术取向，也可能是休闲取向或是服务取向等。选择社团时，明确自己重视的价值观与需求，能帮助我们选出自己所要的社团。

（5）考虑自己的潜能。面对社团选择时，有些大学生可能对某社团十分感兴趣，但是却因为缺乏自信而停滞不前，平白失去了机会。因此，这部分学生不妨考虑自己的学习潜能，让自己有机会尝试加入自己喜欢的社团，或许将会发现自己的担心是多余的。

（6）考虑时间的安排与运用。在校园生活中，社团活动是全部生活中的一部分。过度透支时间与体力，将会造成身心上过度的负担，不但容易造成心力交瘁，也没有时间好好品味活动中所带来的成果与满足感。如果在社团中耗费大量时间，社团与功课间形成拉锯，将造成社团、功课两头空的悲惨结局。因此，如何好好规划与运用时间，也将是大学生需要重点考虑的。

（7）选择自己所爱，爱自己所选。有些大学生会因为同学或老乡的邀请而加入一些自己并不太喜欢的社团，如此一来将面临一些困扰，如时间不够用、对社团活动不感兴趣等。因此，在选择社团时，如何选择自己的兴趣社团、婉拒不合适的邀约，以选择适合自己的社团，也是大学生必须要考虑的。

3）培养自我管理的能力

（1）健康生活的管理。要保持健康生活，要做到以下几点。第一，均衡的营养。营养均衡不是简单的荤素搭配、少油少盐，而是各种营养要素的均衡摄入。第二，规律的作息。做到不熬夜、早睡早起，不吸烟酗酒。第三，适度的运动。在保证营养的前提下还要进行适度运动，运动要循序渐进、量力而行，此外还要选择适合自己的运动方式（如瑜伽、跑步、健身、散步等）。第四，平和的心态。学会管理自己的情绪，让自己与外界和谐相处；自食其力、独立自主，不要幻想着通过攀附权贵让自己获得更好的生活，保持平常心就好。

（2）压力管理。压力是由心理的、社会的、文化的和生理的环境改变而引起的，而这些改变会造成生理和心理方面的负面影响。压力是个体"察觉"到各种刺激对其生理、心理及社会系统威胁时的整体现象，并引起个体一系列的生理和心理反应，损害个体正常的社会功能。压力管理是对感受到的挑战或威胁性环境的适应性反应。因此，压力处理即是个体采取某种认知、情绪及行为去面对和应对压力的过程。

面对压力，我们可以采取以下方式消除压力的影响：解决实际问题、调整认知掌握放松技巧、寻求专业协助。

（3）学会财务管理。学习财务管理是时代趋势，也是个人追求独立自主的过程中重要的一环。学习财务管理的目的是，个人以合理合适的方式累积财富，并对金钱进行合理规划，以保障生活基本所需，并让个人能保持一定的生活质量。

以下是学习财务管理时需要注意的事项：

第一，不要做金钱的奴隶。时下流行兼职，也有一些大学生为了赚取更多的金钱而忽略应有的读书本分，结果钱也没赚几个，成绩也没搞好。其实没赚到钱事小，浪费青春、丧失学习机会却是不可挽回的。

第二，不要成为欲望的奴隶。面对炫目动人的宣传与广告，仔细想想，您或许将发现其中大多数是自己不需要的奢侈品。想拥有某样东西是因为必需还是炫耀，是个人必须分辨清楚的。例如，有人让我选择买或不买东西，我便不买，因为这表示不买也可以。

第三，天下没有免费的午餐。钱财的累积是需要时间与精力的付出。然而，时下有些人却充满希望快速致富的期待，让不法之徒有机可乘。如一些潜入校园中的非法传销组织，让大学生花大把的钱买试用品，然后再让他们找其他人入会，到头来，却是一场空。

第四，省一块钱就是赚一块钱。许多人没钱，其实不是不会赚钱，而是不会省钱。试想一天下来，饮料与零食的花费或许都足够吃一顿正餐了。节制花销、养成储蓄习惯、避免冲动性购物，将是累积财富的开始。

第五，充分利用周围的资源。我们可以利用周围的资源，包括人、物、环境和信息等。首先。我们可以先了解自己的需求和目标，然后找到能够帮助我们实现目标的资源。启程，我们可以积累物质资源和精神财富，更好地提升自己的能力，并丰富生活内涵。

4）培养生活情趣，提高生活品质

（1）健康的生活情趣，能够净化灵魂、陶冶情操、砥砺心志、提升志趣。健康向上的生活情趣可以丰富大学生的知识、净化心灵、陶冶情操，有益于个人身心健康，有助于提高思想文化修养，全方位提升人的素质和能力，同时又通过对真、善、美的一切感受力反作用于人的思想和感情，促其求善向上，促进世界观、人生观、价值观的发展，从而提升志趣。正如哲人培根在其《论读书》中所述：读史使人明智，读诗使人灵秀，数学使人周密，科学使人深刻，伦理学使人庄重，逻辑修辞之学使人善辩；凡有所学，皆成性格。

（2）健康的生活情趣，表现为积极向上的兴趣爱好，情趣决定着兴趣的取向。健康的生活情趣往往表现为积极向上的兴趣爱好，如读好书可增长知识、益智健脑，登山、游泳等体育运动可强健体魄、磨炼意志，音乐、艺术可陶冶情操。积极健康的兴趣爱好愈广泛，大学生的生活就愈加丰富多彩，对生活的感受和体验也就更加深刻，即便是在最艰难的时刻，也能找到心灵的安慰、激情饱满、积极向上地生活。

（3）健康的生活情趣，需要通过加强学习、充实生活来培养。情趣在学习中升华。培养健康的生活情趣必须要从加强学习、加强心灵修养入手。大学生在努力学习专业知识的同时，加强道德修养显得尤为迫切和重要。

（4）健康向上的生活情趣，不仅是个人的人生追求，更是构建社会主义和谐社会的基础。社会是人的集合体，良好社会氛围的营造靠社会每一分子的积极努力。大学生是社会的未来。健康向上的生活情趣能够丰富大学生的精神内涵，激发他们的精神力量，使他们拥有良好的精神风貌、振奋的精神状态和高尚的道德情操，并朝着伟大的理想目标迈进。

11.4 心理测试与训练

11.4.1 心理适应性测试

大学生心理适应性测量问卷由陈会昌编制，它帮助人们了解自己的心理适应能力。问卷共20题，每题均给出5个备选答案，请从中选择一项最适合你的答案。

（1）假如把每次考试的试卷拿到一个安静、无人监考的房间去做，我的成绩会更好一些（　　）。
　　A. 很对　　　B. 对　　　C. 无所谓　　　D. 不对　　　E. 很不对
（2）夜间走路，我能比别人看得更清楚（　　）。
　　A. 是　　　B. 好像是　　　C. 不知道　　　D. 好像不是　　E. 不是
（3）每次离开家到一个新的地方，我总爱闹点毛病，如失眠、拉肚子、皮肤过敏等（　　）。
　　A. 完全对　　B. 有些对　　C. 不知道　　　D. 不太对　　　E. 不对
（4）我在正式运动会上取得的成绩常比体育课或平时练习的成绩好些（　　）。
　　A. 是　　　B. 似乎是　　　C. 不知道　　　D. 似乎不是　　E. 不是
（5）我每次明明把课文背得滚瓜烂熟了，可在课堂上背的时候，却总要出点差错（　　）。
　　A. 经常如此　B. 有时如此　C. 不确定　　　D. 很少这样　　E. 没有这样的情况
（6）开会轮到我发言时，我似乎比别人更镇定，发言也显得很自然（　　）。
　　A. 对　　　B. 有些对　　　C. 不知道　　　D. 不太对　　　E. 正相反
（7）我冷天比别人更怕冷，而热天又比别人更怕热（　　）。
　　A. 是　　　B. 好像是　　　C. 不知道　　　D. 好像不是　　E. 不是
（8）在嘈杂混乱的环境里，我仍能集中精力学习、工作（　　）。
　　A. 对　　　B. 略对　　　C. 吃不准　　　D. 有些不对　　E. 正相反
（9）每次检查身体，医生都说我"心跳过速"，其实我平时脉搏很正常（　　）。
　　A. 是　　　B. 有时是　　　C. 时有时无　　D. 很少有　　　E. 根本没有
（10）如果需要的话，我可以熬一个通宵，精力充沛地学习（　　）。
　　A. 完全同意　B. 有些同意　C. 无所谓　　　D. 略不同意　　E. 不同意
（11）当父母或兄弟姐妹的朋友来我家做客的时候，我尽量回避他们（　　）。
　　A. 是　　　B. 有时是　　　C. 时有时无　　D. 很少有　　　E. 完全不是
（12）出门在外，虽然吃饭、睡觉、环境等变化很大，可是我很快就能习惯（　　）。
　　A. 是　　　B. 有时是　　　C. 不确定　　　D. 很少是　　　E. 完全不是
（13）参加比赛时，赛场上越热烈，观众越加油，我的成绩反而越上不去（　　）。
　　A. 是　　　B. 有时是　　　C. 不确定　　　D. 很少是　　　E. 不是
（14）上课回答问题或开会发言时，我能镇定自若地把事先想好的一切都完整地说出来（　　）。
　　A. 对　　　B. 略对　　　C. 对与不对之间　D. 略不对　　　E. 不对
（15）我觉得一个人做事比大家一起做效率高些，所以我愿意一个人做事（　　）。
　　A. 是　　　B. 好像是　　　C. 不确定　　　D. 好像不是　　E. 不是
（16）为求得和睦相处，我有时放弃自己的意见，附和大家（　　）。
　　A. 是　　　B. 有时是　　　C. 不确定　　　D. 很少　　　　E. 根本不是
（17）当着众人的面，我感到窘迫（　　）。
　　A. 是　　　B. 有时是　　　C. 不确定　　　D. 很少是　　　E. 不是

（18）无论情况多么紧急，我都能注意到该注意的细节，不丢三落四（　　）。
　　A. 对　　　B. 略对　　C. 对与不对之间　D. 略不对　　E. 不对
（19）和别人争吵起来时，我常常哑口无言，事后才想起该怎样反驳对方，可是已经晚了（　　）。
　　A. 是　　　B. 有时是　　C. 不确定　　　D. 很少是　　E. 不是
（20）我参加正式考试或考核的成绩，常常比平时的成绩更好一些（　　）。
　　A. 是　　　B. 有时是　　C. 不确定　　　D. 很少是　　E. 不是

评分方法：

凡单号数（1）、（3）、（5）……（19），从 A 到 E 依次计 1 分、2 分、3 分、4 分、5 分；凡双号数（2）、（4）、（6）……（20），从 A 到 E 依次计 5 分、4 分、3 分、2 分、1 分。

结果解释： 81~100 分：适应性很强；61~80 分：适应性较强；41~60 分：适应性一般；21~40 分：适应性较差；0~20 分：适应性很差。

11.4.2 心理训练——班集体建设团体辅导

1. 第一单元：今日喜相逢

活动目标： 促进班级成员相识，尽快消除新生的陌生感、孤独感；建立互信，初步形成班级集体意识，为个人和班级的协调发展打下基础。

活动人数： 不限，以 8~12 人为一组。

活动时间： 入学第一天晚上，1.5 小时左右。

活动道具： 下载歌曲《兔子舞》，准备纸和笔。

活动步骤：

（1）雨点变奏曲（15 分钟）。

A. 让所有学员利用身体的任何部分碰撞发出两种以上的声音。

B. 领导者引导大家渐渐形成四种声音发出的方式，如手指互相敲击、两手轮拍大腿、大力鼓掌、跺脚。

C. 领导者提醒成员，发出的声音和雨会不会有一些相似的地方：

　a. 小雨——手指互相敲击。

　b. 中雨——两手轮拍大腿。

　c. 大雨——大力鼓掌。

　d. 暴雨——跺脚。

领导者提示："现在开始下小雨，小雨变成中雨，中雨变大雨，大雨变成暴雨，暴雨变成大雨，大雨变成中雨，又逐渐变成小雨。"随着不断变化的手势，让成员发出的声音不断变化，场面逐渐热烈。

（2）兔子舞。（5 分钟）

每组学员站成一个圆圈，后一个人的双手搭在前一个人的肩膀上，跟着《兔子舞》音乐，集体跳兔子舞（放《兔子舞》歌曲）。

（3）彼此的依靠（50 分钟）。

A. 每组先派 2 个人背靠背、臀部贴地、双臂相互交叉地坐在地上。

B. 当领导者发出"开始"的指令时,两人合力使双方一同站起。要求在站起的过程中,手不能松开,也不能触碰地面。

C. 如果成功站起,则该小组继续增加一人,三人一起手挽手地坐地起身。如果失败则重新再来一次,直到成功方可再增加一人。如此类推,小组成员全部成功地一起坐地起身者为胜方。

D. 在游戏过程中,领导者负责发出"开始"的指令,并监督各小组不要犯规。在此过程中可引导同学"坚持、坚持、再坚持"因为成功往往就是再坚持一下。

(4) 大学生活三个"最"(15分钟)。

每位同学用纸笔写出以下内容:

进入大学后,我最高兴的是:＿＿＿＿＿＿＿＿＿＿＿＿＿＿＿＿＿＿＿＿＿。

进入大学后,我最担心的是:＿＿＿＿＿＿＿＿＿＿＿＿＿＿＿＿＿＿＿＿＿。

进入大学后,我最期望的是:＿＿＿＿＿＿＿＿＿＿＿＿＿＿＿＿＿＿＿＿＿。

写完上述内容后,在小组内分享。

讨论与分享:

(1) 描述一下你们组刚刚是用怎样的方法做到的?

(2) 在遇到困难的时候感受是怎样的?成功的时候的感受是怎样的?

(3) 之前有没有过这种感受?

领导者小结:

领导者进行简单的小结。在一个团队中,我们都是部分,只有将我们都看做整体的一部分时,才能更在乎对方,才能真正看到彼此,最后顺利达到目标。要求每位成员每次团体活动结束后及时写下自己的感受与心得,然后结束团体活动。

2. 第二单元:打开心门交朋友

活动目标: 进一步增进团体成员间的了解,协助成员树立积极主动的人际交往的态度。

活动人数: 不限,以8~12人为一组。

活动时间: 1.5小时左右。

活动道具: 眼罩、报纸、胶带若干。

活动步骤:

(1) "我猜你猜"(10分钟)。领导者在心中默想一人,说出他的特点,但不说出他的名字。此人必须是团体成员中的一人,然后请其他成员来猜他的名字。在猜的过程中,可以向领导者提问,但领导者只能回答"是"或"不是",最先猜出的人为胜者。然后由胜者在心中默想团体成员中的一人,说出他的特点,其他成员来猜,如此类推。

(2) "无敌风火轮"(40分钟)。

游戏规则:每组用胶带将报纸围成一个可以行进的履带式的环,要求所有成员在规则要求下走完规定的路程,以最快到达终点的组为优胜。

A. 各组统一在风火轮内站好,由裁判统一发布口令出发。

B. 行进途中,风火轮必须垂直地面,不能将所提供的报纸剪裁、折叠,报纸必须紧密相连。

C. 所有组员必须在圈内，身体的任何部分不得直接接触地面。

D. 行进过程中，若风火轮断裂必须在原地修复，在裁判许可后才可以继续行进。此时队员可以接触地面但不能阻挡其他组行进的路线。

E. 出发前，所有风火轮不得超出起点线，以风火轮全部通过终点线为项目截止时间。

（3）"信任之旅"（50分钟）。两人一组，一人扮演盲人，另一人扮演向导。让向导以自己的方式带领盲人去体验周边的世界，不能说话或在手心里写字。向导选择盲人时，不可让盲人知道向导是谁，然后出去加深盲人对世界的了解，时间控制在40分钟左右。回来后，摘下眼罩，二人互相分享感受3～5分钟。角色互换，重复上面的活动。

讨论与分享：

在活动中，你认为最为困难的是什么？你在整个活动中起到了什么作用？你们小组是如何配合的？（自由发言）从这个游戏中你学到了什么？（小组分享后推选代表总结发言）。

另外，作为盲人与向导，心情如何？盲人对向导的信心是一开始就有的吗？怎样产生的？是慢慢产生的吗？带领过程中发生过什么事，使人丧失信心或恢复信心？双方如何调整、修正使沟通顺利？扮演盲人及向导后，是否更了解他们？得到什么启示？扮演过盲人，再扮演向导是否容易些？为什么？

领导者小结：

总结今天团体辅导的内容，并再次强调人际交往中的交互原则。如果没有团队精神，训练项目就无法完成。只有当这个团队面临艰巨任务或遇到困难时能坚定信心、同舟共济，在惊涛骇浪面前才能无所畏惧，也才能完成别人认为无法完成的任务，最终顺利到达胜利的彼岸。在团队协作中，应分工明确，发挥每个人的长处，并听取每个人的意见，在行动中完善执行方案，要完成如此困难的任务，应该有一个策划到决策的过程，同时这个过程，也是集体学习的过程。执行过程中，要根据实际操作情况随时调整。此外，还要提升沟通技巧，学习运用多种沟通方式进行交流，并主动沟通，以达到最佳的沟通效果。同学们应该认识到自身潜能，增强自信心，克服心理惰性，磨炼战胜困难的毅力，更为融洽地与群体合作。

3. 第三单元：相亲相爱一家人

活动目标： 培养同学的班集体认同感，增强团队凝聚力；学习接纳他人，促进情绪情感的表达和交流。

活动人数： 不限，以8～12人为一组。

活动时间： 1.5小时左右。

活动道具： 黑板、粉笔、A4纸和笔，以及歌曲《相亲相爱一家人》。

活动步骤：

（1）头脑风暴：班级优点（15分钟）。在15分钟内，让大家分别说出本班的优点，每组指定一人负责记录，越多越好，没有对错，然后全班分享。

（2）班级名片制作（25分钟）。首先，分组让同学们充分发挥想象力和动手能力，集思广益制作"班级这个家"的名片，名片上要有"家"名。其次，分组展示本组制作的作品（张贴在黑板上），并派人说出寓意。最后，大家站在一起，把手臂搭在旁边同学的肩上，随着音乐齐唱《相亲相爱一家人》。

（3）我的心情卡（25分钟）。每人发一张A4纸，在纸上画出或剪出自己喜爱的卡片形状，并在卡片上写上姓名、性格特点及入学两个多月来的感受，然后每个人把自己的卡片拿在胸前相互展示及交流。

（4）小小动物园（20分钟）。每人准备好纸笔，要求每个成员想一想，如果用一种动物代表自己，你会选择哪种动物，思考一会儿，在卡片上写上此种动物的名称，等所有成员都写完后，同时出牌。先请每个成员看一看在这个小小动物园里都有哪些动物，哪些与自己相似，哪些不同，然后进行解释。

讨论与分享：

第一，你对自己及他人有了哪些新的认识？第二，你担心的和向往的是不是和别的同学一样？

领导者小结：

领导者进行简单的小结。要求每位成员每次团体活动结束后及时写下自己的感受与心得，随后结束团体活动。

4. 第四单元：齐心协力共创美好

活动目标： 协助成员改变对人际冲突的消极看法，协助成员掌握建设性消除人际冲突的基本技巧。

活动人数： 不限，以8～12人为一组。

活动时间： 1.5小时左右。

活动道具： 扑克牌、一面鼓、一个球、若干根绳子。

活动步骤：

（1）大树与松鼠（20分钟）。

A.事先分组，三人一组。二人扮大树，面对对方，伸出双手搭成一个圆圈；一人扮松鼠，并蹲在圆圈中间，老师或其他没成对的学员担任临时人员。

B.老师喊"咚咚咚咚咚"，所有人回答："怎么了"；听到"猎人来了"，大树不动，扮演"松鼠"的人就必须离开原来的大树，重新选择其他的大树蹲下（不能选择相邻两侧的），老师或临时人员就临时扮演松鼠并插到大树当中，落单的人表演节目哦。

C.老师喊"樵夫来了"，松鼠不动，扮演"大树"的人就必须离开原先的同伴重新组合成一对大树（不能选择相邻两侧大树组合），并圈住松鼠，老师或临时人员就应临时扮演大树，落单的人表演节目哦。

D.老师喊"地震来了"，扮演大树和松鼠的人全部打散并重新组合，扮演大树的人也可扮演松鼠，松鼠也可扮演大树，老师或其他没成对的人也可插入队伍当中，落单的人表演节目哦。

（2）海内存知己，天涯若比邻（10分钟）。

7或8个人一组（通过分发扑克牌随机组合），以小组为单位，然后顺时针依次介绍自己（包括姓名、家乡、性格、爱好），最后由组长来总结发言并介绍自己小组所有成员的基本情况（看看哪个小组组长介绍得生动有特色，能让大家都记住他们的组员）。

（3）"齐心协力"（55分钟）。具体包括以下步骤：

  A. 利用所给的材料（一面鼓、一个球、若干根绳子）制作出一面靠绳子牵拉的鼓。

  B. 使每个队友都牵拉着其中一条绳子，通过绳子控制鼓面来颠球。

  C. 每队选取一名队员作为放球手，其他每位队员手中必须至少有一根绳子。

  D. 颠球时保持球的自然状态，当球掉地、碰到绳子或人时计数结束。

  E. 每位队员所持绳子至少离鼓1米。

  F. 三轮比赛：第一轮各队分别有两次机会，取最多的次数为成绩；第二轮各队分别有两次机会，但是两次成绩的平均数为成绩，并且单次成绩低于3下那么此次成绩计为0；第三轮各队分别有一次机会，并且成绩不得低于8下。

  G. 最终以各队积分确定胜负。

讨论与分享：

看似简单的鼓，它是怎么样动起来的？在这期间，我们做了什么？怎样的齐心协力才能完成任务呢？我们需要合作和分工吗？那是怎样做到的？联系现实生活，这对你解决人际矛盾有何启示？

领导者小结：

领导者总结建设性管理人际冲突的基本方法：以合作代替竞争，实现双赢；学会换位思考，宽以待人；积极进行沟通；真诚地表达自己的意见和需求等。

5. 第五单元：扬帆远航

活动目标： 激励学生思考自己的生命，展望自己的未来。

活动人数： 不限，以8～12人为一组。

活动时间： 1.5小时左右。

活动道具： 准备可用于放松训练的背景音乐，如《友谊地久天长》《我的未来不是梦》，音响，心形祝福卡每人1张，笔每人1支。

活动步骤：

（1）描绘自己的生命线（25分钟）。

指导语：拿出一点点时间，回想一下你的过去、现在，想想你设想中的未来。好了，接下来开始我们的心灵游戏——生命线。这个游戏就是画出你的人生路线图。请备好一张洁白的纸，一支鲜艳的笔和一支黯淡的笔（如一支红笔和一支蓝笔），用颜色区分心情。把纸放好，然后从中部画一条长长的横线，在末端加上个箭头，在原点处标上0，在箭头处标上你为自己预计的寿数。然后在白纸的顶端写上×××的生命线。这条线标示了你一生的时限，是你脚步的蓝图（图11-2）。

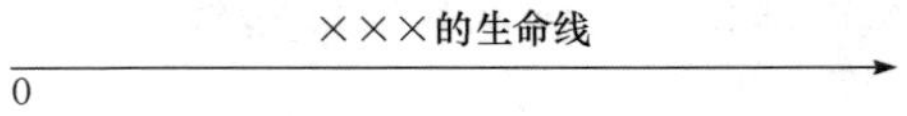

$$×××的生命线$$
$$\overrightarrow{}$$
$$0$$

图11-2 自己的生命线

现在请根据你规划的生命长度，找到你目前所在的那个点，标出来。比如说你现在18岁，就标出18岁的那个点。在这点的左边，代表着过去的岁月，右边代表着未来。把过去对你有着重大影响的事件用笔标出来。比如，你 7 岁上学了，就找到和 7 岁对应的位置，填写上学这件事。注意：如果你觉得是快乐的事，你就用鲜艳的笔来写，并要写在生命线的上方；如果你觉得非常快乐，你就把这件事的位置写得更高些。例如，17 岁高考失利，使你非常痛苦，就在生命线下方相应的位置处记录下来。依此操作，你用不同颜色的笔和不同位置的高低，记录了自己在今天之前的生命历程。

然后，我们来到未来，把你一生想干的事都标出来，并尽量把时间注明。视它们带给你的快乐和期待的程度，标在不同的高度。当然，也请把一些可能遇到的困难一一用黑笔把大略勾勒出来。这样我们的生命线才称得上完整。

看看是线上面的事件多，还是线下面的事件多？如果大部分都是在线以下的，是否可以考虑调整一下自己看世界的眼光？

当把生命线画完后，请把注意力集中在此时此刻。以前的事已经发生过了，哪怕是再可怕的事，也已经过去。你不可以改变它，能够改变的是我们看待它的角度。一个人的成熟度，在于这个人治愈自己创伤的程度。过去是重要的，但它再重要，也没有你的当下重要。

好好规划你的未来，让它合理而现实，然后根据限期去实现它。请好好保管你的蓝图，时常看看。生命线不是掌握在别人手里，它只有一个主人，就是你自己。无论你的生命线是长还是短，每一笔都由你来涂画。

（2）放飞梦想（30 分钟）。

请同学们根据上个活动的生命线，再发挥想象，将自己的未来规划填写在另一张干净的白纸上（左侧填上自己的梦想，右侧填上实现的途径与方法）。

×××的梦想

1. 大一，我想_____，因此我要_____。
2. 大二，我想_____，因此我要_____。
3. 大三，我想_____，因此我要_____。
4. 5 年后，我想要_____，因此我要_____。
5. 10 年后，我想要_____，因此我要_____。

指导大家将自己的梦想折成纸飞机，在统一的命令声后，用力掷出去。指导老师收集好大家的梦想，随机选取几份（经同学本人同意后）跟大家分享。鼓励大家努力奋斗，完成心中的理想（跟音乐一起齐唱《我的未来不是梦》）。

（3）"祝福留言卡"（30 分钟）。

给每位成员发一张心形的祝福卡，每人在卡的上端写下"对××的祝福"，然后依次向右传，每位成员都写下自己对其他成员的祝福、鼓励或建议。写完后，每位成员仔细阅读他人写给自己的祝福，并对他人表示深深的感谢。

（4）"最后大团圆"（5 分钟）。

所有成员站成一个大圈，面朝圆心，将两手分别搭在左右成员的肩膀上，然后随着《友谊地久天长》的背景音乐有节奏地左右摇摆，并一起轻声哼唱，使全体成员在温馨甜蜜的气氛中结束活动。

讨论与分享：

写下自己的规划时，你想到了什么？当看到对自己的祝福卡时，你的心情怎样？最后唱起歌曲时，你感受到了什么？在这堂课上你学会了什么？

领导者小结：

在这些朝夕相处的同学的陪伴下，我们共同完成了今天的活动。在活动中，每个人都有自己的感受，可能之前不熟悉，但今天却分外亲切。我也看到了每一位同学，都更加理解自己，并且有了更加清晰的目标。请各位带着课程里体验到的感受，走向明天那个更好的自己。为自己的未来加油吧！

温馨提示：

活动每周一次，最好在新生入学后两个月内完成。

避免用德育模式来解决大学生的心理发展问题，不要总是向学生们提问，要注重他们情感的体验与表达。

教师要注意对整个活动过程进行调控：一是控制主题与时间；二是调控成员的情绪；三是避免在团体中对个人的忽略。

关注反馈，让成员说出自己的心理感受，写活动心得、自我成长报告、反思参与程度及行为改变的历程。

思考与练习：

1. 大学生在适应中面临的主要困难是什么？
2. 大学生适应的健康生活是什么？
3. 简述大学生适应与发展的有效途径和方法。

推荐赏析：

1. 心理书籍：《钢铁是怎样炼成的》

一部跨世纪的经典小说，影响了几代人的成长。小说通过记叙保尔·柯察金的成长道路告诉人们，一个人只有在革命的艰难困苦中战胜敌人也战胜自己，只有在把自己的追求和祖国、人民的利益联系在一起的时候，才会创造出奇迹，才会成长为钢铁战士。

2. 心理电影：《荒岛余生》

在一次出差的旅程中，查克搭的小飞机失事，他被困在一座资源贫瘠的无人荒岛，当他失去现代生活的便利以及人与人之间的互动，生活唯一的目的就是求生，他的人生观反而逐渐有所转变，当他发现生活的压力顿时消失，便开始反思人生的目的，最后对于工作、感情，甚至生命本身都有了全新的体会和领悟。